家庭のための教育手引き集

第1巻　あすへの教育（小中・高校）

朝日新聞社　編
木村　元　解説

クレス出版

家庭のための教育手引き集――朝日新聞社 編――

木村　元

高度成長期を迎え、学校を卒業して社会に出ることがあたりまえの時代が到来した。その結果、この新しい状況に対応するため、親たちから家庭での教育の手引きが求められた。以前は家族の次世代の養成は親の経験に負うところが大きかったが、この時期にはそれでは立ちゆかなくなったのである。

このたびクレス出版から復刻されるのは、そうした時代の家庭での教育に供するために朝日新聞社によって刊行された文献を「家庭のための教育手引き集」として束ねたものである。学校化社会ともいえる巨大な変動の中で生じた親たちの悩みの解決に向けて、情報や提言が発信されたものといえる。ここにいう「教育手引き集」の中身は、朝日新聞に掲載された特集などをもとに同社によって編集された『あすへの教育』『勉強力をつける』『おかあさんのお勉強』を始めとする刊本である。そこでは、たとえば「家庭学習を母親なりに指導する手引き」として自著を位置づけ、母親を主たる対象として家庭での子どもへの対し方や学習のさせ方などが掲げられている。

時代を象徴する受験競争が席巻するなかで、否応なくその波にのまれていく家庭や子どもの戸惑い、悩み、時には悲鳴にも似た声を拾い、それに寄り添った情報をふんだんに提示している。実際の手引き者は、朝日新聞社が委託した教師や教育研究者など教育の専門家である。加えて、家族の経験の交流や学校ルポなど情報の共有などにも力が注がれている。

新聞記事には、市井の人々が何を具体的に求めているかへの思いがめぐらされている。新聞が解釈した課題は、実際とのずれを含むとはいえ、大衆の目線で、正確に言うとその少し高い視点から、学校の内側の情報などこの時期の家庭で必要とされている教育が捉えられている。そういう意味で、人びとから求められた学校や家庭教育の情報と方向性を、朝日新聞という日本のオピニオンリーダーの一つによる世論形成のいとなみと重ねて読み取るための社会史資料とみることもできよう。

団塊の世代を中心とした戦後社会の担い手となった子どもたちが、この家庭の教育をどう受け止めて内面形成をおこなったのか。一部の階層が先んじて家庭教育に強い関心を持ち始めていた一九三〇年前後、朝日新聞はすでにその動向に関心を抱いていたが、高度成長期の家庭のための教育手引き書はこれらとどのように連続しているのか。それを知るための材料として三〇年前後に同社によって編まれた刊本も合わせて収めた。

（きむら・はじめ　一橋大学教授）

家庭のための教育手引き集　各巻収録目次

第1巻　あすへの教育（小中・高校）

あすへの教育

●朝日新聞社会部編／一九六一年／朝日新聞社

あすへの教育　高校篇

●朝日新聞社会部編／一九六二年／朝日新聞社

第2巻　あすへの教育（大学・幼年）、女子高校生

あすへの教育　大学篇

●朝日新聞社会部編／一九六三年／朝日新聞社

あすへの教育　幼年篇

●朝日新聞社会部編／一九六四年／朝日新聞社

女子高校生―その心理と生態―

●朝日新聞社編／一九六六年／朝日新聞社

第3巻　勉強力をつける

勉強力をつける　国語・算数

●朝日新聞社編／一九六三年／朝日新聞社

勉強力をつける　理科・社会

●朝日新聞社編／一九六三年／朝日新聞社

第4巻　たのしい勉強

たのしい勉強　国語・社会・両親へ

●朝日新聞社編／一九六四年／朝日新聞社

たのしい勉強　数学・理科・英語

●朝日新聞社編／一九六四年／朝日新聞社

第5巻　おかあさんのお勉強、おかあさんの机

おかあさんのお勉強

●朝日新聞社編／一九六五年／朝日新聞社

おかあさんの机

●朝日新聞社編／一九六七年／西部朝日会

第6巻　わが子のしつけ方、母のために

わが子のしつけ方─幼年の巻─

●東京朝日新聞社社会部編／一九二八年／朝日新聞社

母のために─優良児の育て方─

●朝日新聞社編／一九三〇年／朝日新聞社

あすへの教育

あすへの教育

朝日新聞社会部編

目次

装本　山城隆一（ＮＤＣ）
カット　大川一夫

読者のために――まえがき――

「六三制野球ばかりが強くなり」というのがあった。その六三制が、いま転換期にさしかかっている。

戦後――昭和二十二年に発足した六・三・三・四の新学制には、いろいろ問題があった。戦前の学校にくらべて、教え方から教科書から、何から何まで、すっかり変わってしまった。教師さえ自信のなさそうな顔をみせ、親がまた、新教育になかなかなじめない。なかで、子どもたちだけは、明るく、のびのびと育っていった。が、どうも六三っ子は字を知らない、などという声が出た。……そんなとき、ずばり「野球ばかりが強くなり」と、ひとはよんだ。新学制の一面をつき、しかも教師の自信のなさ、親の不満といったものも、この一句にユーモラスに刻まれた。

昭和二十七年の日本独立をきっかけにして、こうした戦後の義務教育のあり方を、全面的に再検討しようという声が高まった。文部省は二十九年ごろから調査をはじめ、教育課程審議会の審議という手続きをふんで、三十三年十月一日「小、中学校学習指導要領」なるものを告示した。この指導要領にしたがって、三十六年春、まず小学校で新学期から教科書や授業の進め方がすっかり変わった。三十七年春からは中学校も変わる。ひとくちにいえば「野球ばかり」でなく、読み書き算術のほうも、これからだんだん「強くなり」ますよ、と文部省の先生方はいう。

「いや、ちょっとまった」と、日教組の先生方から声がかかる。――「文部省はいろいろうまいことをいうが、指導要領をよくよんでごらんなさい。これは、せっかく築きあげてきた民主教育をぶちこわすものだ」と。文部省が戦後の新教育再検討をはじめたのと同時に、日教組は反対の声をあげ、以来ずっと反対運動を続けている。議論に議論をつみかさねて、教育の争いは時とともに次第にむずかしくなってきた。

しかし、ほんとうは、子どもの教育問題は、あんまりむずかしくては困るのだ。

いきなりむずかしい議論に入る前に、私たちは、まず、近所の学校に出かけることにした。そのうえで、あらためて教育のあすへの歩みを考えなおしてみたい。議論にも応じよう。……そう考えた。

教室の中の子どもたち

まず教室の中に，みなさんをご案内しよう。――いまの子どもたちは，学校でどんな生活を送っているのか，どんなふんいきなのか，さっぱりわからない，という父兄が案外多い。

そういう父兄の「不安」にまずこたえる，というのがこの項のねらいの第一。

あわせて，戦後の六三教育の成果をおおざっぱに紹介する，というのが第二のねらい。

そのため，私たちは，子どもたちの仲間入りをし，実際，学童イスに身をちぢめながら，都会の学校，山の学校の授業をみてまわった。

「教育勅語時代」の教室で育った私たちには，そこでみた教室の姿は，いろいろな意味でオドロキの連結だった。

めっぽうあかるい。

おそれを知らない。

おしゃべりである。

がまた，いくつかの疑問にもぶつかった。

りくつはいうが，実行力がない。

「話し合い」教育がどうも形式的だ。

そして何よりも暗い印象をうけたのは，子どもたちの世界のあちこちに，おとなの暗い影がはいりこんでいる，ということだった。

だから，この項は，いまの教室の「あかるさ」と「暗さ」の報告でもある。

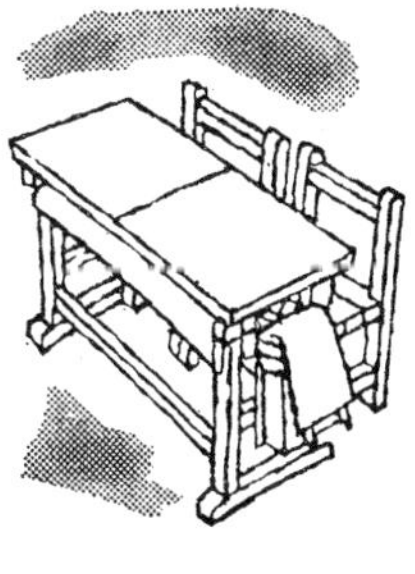

教科書をみる

すぐれた音楽に数多く親しませ、よい音楽を愛好する心情を育て音楽の美しさを味わって聞く態度や能力を養う。
歌を歌うこと、楽器を演奏すること、簡単な旋律をつくることなどの音楽表現に必要な技能の習熟をはかり、音楽による創造的表現の能力を伸ばす。
音楽経験を通じて、日常生活にうるおいや豊かさをもたらす態度や習慣を養う。

――小学校指導要領・音楽

おんがく一ねん　くりくりさんかくちいさなどろっぷびいっくびいっくいいきもち。

くちゃくちゃくちゃくちゅくちゅ、あのけたたましいコマーシャルソングが、いま、子どもたちの間で、たいへん好かれているそうだ。それから「どどんぱ」「ありがたや」などという歌も。

「テレビにはかないませんね」と、音楽の先生はいう。「子どもをみてますとね、いちばん楽しそうにうたっているのは、いつでも、そのとき最もひんぱんに耳にはいる歌なんです。ですから、いくらしかってみても、ひん度からいって、学校で週に二、三度しかおそわらない歌は、どうしても弱い」

学校で習う歌が〝弱い〟のだけは、むかしも今も、変わりはないらしい。が、それでも、いまの教科書には、なんとかして子どもを楽しませよう、というサービス精神がある。むかしは、教科書といえば灰色の表紙だった。「尋常小学唱歌・第一学年用・文部省」かたくるしい書体が、そっけなくならんでいた。むかしにくらべると、いまの一年生の教科書は、まるで絵本だ。

緑のおばさんに守られて（東京山の手で）

「しょうがくせいのおんがく」は漫画の谷内六郎氏が表紙をかいている。田園の春、男の子と女の子、小川、メダカ、空に小鳥。「あたらしいおんがく」の表紙は子ども三人がうたっている童画だ。「おんがく一ねん」も童画風なおもちゃの兵隊が行進している。「あまりごてごて、色あざやかすぎて、デコレーションケーキみたいでしょ」と、また、音楽の先生はわらった。

「もうすこし、ほんわかした味の方が、音楽らしいとおもうんだけど」

マスコミの栄えるとき、一年生の教科書の表紙まで、週刊誌に似てくるのだろうか。

なつかしい歌　表紙のかたに「文部省検定済教科書」と小さな活字がある。むかしは全国一律の国定教科書を使った。いまはこの検定教科書が一年生の音楽だけで十種類あり、学校別あるいは府県郡市の教育委員会別に好きな本を選んで使う。だから、三十六年の新学期になって、ある学校では「しろじにあかく」から歌いはじめるが、となりの学校では「さいたさいた、ちゅうりっぷのはなが」あるいは「ちょうちょう、ちょうちょう、なのはにとまれ」をうたっている、ということになる。

子どもの歌が、あまりばらばらになっては困るだろう。都会の一年生と山村の一年生、九州の子と北海道の子、みんなが集まったとき、いっしょにうたえる愛唱歌が少しはあった方がよくないか——ということで、今年から各学年三曲ずつ全国共通のうたを教えることになった。これだけは、この新学期から使うどの教科書にもかならずのっている。

かたつむり

でんでんむしむしかたつむり
おまえのあたまはどこにある
つのだせやりだせあたまだせ

あじさいの花のさし絵。小さなかたつむりが楽譜の上り下りにそって行列している。「かたつむりのまねをしてあそびましょう」と書いてある。別の教科書は「リズムあそびをしましょう」——たんうんたんうん、たんたんうん。「ドレミでうたってごらんなさい」——ソドドソミソミドミミレド。一年生からドレミハでうたう。おとなはたじたじだ。が、歌はどれも古く、なつかしいものばかりだ。「親兄弟や、おとな、としよりとともにうたえる、なつかしいものを選んだ」と、指導要領・解説のなかで文部省は説明している。

三転した日の丸　もっとも、親兄弟といっしょにうたうとき、注意しないと衝突しそうな歌もある。いまの三十代以上がむかし習った「ひのまる」の歌詞はこうだった。

　白地に赤く　日の丸そめて
　ああ美しや　日本の旗は
　朝日の昇る　勢いみせて
　ああ勇ましや　日本の旗は

戦争中にこの歌をおそわった二十代は——

　青空たかく　日の丸あげて
　ああ美しい　日本の旗は
　朝日の昇る　勢いみせて
　ああ勇ましい　日本の旗は

戦後、三転してこうなった。

　白地に赤く　日の丸そめて
　ああ美しい　日本の旗は
　青空たかく　日の丸あげて

少しずつ、国旗についての表現がかわって、戦後「朝日の昇る勢い」と「勇ましさ」が消える。「メロディーが単純明快で、教材としては便利なんですが、ちょっと理詰めで、押しつけがましいところがある」と、音楽の先生はいう。

一年から六年まで指定曲十八曲のうち、十六曲が文部省唱歌だ。「かならずしも、なつかしのメロディーばかりではないんですよ」と、先生。たとえば、四年生の「赤とんぼ」だ（夕焼け小焼けの赤とんぼ……とは別もの）。「文部省唱歌でなくても、戦後できた歌で、全国的な子どもの愛唱歌になっているのもあるんですよ」と、また、先生。たとえば、一年の「めだかの学校」などがそうだという。

いろいろ議論はある。が、さて、いまの子どもたちが、おとなの注文どおり指定曲を愛唱してくれるか、どうか。――「テレビにはかないませんがね」と、先生はくりかえした。「けれど、不思議ですね。ながいあいだに、結局は子ども自身が歌をより分けてしまう。そして、いい歌は、かならず忘れずに、歌いつがれていくものです。指定曲だろうと、なかろうと――」

「君が代」教科書

一般に歌詞は口語体のものを原則とする。ただし、児童が容易に理解しうるもので、すでに久しく歌い、親しまれてきたものは、文語体のものでも取り上げてさしつかえない。

「君が代」は各学年を通じ児童の発達段階に即して指導するものとし、そのほかに校歌なども学年に応じて適切な指導をすることが望ましい。

――小学校指導要領・音楽

先生のトラの巻　一年から六年まで、全国でざっと千三百万人もの小学生がいる。その千三百万人全部の音楽の教科書に、三十六年の新学期から「君が代」がはいった。

戦後ずっと教科書には「君が代」はなかった。学校で、うたうか、うたわないか――文部省と日教組との間で、ながいこと「君が代」論争が続いた。うたう学校が年々ふえた。一部の高学年の教科書に「君が代」がはいりだした。そしてこんど、一年生から「君が代」を音楽の時間に教えることが、十六年ぶりに「義務」づけられた。

ところで「君が代」は、子どものうたとしては、かなりむずかしい。これを一年生から、どうやって教えるか。日教組でなくても、ちょっと頭がいたい。

音楽の先生をたすけるために、どの教科書にも教師用の学習指導書というのがついている。つまり、先生のトラの巻だ。それをみよう。

トラの巻その一――「君が代」は一年生には歌詞も旋律も難解であろうから、歌をおぼえさせる程度にとどめる。また児童は「きみがわ」「にわおとなりて」などとまちがえやすいから、よく指導することが大切である。

トラの巻その二――「よーーは」「にーーー」「むーすー」「まーーで」など、音をのばすところは十分注意しないと意味がわからなくなる。

そういえば、子供に誤唱されるのが「君が代」のむかしからの宿命らしい。

なんとはなしに　トラの巻その三――歌詞は一年では「日本の国がいつまでも栄えますように」というのる気持ちを歌ったものである……といった程度に扱う。

また、トラの巻その四――現在スポーツの大会が行なわれる時など、さかんにうたわれる。外国では「君が代」が日本を代表する音楽として考えられている。この意味で、学校教育のうえで、この歌の学習も必要となるのである。

ずいぶん、もってまわったいい方だが、事実、新学期の一年生に「君が代」をレコードできかせてから「何のうたですか」ときく。すると「おすもうの歌」「オリンピックの歌」という子が多いそうだ。

ここで、トラの巻の、さらにもとになる文部省基準では「君が代」がどう扱われているかをみよう。
▽国民の祝日などにおいて儀式を行なう場合は、国旗を掲揚し、君が代を斉唱させることが望ましい。（指導要領・学校行事）
▽このこと（国旗掲揚、君が代斉唱）は、わが国が現在、独立国家として存在している以上、当然のことといえよう。（同・解説）
▽このこと（同）は、日本人としての自覚をもって、国を愛する心情を育成するためのよい機会である。（同・学校行事指導書）
さすがに、文部省が「君が代」問題について、きっぱりとした態度を示していることは、これでよくわかる。しかし、新学期からの「君が代」で新しく問題になるのは、じつは「うたう」ことより「どう教えるか」だろう。ところが、かんじんの教え方については、文部省もていねいじゃない。それらしいところをさがすと、指導要領の音楽のところに、別項のように「児童の発達段階に即して」とあるだけ。これ以上のくわしいことは、解説にも指導書にもなんにも書いていない。

トラの巻その五――一年生には、歌詞からいっても、曲からいっても、少し無理な感じがないでもないが、なんとはなしに、一年生のできる範囲で学習することは、悪いことではないであろう。

むずかしい必修曲をあたえられた新学期の先生の顔つきまでが「なんとはなしに」よみとれるようである。

むずかしい歌　一年生の教科書をあけてみる。「君が代」の扱い方はいろいろだ。戦前の教科書と同じように、巻頭第一ページにかかげたのがある。同じく巻頭みひらき二ページにわたって「ひのまる」の歌といっしょにならべたのもある。さし絵は、日の丸がだんぜん多い。学校とさくらと日の丸。運動会の日の丸。競技場の日の丸。日の丸以外では富士山。平和の（？）ハト。

総じてしかし、まるで絵本のようににぎやかな一年生の教科書のなかでは、「君が代」の扱いは地味だ。巻末の三分の一ページほどに、こぢんまりとおさめた教科書が多い。これは、どうしてだろうか。「君が代」巻末待遇の教科書の編集者をたずねる。

「やっぱり教科書ですから、教材をうまく系統づけて配列しなくてはなりません。そうすると、君が代だけは、どうしても音楽の流れからはみだしてしまうんですね」そして、頭をかいて恐縮しながら、こんな話をつけくわえた「――ですから、べつに、君が代を粗末に扱ったわけではないんですよ。ところが、日教組のさかんな学校にいったら、お前のとこは、君が代の扱いが地味でよろしい。そういって、たいへんほめられちゃいました。このぶんでは新学期になって、一方の父兄からは扱いが悪いぞと、おこられるかもしれませんしね。ええ。とにかく、むずかしい歌ですね」

東京の教室（上）

イデオロギー教室をみて

具体的な問題の学習を通じて政治の働きと日常生活との関係について理解させ、今日の政治の基本的なしくみや考え方に気づかせる。

　世界の主要な国々の様子やわが国とこれらの国々との関係などを具体的に理解させ、現在のわが国が世界の国々から孤立しては存在できないことに気づかせる。

――小学校指導要領・社会科

ジェット機の絵　春の日ざしに、教室のステンドグラスがにぶく光っていた。が、近づくと、それはステンドグラスではない。ふつうのガラスに色がみをちりばめたものだった。子どもたちの独創的ないたずら……。

　そんな、おとぎばなしのような図工の教室で、東京・港区の小学校三年生の子どもたちが「自由画」を書いていた。

　「何でも好きな絵を」という先生の注文だったが、どの男の子も、ハンで押したように、軍艦と飛行機の戦闘シーンを描き、若い男の先生をくさらせていた。そばに「宇宙船シリカ」が浮かんだりしているのは新味だが、とにかくテレビの「大東亜戦争」の絵なんだという。日の丸のついた軍艦が沈んで行く。そのむざんな絵を、戦争を知らぬ子どもたちが無心にかいている。

ステンドグラスの「独創性」――新教育の成果と、戦争画の「画一性」とが、子どもたちの世界でどうまじりあっているのか、奇妙といえば奇妙な風景だった。

むずかしい言葉　下町の荒川区にある小学校に行ってみた。六年の子どもたちは、やはりジェット機の絵をかいていた。が、ここではそのそばに「電気掃除機」「はたき」「ほうき」らしいものがかきそえてある。「これは何ですか」「えーと、これはですネ、憲法で保障されている最低の文化生活がネ、現在はネ、保障されてないでしょう。だから、えーと」男の子がまごつきながら答える。横に「国民に真の幸福を」とかき加えてあるから、風刺画のつもりだろう。同じクラスの社会科の報告会をきいた。題して「世界の中の日本の立場を考える」

先生のいない教室で「共産主義」とか「帝国主義」とかいった言葉が無造作にとび出すのにまず驚く。むろん、これらの言葉は文部省の小学社会指導書にはない。

「資本主義発展の条件は、ね。商品を売りこむ市場と商品の原料を生産する領土が必要……」一気に資本主義から帝国主義を説明したところで時間切れ。

「共産主義の発達のとことくに大切ですから、プリントをよく読んでいて下さい」と男の子。「とくに大切だというのはどんな意味なの」「いや、まあ他のところも重要だけどさ」「ハイ、質問。このプリントだと機械文明の進歩で帝国主義が発展した、というふうにとれるけど、そうばかりじゃないでしょう」これはオカッパの女の子。

「そんなことといってないさ。バカだなあ」と、別の男の子。「バカだなんていわないでよ」（笑い声で騒然）。「あやまりなさい」「ハイ、ごめんなさい」（また騒然）。「笑わないで真剣にやって下さい」と学級委員が声をからす。「そうよ、意見あったら、全体の前に出して下さい」「そうだ、そうだ」——ざっとこんなぐあい。ロカビリー喫茶のような騒がしさの中で、〃イデオロギー〃が論じられていた。

「これが私たちの作ったプリントよ。どうぞ」隣の女の子がみせてくれた。「明日の社会を築くため」「社会の変革と日本の立場」「不完全な独立国」など、問題のむずかしさとは不似合いな子どもっぽい字の小見出しが目につく。報告文のあとに「仲間作り——ばんざい」

算数の研究発表（帯分数の四則計算）の時もこんなぐあい。「私たちの研究班のねらいはネ、学級全体が進歩し、個人個人の力にもなるような研究を進めてくっていうことで、かくれた事実の中から、その中の関係をみぬき、法則をつかみ出して行くということをやったんです」——算数の計算になぜ、そんなむずかしい注釈が必要なのか。自分で使っている言葉を子どもたちがどの程度理解しているのか、不安になる。

学級会でもむずかしい言葉が使われる。——「仲間作り」「働きかけ」「結びつきを強め」といった特定の用語がどの子の口からもスラスラと出る。なにか一つの型にはまっている感じ——いわば職場大会的なムードがそこにあった。

道徳的ふんいき　すぐ近くの、道徳教育のさかんな学校に行くと、ふんいきがまったく違う。そこの学級会は「道徳的ふんいき」に包まれていた。

男の子が立つ。「学校の恥になることはやめましょう」女の子が立つ。「プールに石を投げたり、校舎を汚すのはやめましょう」また別の男の子。「みんな仲好く礼儀正しくしてもらいたいと思います」——ごもっとも、ごもっとももとうなずいてきく以外にはない。

前の社会科を拝見した学校では、討論中、興奮のあまり泣き出す女の子までいたが、ここはいたって静かで行儀がいい。が、今後、プールに石を投げないようにできるのか、それにはどうするのか、などの話し合いはない。きれいごとの発言、といった様子がないでもない。

授業が終わって校長室へ行く。来訪中のPTA役員がしきりにくやしがっていた。「X中学の卒業式に招かれたんですがネ、卒業生が〃君が代〃を歌いながら笑ってるんです。困ったことです。あんな中学へは子どもをやれませんな」

運動会に軍艦マーチをかなでたり、教室ごとに日の丸をおいたりする学校がある一方、「君が代」はむろん「仰げば尊し」もいっさい歌わない学校もある。そこの児童会は「しあわせの歌」ではじまる。先生のひくアコーデオンで「仕事はとっても苦しいが……」を合唱するのである。

もしこれらの教育方針のまったく違う学校から学校へ子どもを転入させたとき、この混乱がその子にどんな影響を与えるか、といったことも心配だった。——どこに「共通の広場」を求めたらいいのか。

東京の教室（下）

「げんこつ」と「話し合い」

読書指導については、「読み物を自分で選ぶことができるようにする」ことがねらいである。そのためには、なんのために読むのかという目的をはっきりさせることが大事である。その上でさらに自分の生活目的にかなった読み方をしているかどうか、「自分の読書のしかたを反省してその向上を図る」態度を養うことが必要である。

——小学校国語指導書・五年の項

ポカリ、とやってはいけない。新教育では体罰は禁じられているのである。が、実際はこのポカリをやる先生がかなり多い。もっとも子どもをなぐるナマのままの姿をみせてくれたのは、佐藤先生だけだった。東京・都心部の小学校。ビルの谷間——の学校だ。佐藤先生は三十四歳、五年担任、あだなは「しおせんべえ」「カレーライス」「消防自動車」——からい、こわい、カネがなるとすぐ来ちゃう、からなんだと生徒の一人が教えてくれた。

なぐる、といっても佐藤先生の場合は「オイコラ、ポカリ」とやるわけじゃない。「なぐられるべき数」を「話し合い」で決める。いうならば子どもの「自発性」を尊重するなぐり方。まあこんなあんばいだ。

いくつ、ポカリ　国語の時間。三人のジャンパーぼうやが先生の前に立たされていた。自習時間中、「すごーい絵」を描いて女の子をからかっちゃったから、なんだという。「P子の怒った顔、泣いた顔」の証拠物件を、そのP子ちゃんが自分の席からヒラヒラさせる。

「どうしたらいいと思う」と先生がこわい顔をしてみせる。「えーと、P子さんにネ、あやまればいい」とジャンパー君たちの声はさすがに小さい。「それだけでいいのか」「あ、そうだ、先生にしかられてからだ」「よし、じゃあしかってやる。しかり方は」（げんこつ、げんこつ、と、もっぱら女の子たちがうるさい）

「げんこつでいいか」「——」「いくつがいい」（二つだ、いや三つよ、とまたヤジ馬）

「三つでいいや」——神妙にさし出すぼっちゃんがりのてっぺんをゴツン、ゴツン、ポカリ。「いてえ、いてえ」とおおげさに顔をしかめ、女の子のところへあやまりに行く。昔のなぐり方とは、たしかに違う。「大きい音が出ますが、あれ、あんまり痛くないんです。おもてむき、体罰はいけないことになってます。でも、ほめる時、しかる時、子どもの身体にふれることは大切なこと、と私は信じてます」——げんこつ先生の弁である。

ある日突然、子どもたちが「げんこつはやめて下さい」と決議してしまった。「自発性」を尊ぶ佐藤先生としては、これに従う以外にはない。が、二、三週間でまた「いくつ、ポカリ」が復活したという。男の子の意見——「やっぱり、たまにはげんこつがないとしゅうしゅうつかない時があるもん」

うしろの黒板　昔と違うのは、げんこつだけではなかった。うしろの黒板をみると、先生の悪口(?)が堂々と書いてある。もっともこれは、療養中の級友にあてた慰問文の与しだったが——。

「——先生はつき指が痛んで、この絵のように毎日びっこをひいています。へんなかっこうでいい気味です。この前、銀行係がとてもいい仕事をしたのに、先生はばかづらばかりそろってる、ですって。にくらしい」げんこつ先生はニヤニヤ笑いながらびっこの自分の絵をながめていた。

その横に「おこづかい調査」というのがはってある。子どもたちが自分で調べ、図表にしたものだ。▽一日いくらもらうか＝①20円②10円③15円④25円▽なにをかうか（たべもの）＝①キャラメル②ガム③せんべえ④チョコレート⑤パン⑥いか⑦あんず⑧たいやき⑨ももやま

昔はうしろの黒板には、優等生の習字なんかがはってあった。いまは子どもたちが独占している。そこには子どもたちの表情がある。「こんなことはやめよう」という写真がはってある。クラスの写真班が廊下で球投げをしている連中をパチリ、とやったものだ。動かせぬ証拠写真というわけである。

ツル、タカ問答　「ポカリ」事件があったため、授業がだいぶおくれた。

ツルの群れがタカに襲われる。傷ついた仲間をツルが協力して助け、タカを追いはらう、というのがこの日の教材。動物美談である。

が、美談に感激する、いや、感激したような感想をことさらのべる、という神経はこの教室の子にはなかった。文部省の国語指導書には、友情、協力を教え、人間形成に役立てること、とある。その線にそって教科書編集者が選んだものらしいが、なかなか文部省の思うようにはいかないものらしい。

「タカだってかわいそうだもんな」と子どもたちがいいはじめた。いや、タカは悪いんだ、悪くないんだとガヤガヤ。「よし、しばらくグループで討論しろ」近くの机のものが上半身をのりだして議論をふっかける。しばらくして、クラスの理論派である通称アクマ君が手をあげた。「生存競争の世の中でしょう。タカだって何かを食べなくちゃ生きて行けないんですからネ。ツルを襲うのあたり前だと思う」いかにも都会っ子らしい意見。その時、「先生、そこに立ってちゃ黒板の字がみえないワ」とノートをとってた女の子が背広のすそをグッとひっぱった。「あ、ごめんなさい」と先生はあわてる。げんこつ先生のこわさはない。

別の子が立って「人間だってタカと同じです。鳥を撃ち殺して食べるでしょう。生存競争は動物の社会ばかりじゃないと思います」——結局、ツルをたたえるような意見は出なかった。競争し、いい学校にはいり、生き抜いて行かねばならない。そんなことはもうチャンと知ってるといった表情である。「みんなのまわりにはツルはいないのか」と先生。「——」子どもたちは顔を見あわせ、ひどく大人っぽい笑い方をしてみせた。

おひるのチャイムが教室に流れてくると、授業はおしまい。

「ツルの友情、協力という面をおしつけるのはやさしいんです。が、それではむかしのおしつけ教育になってしまう。もっと人間本来の生き方を考えさせたい。子どもたちは心の中ではツルの友情にあこがれている。ツルにはなりたいんだ。しかしなれない。なぜか、ということまで話し合ってほりさげたいんです」とあとで先生が注釈してくれた。

大阪の教室

あかるく、にぎやかに

> 児童の興味や関心を重んじ、自主的、自発的な学習をするように導く。
> 児童の個人差に留意して指導し、それぞれの児童の個性や能力をできるだけ伸ばすようにする。
> ——小学校指導要領・第一章

ジーンとベルは……鳴らなかった。一時間目がはじまるのを知らせたのは、校庭と各教室のマイクから流れるフォスターのメロディーだった。朝早くから校舎中で騒いでいた子どもたちは、それぞれの教室にはいってメロディーに耳を傾けている。大阪市西成区天下茶屋小学校の一日がはじまった。

にぎやかな社会科　五年×組。がたがたと立ち上がって「センセ、おはよう」「おはよう」と、朝のあいさつ。うしろの方で「おっす」といたずら坊主が笑っている。

社会科。「きょうは先生がみんなを大臣にしてやろう。なに大臣になりたい?」

ハイ、ハイ、と教室はハチの巣をつついたようになる。手を上げるだけでは足りなくて飛びあがっている子もある。「総理大臣」「外務大臣」「婦人大臣」「アホ、婦人大臣なんてあるかい」「あるよォ、なァセンセ」……ワイワイガヤガヤ。気がつくと教壇というものはない。先生は子どもたちと同じ平面でニコニコ笑っている。「ちょっと待って。鉄道や交通のことを受け持つものはなに大臣だろう?」――運輸大臣、と答えがでる。「それでは、きょうはみんなが運輸大臣になったつもりで、わが国の鉄道を将来どうしたらいいか考えてもらおう。さぁ、五年×組の大臣はどんな考えをお持ちかな……」

小さな頭が考えはじめる。腕を組む男の子、エンピツでコツコツ机をたたく女の子。手が上がる。「全部地下鉄にしたらええ」「なんでや」「地下鉄やったらダンプカーとぶつかったり、事故が起これへんから」――地下鉄にする、と先生が黒板にかく。ハイ、ハイ、手が多くなる。「鉄道のついてないところへ新しい線をいっぱいつける」「空中電車みたいなやつがええ。あれやったら土地がいらへん」「海底トンネルを掘る。乗り換えせんでもええからめんどくそない」「こだまよりもっと早い汽車を走らせる」先生はひとつひとつ提案を黒板に書いた。

「大臣はなんのためにこんなことを考えんならんのや。今のままの鉄道ではあかんのか?」「人や貨物を運びきれんようになったから」「もっと早く、便利にしたいから」子どもたちの答えは、子どもたちの考えなりに現代の交通問題を正確に突いてくる。「みんなの考えと同じことを、国でやっているのもある。やっていないのもある。ぜんぶ地下鉄にする。これはやっていない。なんでやろ。ほんとうの運輸大臣は考えがつかんねやろか?」「そんなん、ぜんぶ地下鉄掘ったらごっつい費用がかかるで」「汽車賃高うついてかなわん」……。

この時間の単元は「交通と私たちの生活」。先生のもっている教育課程の目標には「交通運輸の現状について理解し、今後の問題について思考させる」と書いてある。クラス中が考え、みんなが発言している。黙って、しょんぼりしてる子や、つぎの理科の時間に使う電池を持ちだしていたずらをしている子には、先生が「きみはどう思う?」と一言でもものをいわせる。先生は〝教えて〟いるのではない。子どもたちの考えを引っぱりだし、討論を正しい方向にかみ合わせていく司会者の役だ。まとめに、グラフを持ちだし、外国の鉄道と比較させた。マイクからメロディーが流れた。時間の区切りを告げるこのメロディーは、視聴覚教育担当の先生が選曲し、月に二度ほどかえるそうだ。小さな大臣たちは運動場へすっ飛んでいった。

料理教室　（大阪市西成区天下茶屋小学校で）

せますぎる運動場　運動場は地面が見えないほど子どもでいっぱい。千八百人の子どもに、この学校の運動場は二千六百四十平方㍍。文部省の基準は子ども一人当たり五平方㍍だが、ここでは一・五平方㍍にしかならない。まりつき、ゴムとび、相撲、レスリング、馬とび……小さな場所でできる遊びばかり。「ケガでいちばん多いのは衝突。遠足で広っぱへ行って〝さあ走りなさい〟といっても、小さく固まって、もぞもぞしてるんです」と養護教諭。教室にだけは一クラス五十三人の定員（大阪府）でなんとか詰めこめるが、運動場も廊下も便所も、学校はハチ切れんばかりだ。

理科。電線でコイルを巻き、回路を作ってベルを鳴らす。女の子も大きな金ヅチでカンカンやっている。指をたたいて悲鳴をあげる子。隣の席の男の子が、よしとかわってクギを打ってやる。

男の子も料理学ぶ　家庭科。どれが男の子か女の子かわからない。おかあさんに借りてきた、ぶかぶかのカッポウ着をきて、顔いっぱいのマスクに頭キン。きょうは教室に七輪をもち込んで、ホウレンソウのバターいため。「ミジン切りはどう切るんですか？」「ハイ、アノー、四角に」「もう忘れましたか、それはタンザク切りじゃないの」未来の亭主がバターをジュッといわすと、未来の主婦がホウレンソウを放りこむ。

いまのおとなたちが学んだ小学校では、級長の「起立、礼！」で授業をはじめ、終わった。廊下を通ると校舎はシンとして、どこの教室からか読本をいっせいに読む斉唱が聞こえてきたものだ。いまは画一的に教科書を読む風景はない。どの教室でも、先生と子どもが、子ども同士が考え、しゃべりあっている。学校中がわんわんうなっているようだ。あるクラスできいてみた。「先生とおとうさんとどっちがこわい？」「そらおとうさんや」「どうして」「ウーン、あたり前や」五十人のクラスで先生の方がこわいのは二人だけだった。

授業がすんでも、子どもたちはなかなか帰らない。午後四時半、帰宅のメロディーが鳴りわたる。

校庭で遊んでいた子どもたちは、名残り惜しそうにカバンを振りふり帰っていく。校長さんがいった。

「家へ帰れば勉強しろといわれる。友だちを連れて帰ったら、狭いのにとしかられる。外へ出ると自動車がぶんぶん通る。子どもたちにとって、学校は天国なんですよ」

これはべつに特定の学校を選んだわけではない。ごく普通の都会の学校のルポである。

九州の教室

解放された子どもたち

道徳性の形成には、児童を取りまく環境の影響が非常に大きいものであることを考え、家庭や地域社会との連絡を密にすることが必要である。このために、児童の道徳性の形成に関係のある家庭環境、地域の特性や交友などについての資料は、できるだけ多く収集・整理しておき、これを活用することが望ましい。

——小学校道徳指導書・指導方法

ヒヒ退治とウソ　「先生もノウミソをくさらしとる」——いつも口をかたくとざしているタカシがポツジといった。筑豊炭田の積み出し港、若松市の若松小学校で、先生が五年生のタカシを残して手伝いをさせていたときのことだ。よくきいてみると——。

「あなたを待てば、雨がふる、ぬれてこぬかと気にかかる……」とそこだけしか知らない先生が、二度も三度もうたっていたというのだ。「それがどうしてノウミソをくさらせるんだ」「〃あなた〃というのは女のことばやけ、男の先生が〃あなた〃を待つのはウソごとで、ありもせんことやから、ノウミソがくさる」

タカシは〝あなた〟は甘いふんいきの中で女が使うことばと信じているらしい。あらあらしい男の世界しか彼は知らないのだ。二年前のある雨の日――。先生が好きな本をきいた。圧倒的に「岩見重太郎のマンガ」だった。「刀一本でどんな怪物でも退治してしまう」「勇ましい」「正義の人」「カオがええ」

「それじゃ、そのマンガの物語をみんなで劇でやってみよう。先生がヒヒになる……」――子どもたちはさっそくお面や衣装つくりにかかった。ヒヒのイケニエになる農民の娘にかわって変装した〝岩見重太郎〟が運動場の号令台の上にうずくまる。

おおぜいの〝農民たち〟は遠巻きに砂場のたんぼを耕しながら見守っている。突然あらわれた〝先生ヒヒ〟が岩見重太郎にとびかかり、変装の着物をはぎとり、刀ももぎとって捨ててしまった。子どもたちは「先生こすい。マンガの筋とちがう」とプンプン。

先生はいった。「劇の岩見重太郎はなぜ負けたんか。どうしたらヒヒ退治できるか、みんなで考えるんだ。あすもう一ぺんやろう」

見物役だった農民がきょうは運動場のあちこちに手分けして見張りに立った。こんどは先生ヒヒも手の出しようがない。五十人近い〝農民〟に、よってたかってとらえられ、岩見重太郎に切られた。

子どもたちは、一人の剣豪より、たとえ一人一人は弱くても仲間の力でやれることを知った。「マンガはウソや」という声に、先生はいった。「ウソはあっても、マンガはやっぱりおもしろいやろう。だから読んでもええが、ウソのところにノウミソをくさらせる毒があるから気をつけて読めよ」

「ウソはノウミソをくさらせる」——タカシは、この先生のことばが脳裏にやきついたにちがいない。

朝鮮の子の作文　おかあさんと、修学旅行の用意に下着を買いにいった。おかあさんは朝鮮の服をきて、朝鮮のくつをはいていた。わたしははずかしいので、すこしはなれて歩いた。店の前にくると朝鮮語で「どれがいいか」ときいた。わたしは、まっかになった。店を出て「なして、朝鮮語なんか使うと……」というと「朝鮮の人が朝鮮のことばを使うとなぜおかしいか」といった。「なるほどなあ」と思った。小さいとき、わたしが朝鮮人と知らずに、他の朝鮮人をバカにしたことがあったのを思いだした。

社会科で「政治とわたしたちの生活」を習った。そのときこのクラスただ一人の朝鮮の子、フミコが書いた作文である。

先生はこの作文をみんなに披露した。子どもたちはこの作文をもとに、朝鮮人と日本の関係をしらべた。フミコは一家が日本にわたってきた事情などをしらべた。一週間後、五十人みんなの手でレポートがまとまった。

「済州島で農業をしていたおじいさんは、日朝合併以後、土地を失って、大正十三年ごろ日本にきた。おとうさんとおじいさんは、筑豊炭田で働いた。炭鉱事故で朝鮮人が死んでも、新聞にものらなかった。第二次大戦がはじまると、おおぜいの朝鮮人が連れてこられ、働かされた。戦争がおわって失業した。仕事をさがしに若松にやってきた。ここでも仕事はなく、市内でいちばんきたないといわれる埋め立て地でくらしている……。祖国をもつ朝鮮人として、フミコはほこりをもたねば……」

ウソついた先生　児童会のときだ。五年生のトオルが、とつぜん緊急動議を出した。

「ぼくたちがいっしょうけんめい話し合っているのに、雑誌を読んでいる先生がおられます」教室のすみっこにいた若い女の先生が、話し合いをよそにひざの上にモード雑誌をひろげていたのだ。女の先生はあわててその本を引き出しの中にかくした。トオルの先生がとりつくろった。「あすの授業の下調べをしていたのだと思います」しかしトオルはひるまなかった。

「先生はウソをいってはいけないといつもいっているのに、先生はいまウソをいいました。女の先生は雑誌をみていたのです。机をあければはっきりします」

先生がたは子どもたちをなだめて〝議事進行〟を提案した。

あとでトオルは先生にいった。「ぼくらは学校で習ったとおりやろうとしているのに、先生たちは教えたことを実行しない。おかしいと思います」

むかしのように、生生が〝絶対の権力者〟であれば、トオルの発言はたやすく封じられたにちがいない。だが、それで果たしてほんとうの人間がそだつだろうか。純粋な子どもの心を傷つけないで、なお複雑な社会や人間関係をどう教えていくか？　「正義を愛し、不正をにくめ」——文部省がきめた「道徳」の項目の一つだが、いまの子どもは抽象的な〝ことば〟だけでは納得しない。基礎学力はあるいは低下したかもしれない。けれども自分の周囲をみつめ、矛盾を掘りさげる目は鋭くやしなわれているのではないか——家路を急ぎながら先生はトオルの涙ぐんだ追及の目を思いだしていた。

谷間の教室
考える辺地の子

複式学級において、特に必要がある場合は、各教科について所定の年間最低授業時数を変更し、または、各教科の目標の達成に支障のない限り、各教科についての学年別の順序によらないことができる。

——小学校指導要領・総則

大多賀システム　奥三河の、深い谷間の小学校。社会科の時間だ。十人ほどの児童が、豊五郎さんの家から出てきた「昔の立て札」を読んでいる。

定

なにごとも、大勢集まって申し合わせたり、押しかけて強訴（ごうそ）したり、自分の町や村をはなれたりしてはいけない。もし、そんなものがいたら、お上の役所にとどけ出よ。ごほうびをくださるぞ。

慶応四年三月　　太政官

「まあ、ひどいわ」……びっくりした五年生のマリ子ちゃんは、作文の時間に、こんな詩を書いた。

今から九十三年前。
今とはぜんぜんちがっている。
なぜ、大勢で相談してはいけないのか。
なぜ、みんなの願いを申し出てはいけないのか。
なぜ、自分の町や村から出てはならんのか。
わたしがその時にいたら、こまるなあ。
いくら歯がいたくても、いしゃにもいけぬ。
太政官はひどいなあ。
武士のおさめるばくふがたおれて、
太政官ができた。
村の人たちは、これで安心。
もう武士はいばらないし、ぜい金もやすくなると、思っただろうに。
だが、太政官はいばっていた。
ぜい金も高くなった。
先生の話では、そのころ、
日本じゅうの百しょうがおこったそうだ。

村じゅう、むしろばたを押し立てて、役所へ押しよせていったものもあるという。
だけど、百しょうはまけた。太政官はかった。
みんな、くやしかっただろうなあ。
なかなか、らくにならない村のくらし。
ほんとに、昔からくろうしてきたなあ……。

詩を読みながら、校長の加藤先生はにっこり。「みんな、立派になってくれたよ」と、辺地教育三年のシワをのばした。

ここ、愛知県東加茂郡足助町の大多賀小学校は、児童数二十七人という、県下一の〝チビ学校〟だ。「町」とは名ばかり。役場の前からバスに揺られ、山道を歩いて約二時間。赤石山脈のふところに、三十二戸がひっそりと、山を相手に暮らしている。三十三年四月、辺地教育の〝十字架〟を背負って、加藤校長が着任した。まず、おどろいたのが、極端な学力の低さと小人数。とくに「みんなで考えよう」という新しい教育の課題〝集団思考〟など、二学年複式で七人という小クラスでは、どうにもならない。「都会のスシ詰め学級がうらやましいな」と苦笑した時、面白い考えが浮かんだ。「題材によっては、学年を三つ、四つ、と組み合わせ、グループを大きくしては……」

加藤校長はさっそく、愛知学大教育学教室の先生たちと相談し、全国ではじめてといわれる〝大多賀システム〟を生み出した。基礎が大事な算数と国語は、単式でみっちり個別指導し、このためには み出されたクラスを、他の複式学級に加えて、理科や社会科の調査学習、作文、図工、体操など、集団性の必要な科目をやる。これで、辺地校のマイナスを同時に補おうというのだ。

活発な話し合い　ちょうど、そのころに決まった〝新教育〟への移行措置も組み入れ、ここに単式、複式、複々式ごっちゃまぜという、複雑な三本立ての授業がはじまった。〝大世帯〟になった集団学習は、子どもたちに刺激を与え、話し合いを活発にさせた。いつも押しだまっていたいたずら坊主も、すみっこでベソをかいていた女の子も、進んで口を開き、ディスカスする喜びを知った。

去年の夏、四、五、六年複々式の社会科で「わが家のあゆみ」を調べた際、みんながこぞって「大多賀のあゆみ」を調べようといい出し、先生をおどろかせた。十一人で手分けし、一カ月かかって、大多賀の人、産業、文化の移り変わりをまとめた。そして調査結果につき、いろんな感想が飛び出した。

「明治二十二年、山持ちの保隆君の家で、二十町歩もの山の木を全部売ったが、百円にしかならなかった。貨幣価値は違うにしても、当時の村の暮らしは、苦しかったに違いない」

「明治三十三年、いまの県道ができるまでは、町へ出るのにけわしい山道一本しかなかった。村の文化が遅れたのは、道路のためだ」

「昔から村の仕事は、材木の切り出しと百姓だけだと思っていたが、いろんな移り変わりがあるのがわかって、勉強になった」

「小さなイハイや墓石がたくさんあった。昔は子どもがよく死んだのだな。いまのようによい薬があれば、多くの赤ちゃんが死なずにすんだろう」

「戦争中、二十三人も兵隊に取られ、七人が戦死した。戦争はひどい。戦争はこわい」……子どもらの考えで、子どもらの手で作り上げた「大多賀のあゆみ」は、部落としてもはじめての〝体系的〟な資料になった。

のびる〝幼い芽〟 新学期から小学校のカリキュラムは変わったが、辺地の複式学級の場合は〝定規通り〟にやらなくてもよいそうだ。「コンマ以下だ」と見放されたのかも知れないが、加藤校長は「わが道を行く」とはり切っている。去年の十二月、ここで開かれた辺地教育の研究会で、文部省の指導官は「独創的な大多賀システムを全国に紹介したい」といった。愛知学大の教育学教室でも「極小クラスの指導は、世界的な教育課題であり、大多賀校の方式は、立派なテストケースだ」とほめている。

こうして、辺地の子らも「考える」ようになった。都会の子どもにくらべて、まだまだ問題意識は低いが、その〝幼い芽〟は、すくすくと日増しにのびている。やがて茎が育ち、葉を広げて、山の子らにも〝春の喜び〟がやってくるだろう。

山の教室

何でもいえる子を育てる

道徳指導の効果をあげるためには、よい学級の雰囲気を作ることが必要である。学校における児童の生活の基礎的な場である学級に、道徳的規範を尊重する空気がみなぎっていなければ、指導の効果はあがらない。すなわち児童たちに親しみ合い、助け合い、戒めあう態度を養わせ、教師はつねにこれを公平な愛情をもって育てていくという心構えを持つべきである。

——小学校道徳指導書・指導方法

運動場にはとけきれぬ雪がまだしぶとく居すわっていた。午前八時。授業が始まるのには、まだ三十分以上もあろうというのに、学校の中は子どもの活気でむせかえるようだ。突き当たりの階段を、土くさい子どもたちが上がったりおりたり。ゲタ箱には、どろんこのゴム長がいっぱい。「学校へ来るのに一時間もかかる子どももいるんですが、こんな調子で学校は毎朝早くから大にぎわいです」職員室で、宿直あけの若い先生が熱いお茶をすすりながら、少しばかり眠そうだった。

明るさの原動力　二時間目は誕生会。一年生から六年生まで、全校あわせてやっと百人余りの児童が二十畳敷きほどの裁縫室に集まっていた。わんぱく小僧が、紙の棒で力いっぱい女の先生の頭をひっぱたいている。教壇の上で向かいあった先生と生徒の二人を子どもたちみんなが〃もしもしカメよ〃の歌ではやしている。子どもは背のびをしても届かないので、先生はお辞儀をするようなかっこうで頭を下げていた。こんどは先生がジャンケンに勝った。先生も負けずにひっぱたきかえした。くるくる巻いた三十㌢ほどの紙の棒だから、たたいても、そう痛くはなさそうだ。「次はN先生や」「よっしゃ、相手になるもん出てこい」——新しく男の先生と女の子が教壇にのぼった。

机を四角に囲んで勉強　（兵庫県但東町相田小学校で）

　いささか手荒い誕生日の集団お祝いの会のアトラクションだ。

　「実は幻灯会をするつもりだったのですが、あいにく停電で……。おかげで、遊んでやることがなくなって……」乱れた髪をなでつけながら、若い女の先生がはずかしそうにいった。子どもたちはアセだく。いつもやっている遊びのようだが、子どもたちはけっこう楽しそう。見ていてちょっとハラハラするくらい、遠慮なしにやっていた。先生も子どももいっしょ。こんな谷間の学校で、子どもの表情が意外に明るかったわけが、これでちょっぴりわかったような気がした。

先生になる生徒　兵庫県出石郡但東町相田小学校。山陰線豊岡駅からタクシーで、たっぷり一時間はかかる。「生活つづり方教育」などで知られた東井義雄校長のほか先生は七人。先生が足りないので校長先生も授業をする。

校長先生が生徒になったこともあった。五年生の国語。先生がわざとまちがってみせた。ワイワイさわぐ児童に「みんながそういうなら、ひとつ先生になって、わたしに教えてくれ。先生のいうことを、はねかえす証拠を出してごらん」先生はそういって子どもたちをぞろぞろ教壇へ上げ、自分は生徒の腰掛けにきゅうくつそうにすわった。「オイ東井君、君は身体が大きいくせに、ものわかりが悪いぞ」得意になってこんなことをいう子どももいる。ひとわたり、みんなに思ったことをいわせたのち、先生は教壇にもどった。「そうかみんなえらい。それはこういうことだな。こういうふうにまとめるともっといい」楽しい勉強ぶりだ。「まず子どもがどう受け取ったかということから授業を始め、どんどんものをいわせて育ててゆく」これが東井さんの持論だった。

おべっかせぬ子　放課後、運動場の片すみを流れている小川で、校長先生は足を洗っていた。ゲタを忘れたので、通りかかった六年生のM君に「先生をおんぶして玄関まで行ってくれや」とたのんだそうだ。M君は「よう負わんです」ニコリともしないで行ってしまった。M君は勉強はよくできるが、人づきあいのヘタな子で、友だちも少なく、孤独な性格の子。先生はM君のうしろ姿をぼんやり見送った。しかし、そのうちに思いついたそうだ。〃いやなことはいやだ、と先生にもいい切れる子は、これはえらいやっちゃ〃「それから、M君とはすっかり仲よしになってしまったんです」授業を見ていたら、子どもたちみんながM君のようにみえた。

ピカピカの古教室　授業がすむとみんなで教室を掃除する。家から持って来たゾウキンで、毎日たん念にふいているのでロウカも床もピカピカだ。この教室が建ったのは明治六年で、郡内では一ばん古い。校舎には支柱もあって、よその学校の子からは〃つっぱり学校〃と笑われている。「修学旅行で神戸へ行き、鉄筋の校舎を見せたのですが、それが学校だということを、中にはいって黒板やつくえがあるのを見るまで、子どもたちにはなかなか信じられなかったようです」校長先生は笑った。しかし子どもたちは、おとうさんたちも勉強したこの〃つっぱり学校〃が、大好きだ。休み時間に、教室で二、三人が取っ組み合いをしかけた。「そんなことをすると床がぬける」女の子がけたたましい声をあげていた。

春がくると遠足だ。この学校には〃海を見る遠足〃というのがある。一日がかりで山に登る。頂上に着いてもまだ見えない。先生は松の木によじ上る。

「先生見える?」「ウン見えるぞ見えるぞ」先生は、子どもを一人ずつ交代で木の上へひっぱり上げる。三センチばかりの青い海だ。それでも子どもは大喜びで、学校へ帰ってから「はじめて海を見ました」と作文を書く。こんな谷間の学校でも、こうして〃何でもいえる子〃〃おべっかをいわない子〃がどんどん育っている。

教育の自治

育つ自主性

異性関係の正しいあり方をよく考え、健全な交際をしよう。

男女の相互敬愛は、民主的社会において尊重されなければならない。相互の愛情は、人生にとって貴重なものであるが、そのあり方は、自己および相手の一生の運命にかかわることであるばかりでなく、その影響を周囲の人々にも及ぼすものである。

――中学校指導要領・道徳

男女が並ぶこと　門司市柳西中学二年生のホームルーム――。

「どうして席替えするんですか」「男子が授業中さわがしいから」「女子こそヒソヒソ話が多いと思います」「自由にすると、仲のよい人同士が集まって、いまより個人話が多くなります。男女一列ずつに並んだらどうですか」「そうすると人数が多いので、列の間がつまってしまう」「二つずつくっつけたら」「それじゃあ女子と並びます。ぼく、絶対反対ですね」「どうして」「どうしてって……呼ぶときに困るじゃあないですか」「さんをつけると、女子を好きだろうとか、尊敬しているとかいってみんながひやかします」「ぼくは体裁が悪くていえないのだと思います。さんづけするのが当然ですから、いうようにしましょう」「賛成」

「それじゃあ、席はどうしますか」「わたしは男女並ぶと連絡のとき不便だと思います。前が男子二人並んだら、つぎは女子が二人というように交互にすわったらよいと思います」「賛成」「反対の意見はありませんか」……ベルが鳴り、ホームルームがすんだ。

「ではそうきめます」司会の総務委員、牧野君は、学級日誌に「風紀委員から提案の席替えの件決定」と書き込んだ。じっと聞き役にまわっていた正池先生は「発言の内容も考え方もまだ甘いものです。でも、男女並ぶとか、男子の威張った口ぶりとかが、教室では大問題なのです。はずかしがらずに自分の意見をいったでしょう」と話してくれた。

「一番たのしい自主的な生活の場にしたい」というのが正池先生の願いだ。ホームルームの時間にはロング（月曜朝、四十五分）とショート（毎朝、放課後十分）がとってある。運営するのは学級委員だ。総務、学習、図書、風紀、整備、保健、会計の委員がいて男女一人ずつ。

朝の自習は学習委員の出題で、学級文庫の世話は図書委員、ゲタ箱の整理は整備委員、バレーボールの保管は保健委員というふうにまかされている。学級委員から総務委員が出て、全校の総務委員会をつくっている。生徒数が多く、生徒総会が簡単に開けないので、ここでホームルームからの提案をまとめ、決まったことを全学級へ流す自治活動の心臓部だ。

活動の記録から　この「総務委員会の記録」をみせてもらった。

二月十七日　文化会館で星条旗伝達式――去年の夏、二年生のホームルームから「門司の姉妹市、米国ノーフォークの中学と姉妹校の縁組はできないか」と提案された。深見洋子副会長が呼びかけの手紙と応援旗を送った。一月、ノースサイド中学の生徒会バニー会長から承諾の返事、おたがいの友情のしるしにと、星条旗を送ってきた。これをノーフォーク名誉市民の門司市長から手渡してもらったのだ。「太平洋を越えて、こんなに早く結ばれようとは……」よろこびにみちた記事が学校新聞「渦潮」を飾った。

チリ地震津波の時——朝のホームルームで「東北の友だちは気の毒だなあ」という声が出た。六月九日には臨時生徒総会が開かれ、反対なし。教室ごとに愛の募金箱がおかれた。一週間日に八千三百円。二年生の見舞い文をそえて東北の被災中学生へ。

九月十五日　としよりの日——近くの養老院へ慰問団を出した。文化部員がおどりや歌、花束と雑誌をおくった。なかでも生徒会製作の八ミリ映画「門司みなと祭り」や「パゴダのビルマ僧」が喜ばれた。「涙をうかべたお年寄りからありがとうと手を握られたとき、私たちも胸があつくなった」

母子の話し合い　「三年生になったら、急に母が勉強しろ、勉強しろ、とやかましくいい出した。テレビの前にちょっとすわってもしかる」森君がホームルームでこうこぼしたら、となりの池田君も、「ぼくのところもや。本さえ開いておれば、勉強していると思っているんだから」となげいた。これがきっかけで親に対する不満がいっせいに出た。

「親の虚栄のため高校へ行くんじゃあない」「親の期待が大きすぎる」という訴え。でも、家ではいつも「子どものくせに」「あなたのためよ」と理屈で負けてしまうという。「おかあさんのころと、いまとは勉強の仕方が違うのに、頭ごなしだからカッとくる。先生から話してもらおう」と、とうとう先生のところへ持ち込まれた。

PTAで話し合われた。おかあさんたちのなかから「子どもと話し合う前に新教育を勉強しよう」という声がおこり、母親学級ができた。椎野教頭の「中学生の心理」、門鉄病院小児科、吉田和世医長の「中学生の生理衛生」の話で、反抗期の中学生のこと、勉強も大事だが、健康はもっと大切だということが話された。

出口先生は生徒からのアンケートを発表した。匿名だったのに「科学者、技術家、医師、先生……になりたい」「貧しい家庭や職場からも高校、大学へいけるように……」「一家そろってのだんらんを……」ねがっていることが数字でハッキリ示された。

「昨夜はほんとうによい母子協議会でした。吉田先生の心理的離乳期にあるというお話が役に立ち、子どもの勉強プランを聞きながら、テレビを見る時間、読んでもよい雑誌の範囲など、いくつかの〝母子協定〟を結びました」これは森君のおかあさんが学校にあてた手紙。

「こんどのことでおかあさんが、ぼくのことをとても心配していることがわかりました。能率のあがる勉強をしなくては……と思います。家でもホームルームと同じように話し合えばわかってもらえるんですね」報告する森君の顔は明るかった。みんなも拍手した。

教育議会

会議はうまくなったが

児童の自発的、自治的な活動を通じて、自主的な生活態度を養い、社会性の育成を図る。

所属する集団の運営に積極的に参加し、その向上発展に尽くすことができるようにする。

実践活動を通じて個性の伸展を図り、心身ともに健康な生活ができるようにする。

——小学校指導要領・特別教育活動

われらのホープ　××君へ清き一票を

というポスター。あるいは、

誠実、実行、親切がモットー　愛称ウーたんへ

こんなのもなかにはある。

すばやく、美しく、正確な　十三歳の秀才　○○子さんを会計委員に

この形容詞は○○子さんのことではなく「そろばん」のことらしい。東京・荒川区立九中へ行くと、

こういう生徒会委員選挙のポスターが廊下の壁にズラリと並んでいた。いろとりどりのマジックインク、絵の具……。生徒会委員は全校生徒の投票で選ばれるのである。

清き一票を、という言葉のまねぐらいなら問題はない。が、大人の選挙の悪い面までまねしすぎた、ゆきすぎた場合もある。たとえば――

ある学級委員選挙　岡山県の川上郡備中町で起こったできごと。長谷小学校三年生の学級委員選挙の時、選挙違反があった、というのだ。この学校では、学級委員は、子どもたちの選挙の結果を参考に、職員会議できめ、校長が任命する。三学期がはじまってまもないある日、その選挙があった。山室絹子先生は「投票のめやす」というのを黒板に大きく書いた。

「平素、行ないの正しい人」「友だちに親切な人」「成績もよい人」

ところが、当選した二人の子どもの名前をみて、山室先生はあわてた、という。二人ともあまり「ほめられない」ような子だった。翌日の職員会議では議論がわいた。「はっきり不適当だとわかっている子を学級委員にしたら、学級運営がやりにくい」「選挙にあらわれた子どもたちの意思は尊重すべきだ」――三回も会議をやった。結論は出ない。

そのうち、当選した子どもの一人が選挙の前日、友だちに投票してくれ、と電話したことがわかった。「買収」や「脅迫」もあったらしい、というウワサも飛んだ。とうとう学校側は選挙を無効にし、別の二人の子を学級委員に任命した。――これが古来備中町教育長の語る〝真相〟である。

が、当選した子どもの一人の父親が、選挙を無効にするのは子どもの人権侵害、と法務局へ訴えたため、事件は大人の世界へ飛び火してしまった。「体罰などの場合と違って、このケースが人権侵犯事件の対象になるかどうか」と木村岡山法務局人権擁護課長は思案顔だ。「もし教育の内容にまで法務局がたちいるなら、黙ってはいられない」と、教員側はなかなか強気。PTAはほとんどが学校の措置を支持、約三百人が署名して法務局へ陳情した。「選挙違反を大目にみる土地がらが子どもの世界に反映したのではないか」という見方も出て、町はまだごたついている。弱ったのは担任の先生と校長さん——事件の波紋にすっかりノイローゼ気味で、面会もことわり、いっさいノーコメント。

よくあること?　この話を東京・港区のある小学校長に告げると「学級委員の選挙違反、よくあることですよ」と、校長はこともなげにいう。子どものことだから、金をばらまくわけではない。選挙の前にキャラメル、アメをくばったりして〝買収〟する、という「やり方は無邪気だが、悪いことは悪い。ただ、それが当選後に分かった場合の処理がむずかしい。当選を取り消せばおもてざたになり、かえってその子に悪影響を与える。まあ、そっと呼んで訓戒を与えることにしています」

荒川区でも、同じような話をきいた。五年生のクラスのボスが学級委員の選挙の前日、野球をやるからといって仲間を集め、あした頼むよなあ、といってまわった。そのせいかどうか、その子は当選してしまったのだという。「その場合は別にものをやったわけではないんですが、やはりゆがんだ姿の一つだと思います」と先生。

いまの学校では、学級委員のはたす役目は大きい。放課後の反省会や毎週一回の学級会の議長をやり、意見をまとめ、きまったことを実行する。全校児童会にもクラス代表として出席する。子どもたちには魅力ある仕事らしい。昔の任命制と違って、いまは「人気」さえあれば委員になれる。この「人気争い」のゆきすぎが、ともすればボスの事前工作を生むという。もう一つの原因は親のミエ。一度ぐらいは学級委員のバッジを——といった調子で子どもをいらだたせる親がいるともいえる、とある先生は嘆いていた。

おしゃべりはうまいが　教室議会——いわゆる「学級会」「児童会」は、いままでの小学校では教科以外の活動とされていたが、こんどの改定で「特別教育活動」と呼ばれることになった。これからは正規の授業の中でこれをやる。戦後、児童会活動は、子どもの自主性、社会性を育てるものとして、重視されてきた。が、その自治活動の中にさえ、大人のゆがんだ姿がはいりこんできているのだった。

学級会——「話し合いの時間」を傍聴すると、どの学校、どの教室でも、おしゃべりの子が多いのに驚く。子ども議長をまん中にして、激しい「いいあいっこ」が続く。昔の教室にはまったくなかったふんいきである。自分の意見を皆の前でしゃべれる子がふえたこと——それは戦後の新教育の大きな成果だと、どこの先生たちも自慢する。

「大人や親への批判」「おたがいの悪口」をしゃべらせると、たしかに学級会はわき立つ。が、たとえば教室をきれいにする、花壇の手入れをする、などの地味な「話し合い」になると、あまりいい意見は出ない。おしゃべりはうまいが、話し合いで自分たちの約束を決め、地味な仕事を実行して行くということになると、あまり上手とはいえないようだ——「話し合い教育」の一つの問題点が、そこにある。

教室のゆううつ

入試の暗い影

「――いやしくも補習教育などに名をかりて知的に偏した準備教育を行ない、正常な義務教育をさまたげることのないよう注意し……………………」

――東京都教委通達

「東京の教室」に登場してもらったげんこつ先生――五年担任の佐藤先生が、「二年を持ってるM先生が入院中なので、きょうは私が代理授業をやります」という。一緒に教室にはいると、男の子はゴリラのまねをしてふざけあっていた。五、六人のあばれん坊がいて、授業中もこれをやめない。騒ぎまわる。

「バンソウコウで口をはっちゃうぞ」と先生がしかる。「セロハンテープの方がよくはれるよ、なあ」「口にはってくれるんだってさ、あーりがたや、ありがたや」

低学年と高学年　さすがの「げんこつ」も、二年ぼうず相手では、いっこうに権威がない。いや、ふしぎなことに、なにをいわれても佐藤先生はニコニコ顔である。五年生を教えるときの態度とはガラりと違う。それがなぜか、はじめはわからなかった。どの学校でも、高学年と低学年では、教室のふんいきがまったく違う。子どもたちの表情が全然違うのである。底抜けにあかるい、のびのびしたふんいきが低学年の教室にはある。が、五、六年になるとどこかゆううつなものがただよい出す。先生の教え方もぐっときびしくなる。

ゆううつの正体は、六年生の教室をおとずれると、わかる。

休み時間も運動場に出ない子が目立つ。「学習年鑑」や「ドリル」(反復練習のための問題集)とにらめっこである。受験の準備。うっかりふざけあったら、暗記ものが逃げてしまう。運動場の遊び声に背を向け、そこだけには、重苦しいふんいきがあった。黒板には、

「××中の試験、午前九時半から、国、算、社、理、おひるまで」

「ほんとうは音楽の時間なんですがネ、次は算数にふりかえます。試験まぎわになれば、どこだってやってるでしょう」

と、六年担任の先生。受験の成績いかんはその先生をはかるものさしになる——という考え方が世間にある以上、先生もムチのふり方を強めざるを得ない。

げんこつ先生——「私のクラスも来年は約四割が私立中を受験します。もう進学ジュクに通う子がふえています。だいたい、いまの私立の試験問題の出し方に問題があると思いますね。東北の山奥のローカル線や外国のこまかい地名が出る。よっぽどつめこみをやらんとおぼえられない。新教育のやり方を否定するような問題が多いのが困りものです」

ジュクと教室――質的にまったく違う教え方が、子どもを混乱させてしまう。それがこわい、という先生もある。

校長先生のウソ　〝教室のゆううつ〟というのは、その気になると、あちこちにころがっていた。道徳の教材にはならない話だが、やはり紹介しておこう。

東京・城南の小学校。そこの授業を見終わって校長室にはいると、校長先生が受話器をにぎっていた。大きな声なので、いやでも耳にはいる。

「ええ、そう。例のあれです――金はいくらでもつむ、と先方はいっているんですがネ。どうにかならんですかな。――えーと、成績はどうだったんでしょう」

どこかの「えらい人」に、私立学校への裏口入学を頼んでいるところらしい。

「えっ、なに、三十点に達しなかった。なるほど。うーん、弱りましたな……」――ながながと電話は続く。校長室で、裏口入学の交渉風景におめにかかれるとは思わなかった。うす暗い部屋で「金はいくらでも……」といっている校長さんの姿は「ゆううつな絵」だった。

もう一人、下町の校長先生。

その学校をおとずれた時、校長との話はやはり進学問題になった。受験のための準備教育をやっているかどうか、をたずねると、老校長はキッパリ否定した。

「本校ではいっさいやっておりません。補習をやると、どうしても子ども同士のねたみや対立が出ます。つめこみ教育はしたくありません」

一つの見識である。なるほどとそのときは拝聴しておいた。が、あとで、そこのＰＴＡ役員がいうのである。「とんでもない。ここでは受験準備の授業はさかんですよ。やらなければ父兄がおさまりません。有名校への進学率がいいか悪いか、これは大問題ですからね」

校長先生のウソが、あまりみごとだったので調べてみた。文部省では「受験準備の補習はいっさい許されていない」という。準備教育はもぐりなのだ。しかし、教育委員会が何といおうと、ＰＴＡの強い要望とあれば、つめこみ授業をやらねばならない。

泣きじゃくる子　校長や先生よりもゆううつなのは、子どもたち自身である。

荒川区の小学校。卒業前、六年生が最後の学級会をやっていた。

発言中の女の子が、突然泣き出す。泣きじゃくりながらしゃべるのをきくと、この一年間、私立中を受験するか、公立中へ行くか、母親と争い続けた。自分は皆と一緒に公立中へ行きたかったが、親は高校受験のとき苦労するからと反対する。結局、いうなりになった。母親に自分の気持ちが分かってもらえなかったのがくやしい、というのである。

なぜ仲間と一緒に公立中へ行けないのか、区立Ａ中は貧乏人とクズばかりが行く、と親は反対する。でも、それはおかしい、おかあさんのミエではないか、とその子はいう。

「つめこみ教育」といわれている新課程では、高学年のゆううつがいっそうひどくなる、という心配もあるようだが……。

道徳教育

教室をみてまわった私たちは,「道徳の時間」の前で，たちどまった。

そして，すこし念入りに，それをみることにした。

新しい道徳の授業とは，いったいどんなものなのか。子どもの「しつけ」を真剣に考える父兄にかわって，それをみたかった。

いうまでもなく，戦後,「忠君愛国」の修身は姿を消した。

そして昭和三十三年に文部省が道徳指導要領を出した時，日教組は「修身教育の復活」といって攻撃した。その年の秋から，小,中学校に「道徳の時間」が特設され，三十六年四月から，小学校では一般教科なみの扱いになって,「道徳の時間」が義務づけられた。

だから,「道徳の時間」は，生まれて，まだ日が浅い。それだけに，現場の多くの先生たちは，どんなふうに授業を進めたらいいか，とまどっている様子があった。混乱もあった。

むかしの修身といまの道徳教育はどう違うのか。どんな混乱があるのか。その混乱の中から，なにが生まれてくるのか。そんなことを，私たちは知りたかった。

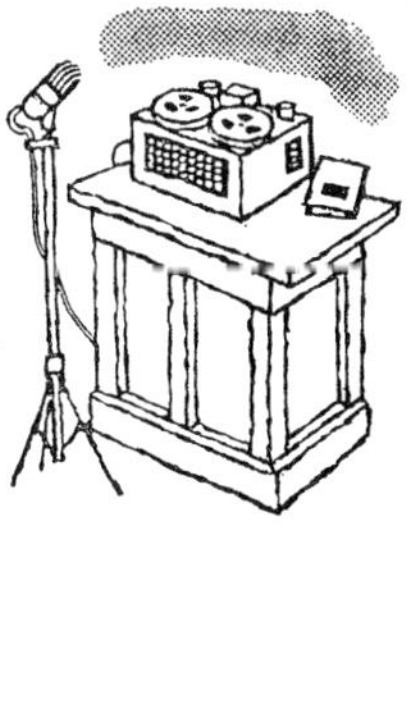

修身三代

道徳の時間における道徳教育は、児童の心身の発達段階、それに伴う自我の成長や社会への視野の広まりと理解力の深まりを考慮しながら、弾力性のある計画によって道徳性についての主体的な自覚を高めていこうとするものである。
それは戦前の修身教育がともすれば陥りがちであったように、固定的な計画を押しつけたり、徳目の一方的な注入をねらったりするものでもなければ、また、単に児童の身辺に生ずる日常的・断片的な事象や問題のそのつどの解決に主力を注ぐというだけのものでもない。

――小学校道徳指導書・道徳の時間における道徳教育

「昔の子はこんなにだらしなくなかった。修身でやかましかったから」とPTAの会長さん。「でも修身だけは、教えるほうもごめんだな」と若い先生――どこの学校へ行っても修身論議は、いまたけなわである。戦前の修身はどんな足どりをたどってきたか。明治、大正、昭和三代の修身教科書の歩みは――。

山ヨリタカク　ウミヨリフカキハ、ワガミヲ　ソダテシ　オヤノオン
明治二十五年　検定教科書

行儀のさとし　教室での修身教育は明治五年の「学制」の発足と同時にはじまる。修身の時間は「行儀のさとし」といわれた。さすがに文明開化の時世だけあって「とうとき人も、まずしき人も同じ世界の兄弟にして」といった民主的な翻訳教科書が使われた。欧米かぶれすぎる、というので、その後、儒教や国粋主義のテキストがあらわれ、つづいて明治十九年には教科書の検定制がしかれた。

二宮金次郎像の前で遊ぶ（東京港区南桜小学校で）

さきの「山ヨリタカク」は、教育勅語のあとに出た代表的な検定教科書、重野安繹博士編集の「尋常小学修身」の一節。和紙、和とじ、トビラに教育勅語。さしえの軍人、教師、父親の顔にはみんなヒゲをはやしていて、いかにもかたぐるしく、いかめしかった。

勅語をよりどころに編集しただけに

内容、文体はすべて「すべし」「すべからず」「するなかれ」調。上杉鷹山、二宮尊徳、貝原益軒といった、のちの国定修身教科書の中心的人物がすでに顔をそろえている。いずれも教育勅語のなかから抜け出してきた〝お手本〟のような人たちだ。勅語と儒教にささえられた修身教科書のこの特徴は、一貫して昭和のはじめまでかわらない。重心が「孝」から「忠孝」へ、「忠孝」からさらに「忠一辺倒」へ、と次第に国家中心に移っていったが……。

すゐへいが、たまにうたれて、くるしみながら「てきのふねは、まだしづみませんか」とたづねました。しくわんが「てきのふねは、しづんでしまった」といったらにっこりわらって、そのまましにました。

明治三十四年　検定教科書

キグチコヘイ　明治二十七、八年の日清戦争は当時の教科書屋さんに、うってつけの教材を与えた。これもその一つ。「まだ沈まずや定遠は」の「勇敢なる水兵」である。同じ軍国美談、ラッパ卒の木口小平の話もさっそく採用された。「忠君愛国」の題と戦場のさし絵がハナバナしく登場したのである。明治三十七年、教科書は検定制から国定にかわるが、戦争と軍国美談ものは国定時代にも、そのまま引きつがれる。日露戦争後の同四十三年に改訂された第二期国定教科書では「杉野はいずこ」の歌で名高い軍神、広瀬中佐や佐久間艇長、さらに太平洋戦争の国民学校教科書では真珠湾攻撃の岩佐大尉、戦闘機部隊の加藤建夫少将が紹介されている。
軍神の新人登場とともに、戦争美談の扱い方もしだいにかわってきた。たとえば木口小平。「キグチコヘイハ、ラッパヲクチニアテタママ　シニマシタ」というのは明治四十三年の修身教科書。大正時代には「テキノタマニ　アタリマシタガ　シンデモ　クチカラ　ラッパヲハナシマセンデシタ」となり、さらに昭和の教科書になると「キグチコヘイハ　イサマシク　イクサニ　デマシタ」という前書きもついた。日本の軍国主義の波が高まるにつれてリンカーン、フランクリン、ナイチンゲールといった外国の偉人たちが教科書から姿を消していく。

日本ヨイ国
キヨイ国
世界ニ一ツノ
神ノ国
日本ヨイ国
ツヨイ国
世界ニカガヤク
エライ国
昭和十六年国民学校教科書

皇国臣民の自覚　昭和十六年国民学校が生まれ急ピッチで軍国調を盛りあげていく。
「わが大日本は」「日本臣民として」「日本男子たるものは」と、教科書のいたるところに日本、日本、日本……。常在戦場、全員玉砕、見敵必殺ということばもあらわれてくる。孝行者の金次郎も、ここでは食糧増産の愛国者になった。かつてほめはやされた赤穂義士も、曾我兄弟も「私情にかられた行為にすぎない。皇国臣民としての自覚が足らぬ（国民科修身、教師用書）」として否定された。高等科の教科書は「葉隠」をとりあげ「武士道とは死ぬこととみつけたり」と教えた。身を修める教育は、こうしてついに「死」を説く科目になった。この神がかった修身科が廃止されたのは、終戦の年の暮れ。修身教科書の多くは占領軍に没収され、パルプ工場に運ばれて、約半世紀にわたる歴史の幕を閉じた。

道徳モデル校

自分を反省するとともに、人の教えをよく聞き、深く考えて行動する。

低学年においては、あやまちや欠点をすなおに認めることを指導の中心とし、中学年・高学年においては、さらに、常に言行をふり返ること、人の教えをよく聞くこと、深く考え落ち着いて行動することなどを加えて内容とすることが望ましい。

——小学校指導要領・道徳

道徳の時間というから生徒の顔もすこしは神妙だろう、とエリなど正したのは、こちらの早合点だった。ドアをあけたとたん「やあ、へんなのがきたな」とあいさつされた——二階の教室から東京タワーがよくみえる都心の区立小学校。道徳をたのしく教えるというので都教委でも評判のモデル校である。いましがた始業のチャイムが鳴り終わったのに二年一組の、この教室のざわめきはいっこうにしずまらない。

二年生の反省　「さあ、しずかにしましょう」と黒板を背に呼びかけたのはスラックス姿の女の先生。マユをしかめたがきき目がないのは同じだ。「道徳の時間なのに、みんなお行儀がわるいのね。

そんなにうしろが気になるんなら、ふり向いてお客さまをよくごらんなさい」。青いジャンパー、赤いセーターの肩の揺れが落ちつくまで三、四分。呼吸が合うまでスタートしない姿は、あの運動会の「ヨーイ、ドン」の情景に似ている。

この日のテーマは「二年生の反省」。道徳の学習指導要領にしたがえば、第十三項目でうたっている「つねに言行をふりかえらせる」のがねらい。しかし、昔の修身みたいにこのお題目をいきなりぶつけるほどいまの先生がたはせっかちではない。「はんせい」などと黒板に書いてしまえば教室の自由な空気が台なしだし、だいいちお説教主義の修身がいかに効果が薄いかは、三十なかばのこの先生自身がいちばん知っている。「もうすぐたのしい三年生」黒板にはこう書かれた。

「みんな、きのう三年生の新しい教科書をおうちに持って帰ったわね。帰りながらいろいろ考えたでしょ。三年生になったらこんなことしたい、こんなふうになりたいって」あちこちの机から小さな手のひらがあがる。「びっくりするほど算数ができるようになりたい」「いままで一年生をいじめたけれど新入生はかわいがる」「忘れものしない子になる」——ひと通り出つくしたところで先生は「忘れもの」と黒板に書いた。

ここまでが道徳指導書にいう「導入の部分」。生徒の気持ちを十分ほぐしてからいよいよ本題にはいっていく。あきない「道徳」にするには、この辺の呼吸がいちばんむずかしいらしい。それにしても、この手ぶらのお客さんたちは、なんと口うるさいのだろう。

集団討論　「みんなウソだあ、なってみなけりゃ、わかりゃしないよ」と大向こうからヤジ。このヤジに耳傾けるほど、しかし道徳の時間の先生は〝民主的〟ではなかった。

「たとえばね、教科書を持ち忘れて困るのはだれでしょう。自分だけかしら」。「みんなが困ることだってある」とおデコの男の子。「そういうのなんていうの」「はためいわく」と同じ男の子。「ついでにきくけれど、お勉強のとき、みんなめいわくすることほかにない？」手をあげたのはまたおデコ。おデコは感度がいい。この子とだけ問答していてはほかの子があきてしまう、とみてとった先生は「じゃ、いつものようにグループにわかれて話し合いましょう」と提案した。「ガヤガヤ談義」といって、子どものおしゃべり本能とカンニング本能をたくみに生かした集団討議。「みんなの修身」にするには、うってつけの授業形式だ。

しゃべり合うこと数分、いろいろな答えが出てきた。なかでも最も多いのは「図工の時間に一人でもツムジ曲がりがいると、ねんど細工がはかどらない」という嘆きだった。この答えから一つの徳目、つまり「わがままをいうな」という結論をひき出すのは造作のないことだ。が、新教育では徳目は生徒の心の中で気ながに発酵させなければならない。徳目をどうやって生徒の口からいわせるか教師のウデのみせどころだろう。うまく答えた生徒にはホームラン賞（賞状）をやる、という涙ぐましい教師もいる。

即興の寸劇　「だれでもいいわ、ねんど細工のときの模様を劇にしてみせてくれない」先生のはずんだ声につられて四人の生徒が黒板前に走り出た。ツムジ曲がりの役に女生徒をきめただけで筋書きなどはない。ぶっつけ本番の寸劇だ。ねんどでロケットをつくりたいという男の子たちを相手に女生徒がウサギじゃなきゃいやだ、といい争う。

「ロケットなんか女の子のものじゃないわ」

「それならどうやってウサギを型どるんだい。下手なのつくれば他の班に笑われちゃう」と男生徒。「材料やるから君ひとりでウサギつくんな」と別の男の子。十分近い談義のすえロケットづくりに話がまとまったが、さすがはテレビ時代の子だ。四人の豆タレントたちは図工の時間のひとコマをすべて即興のセリフで再現してみせた。みごとな演技に座席の生徒たちも目をみはったが、いちばん得意だったのは先生自身かもしれない。「どうして四人のいい争いが片づいたのかしら」の問いに「仲好くしたから」「協力したから」「ゆずり合ったから」と生徒の口から、わき水のように美徳があふれ出たのだから。あれよ、あれよの間だ。これこそ「生徒の、生徒による、生徒のための徳目」であった。先生はゆっくりこれを黒板に書きとめる。生徒も黒板をみつめる。ひときわ大きく書かれたチョークの徳目に目をそそぐ。それだけである。日教組が目くじらたてるほどのことはない、逆に親孝行を期待する父親たちにはちょっと物足りない、ともいえそうな道徳モデル校の一時間だった。

道徳読本

すぐれた読み物は、児童に感銘を与え、心情を養うのに役だつとともに、経験を広げ、さまざまな場面に応じた行為や考え方を理解し、道徳的な価値を体得させることに効果がある。

　また個々の児童の能力や興味に適した読み物を選択できるので、個別指導にも利用できる。

――小学校道徳指導書・読み物の利用

校門から校長室まで子どもの敬礼の中を歩いた。遠くで遊んでいた子どもまでとんできて「こんにちは」とお辞儀をする。廊下を歩く子どもたちは右側をしゅくしゅくとすり足でゆく。〃松の廊下〃の感じ。六年前から道徳の副読本を採用している山口県下松市の下松小学校は「おそれながら、ちょっと貴校を拝見」といいたくなるふんいきだ。「それも、単なるしつけにだけで終わってはいかんのでして」と脇校長。「プラトンの申しました魂を自覚させるのです」。それからソクラテスが出てきて、ペスタロッチが出てきて、カント、リップス、デューイと道徳の大先生の名がつぎつぎせいぞろいした。魂とか、道徳意思とか、つかみにくい話だから、校長先生は両手をあげ、空中をまさぐるようなしぐさで話す。

学校は昭和二十八年から二年間のべ七百時間かけて全職員で討議した。時には寺にこもって深夜まで。その結果、原稿用紙にして二万五千枚分ほどの議事記録や実態調査ができ上がり、三十年に全国にさきがけて道徳教育の副読本をつくった。学校ではこれを「生活読本」といっているが、いわば〝準教科書〟。

教師用の手びきとして文部省が道徳教育指導要領を発表したのが、さる三十三年。この学校では、それより三年もはやくからスタートしたのだから、文部省にとっても〝先輩〟格の全国でもめずらしい学校だ。

桃太郎は悩む　副読本は絵表紙がついて、字も昔の教科書体が使ってある。大ざっぱにいえば、低学年で「もののあわれ」をほんのり教え、中学年で「人と人とのつながり」高学年で「働くこと」を教えるのだそうだ。教室でこの副読本が一斉に開かれるのは、生徒と先生の議論が最高潮に達して「さて、どう考えたらよいか」と、みんながと惑うときだ。たとえばこんな調子で……

五年生の教室――副読本のテーマは「桃太郎の鬼退治」。桃太郎がなやんでいる。「鬼退治がいいか、悪いか」というのである。昔の子どもには、お話にならない問題だが、いまの子どもは英雄〝桃太郎〟をこずき回していた。

「鬼をこらしめるのはよくないです」「そうだ。教えて改心させるべきだ」「鬼は人間と違うからよくなりません」「でも、あとでよくなったわよ」「そのときはよくなっても、あとでまた悪いことするかわからない」「鬼ってのは、ぜったい良くならないと思います。だからやっつけるのは正当防衛です」

「正当ボウエイ？　だって、桃太郎をやっつけに来たんじゃないよ。桃太郎が先に手を出したんだ」

「鞍馬天狗だって向こうが切ってきてから、やっつける。それにミネ打ちだもの」「だから、教えてだめなら、こらしめる。そのときはミネ打ちでやる。悪くなったらまたやる。何回もやって良くすればいい」「そうです、そうです」「しかし、宝物ぶんどったのはいかんです」「でも貧しい人に分けてあげるならいいわ」「しかし、ひとのものをとるのはドロボウだよ」「だって、鬼の宝物はひとの物をとったのよ」「ああ、わかった。だから取り返して、もとの人に返せばいい」「アメリカも日本から国をとったです」「しかし、朝鮮はむかし日本がとったものでしょう。返すの、あたりまえよ」「学校でビー玉をやって、よその子のをとるのもいけないと思います」「あれはバクチだから」

新記録だ！　（山口県下松市下松小学校で）

先生が口を出して「なぜバクチがいけませんか」
「損するから」「性質が悪くなって、大きくなって競輪をやるようになるからです」「うちのおかあさんは、おとうさんの競輪に困っています」「アハハハ……」「笑わないで下さい」と子ども議長さんが机をたたく。

副読本論争　道徳の副読本を使うか、使わないかの議論がでてから、かなりになる。道徳教育発足のころから尾を引いて、いまなお、さかんにむし返されている。「副読本といっても、じつは教科書だ。教科書を使えば、昔の修身に舞い戻るのは目にみえている」と日教組。これに対して文部省は「副読本を使うべし」とはいっていないが「使ってもさしつかえない」という表現をとる。「道徳の指導の方法には、話し合いもあれば、説話、劇化、視聴覚教材の利用もある。読み物の利用も一つの方法なのだから、必要とあれば、使ったって、いっこうに差しつかえない」という意味である。文部省と日教組のこうした議論をよそに、現場の教師たちは副読本についてもっと深刻な悩みをかかえている。「使え、使わぬなどとのんきなことはいってられない。結局、使わざるをえないのではないか」という、現実の悩みだ。

道徳指導書を読んでも要領をえない。たとえ理解したつもりでも教室の黒板の前に立つと、わけがわからなくなってしまう。「話し合い」のグループ討議も、すっかりマンネリズムだし、劇をやらせれば、生徒は休み時間のようにはしゃいでしまう。かといって視聴覚教材をふんだんにそろえるほど学校に予算がない。いちばん手っとりばやいのは結局、副読本に頼る以外にはないのではないか——と先生たちは嘆くのである。

東京の小学校をまわってみて、ほとんどの校長先生が

「うちの学校では副読本を使っていません」

と答えた。

「題材が生徒の生活環境にぴったりしないことが多い。だから、どんないい話がのっていても、子どもは自分たちには関係ないんだな、と思ってしまう。これでは、いい道徳教育はできません」

と説明してくれた校長さんもいた。ところが、その学校の道徳の時間を拝見したら、生徒に配られたプリントは市販の副読本のまるうつし——生徒は、たしかに副読本を持っていない。が、先生はこっそり副読本からチエをかりている、といった学校はほかにも多かった。

教組と道徳

学校における道徳教育は、本来、学校の教育活動全体を通じて行なうことを基本とする。したがって道徳の時間はもちろん、教科、特別教育活動、学校行事など、学校教育のあらゆる機会に道徳性を高める指導が行なわれなければならない。

――中学校指導要領・総則

教育線がまっ二つに割れて争った勤評騒動がもう忘れられかけているのに、高知県では昨年も評定書を出さなかった十四人の校長の処分をめぐって、いまなお対立抗争がくすぶりつづけている。

ここは全国でもまれな「道徳の時間」の空白地帯である。県教委の推定では、文部省の通達どおり道徳の時間を特設しているのは県下七百八の小、中学校のうちわずかに二〇%。どの学校がやっていないのか、県教委はこれまで四回も市町村教委に問いあわせたが、一回も返事の来ないところがある。

ある山奥の学校では「道徳はやらな、いかんがか」と知らん顔をする先生もいた。まさに〝文部省の威令とおく及ばず〟だ。高知市内でも、時間特設は高知大教育学部付属中学校だけだという。

公文書偽造か　この三月、長岡郡のある小学校の卒業式で、父兄たちが校長先生にねじ込んだ。

「卒業証書には〝所定の課程を修了〟となっているが、道徳の時間をやっとらんじゃないか。公文書の偽造だ……」

この話が県下に伝わって、校長さん仲間に「偽造になるか、ならないか」深刻な波紋をよんでいるが、組合の〝圧力〟で「道徳の時間」をつぶされた学校もある。最近ナリをひそめた感じだが、高知はやはり日教組反主流派の拠点である。

だが、おもてむき県教組も、道徳教育そのものには反対していない。「戦争にたいする憎しみ、民族の独立、基本的人権などを、個人的にでなく、集団の中で追及する〝道徳〟の教育はやらねばいかん」——この大上段のスローガンをさらに説明してもらうと「道徳教育を全面的に否定するものではない。道徳教育は学校生活全体のなかで行なわれるべきで、時間の特設は修身科復活にすぎないから、あくまで反対する。現に特設もしなければ、指導要領にもよらないで、熱心に道徳教育をやっている学校がある」という。

高知市の南隣、土佐市の町はずれにある高知小学校。教組の紹介でたずねてみると、田んぼにかこまれた校舎がぽつんと一むね。児童数わずかに百八十余人の小さな学校である。

先生にも上級生にも、はっきりと自分を主張できる力強い子どもに育てる。子どもながらに社会を見る目を開かせ、社会の矛盾に対決してゆけるような〝姿勢〟を身につけさせたい——そんなねらいで、この学校では週三回、朝の全体集会で自治会方式の道徳教育をやっている。

上級生に抗議　集会は上級生と下級生と八つのグループにわかれ、子どもたちの身近に起こったことがとりあげられる。「上級生にいじめられた」と下級生の集会で声がでると、被害者は上級生の集会へ抗議に行く。下級生同士では解決できないからだ。

「××君がたたきます。みんなで考えてください」。

名ざしで追及することは〝つるしあげ〟みたいだが、問題が具体的にわかるし、名ざしされた子のいい分もきくことができるという。はじめは〝お礼参り〟をする上級生もいたが、そんなことをするとまた名前をあげられる、というので、その心配はすぐなくなった。

ある日、六年生の週番が全校生に、クラス決議を発表した。

「運動場が狭いから、ソフト・ボールにはみんなめいわくしている。ほんで、運動場をもっと広めるようにしてもらいたい。けんど、こわいことはこわいき、ソフトは放課後にすることにしたい」満場一致で「サンセイ」の声があがった。

この結論がでるまで、全校集会は数回にわたってもめた。五、六年の男子にたいして、下級生が申し入れていた懸案がやっと解決をみたが、中島修校長によると、ソフトをやりたい側と、やめてほしい側と、両方がはっきり〝前向きの姿勢〟を堅持して解決策がでたわけだ。

苦しい答弁　「社会に目を開かせる」教育は、反射的に先生たちにもはねかえってくる。ソフト・ボールのことでは「運動場をひろげてほしい」と要求がでたし「ピンポン台をふやしてほしい」「ミゾの土管がこわれているので、雨の日は道がぐちゃぐちゃになる」「ほうきを三本ほしい」……そのたびに校長は「お金と相談のことじゃから」と子どもたちに申し開きをする。「苦しい答弁ですよ。直接、市教委に団交に行かせるわけにもいかないし……」組合型教育の泣きどころというわけだ。

中島校長は勤評に最後まで抵抗した校長だった。六人の先生たちもそうだ。しかし、教組のスローガンどおりの〝たたかう子ども〟が育っているのでもなさそうだ。校長は「私たちの究極の目標に達する土台として、小学校の段階では、まず個人の主体性を確立させることです」という。

その土台づくりが問題だが、県教組は「道徳の時間特設校は両手（十校）もないだろう」と豪語する。十校か二〇％か、どちらがあたっているにせよ、土佐の高知に道徳教育が行きわたるまでには、まだまだ時間がかかりそうだ。

道徳教育に悩みあり

道徳教育の内容は、教師も生徒もいっしょになって理想的な人間のあり方を追及しながら、われわれはいかに生きるべきかをともに考え、ともに語り合い、その実行に努めるための共通の課題である。

――中学校指導要領・道徳

「おらんく根性」　「おねがいしまーす」生徒たちの低いハーモニーで道徳の時間がはじまった。M先生が黒板に「おらんく根性」と書いた。「いうたちいかんちやおらんくの池にゃ　潮吹くさかなが泳ぎよる　ヨサコイ、ヨサコイ」先生が棒読みすると、生徒はげらげら笑った。「みんな、先週はよさこい節を歌うて土佐人の性格を話しあったが、きょうは歴史的人物についてやる」とガリ版刷りの紙を配った。郷土史家の書いた「土佐人物抄記」。かなり長い文章を先生がゆっくり読み、そこに出ている坂本竜馬、板垣退助、吉田茂などのたくさんの人物が、山岳型と海洋型のどちらに属するか、先生の質問が続いた。どちらかにあてはめるのがむずかしい人物もある。生徒たちは隣の席と話しあったり、勝手に発言したり、いたってお行儀はよくない。しかし先生は気にならない様子。土佐人は陽性、直情径行、衝動的だと生徒の意見がまとまった。

「いまごろはそんなことないぞ」という声もあったが、先生には聞こえなかったらしい。「高知県人は燃える火の玉みたいなもんだ。火の玉が社会に役立つにはどうすればいいだろうか」——「融通性をもったらいいがに」「融通きかしてばっかりだったら八方美人になるぞ」「人の意見をきくことです」「いつも人のいうことをきいてばっかりなら、人のいいなりになるだけです」。ひとかどの性格論がぶつかってなかなかまとまらない。先生は黒板に「熟慮断行」と書いて、その意味をくわしく話した。

裏町の西部劇（大阪市西成区で）

教員室へもどる廊下で、M先生は「島国根性を県民のおらんく（おらがクニさ）根性から理解させて、大集団への協力融和ということを自覚させる主題なんです。来週はこれをさらに個々に内面化して考えさせるようにもっていきたいのですが……」と説明してくれた。

手きびしい批判　高知県下でも数少なく、高知市内ではただ一つ、高知大学教育学部付属中学校だけが道徳の時間を特設している。しかし、文部省の指導要領にはこだわらないで、独自のカリキュラムを作成している、いわば実験学校である。

二年生に例をとると「失敗と成功」「私のなやみ」「男女の交際」「おらんく根性」など十の主題をあげ、主題に応じて日常生活やクラス内で起こったこと、生徒の作文、新聞や雑誌の切り抜きのプリント、学校放送の録音を材料にとりあげ、ときには校外へ見学に行くこともある。副読本を使うことは安易に流れ、修身科への逆コースと先生たちの一致した意見で使っていない。

では、生徒は道徳の時間をどうみているだろうか。道徳の時間の感想文からひろうと、

「うんざりするのは道徳のある火曜日ときまっている。うるんだ目で窓から外をながめている人、机の下に本を置いて何かしている人……なども私と同じ考えではないだろうか。漢文で習った〝羊頭をかかげて狗(く)肉を売る〟と同じことではないかと私には思われる。道徳科というのは、ふたをあけてみると、腰かけにすわって静かに先生のお話をうわの空で聞いているみたいだ」

〝先生の苦労、生徒知らず〟ともいえるような、こんな率直な声は意外に多い。「先生は話す内容に困って口から出まかせにいっている」と手きびしいことを書いた作文もあった。去年、全生徒三百五十六人からとったアンケートでは「道徳の時間は楽しくなかった」が三割近く、「楽しかった」のはたった八人だった。

道徳は役に立つ　ところがこの半面で「道徳の時間は役に立つ」と答えているのが六割もある。生徒の大半が道徳は大切だと考えているとみてよいだろう。作文のなかには「道徳というのは、民主社会のなかに私たちがはいってゆくためのひみつがかくされている」というのや「父母について話しあった道徳の時間の日、家に帰って母の顔をみると、しわが二重にも三重にも見えた」というのもある。

お互いに長所、短所を書いて交換しあったときの思い出を「自分を見ぬいてくれている友だちのありがたさで、おふとんの中にはいってもなかなか寝つかれなかった。一生忘れることができないでしょう」と感激しているのもある。

それだけに生徒の先生に対する注文はなかなかこみ入っている。「大きく世間のこと、いかめしい話、昔のえらい人の話をいっても、私たちはなんの感情も抱かないし、反応もない。それよりか、小さな学級のことからやると直接の問題で興味もあるし……」という作文は生徒たち一般の声を代表しているようだ。

考えこむ先生たち　一方、教員室では、M先生もまじって、先生たちがこんな話をしていた。

「文部省の指導要領にも書いてあるような身近なことをとりあげたいが、それがないときはどうしても講話式の無味乾燥なものになるね」

「ぼくは図画を教えてるから担任のクラスと接するのは週一回の授業だけだろう。日ごろどんなことがクラスで起こっているか、身近な材料がなにかわからなくなってね」「資料集めに五時間もかかるときがあるよ」

「いまの道徳は、たとえばあいさつにしたって〝あいさつとは〟〝あいさつはなぜするか〟つまり〝とは〟〝なぜ〟からはじめるが、私たち自身が修身教育を受けているので、どうしても既成の観念を押しつけることになりがちだ」

と道徳教育の本質論、技術論がはてしなく続いた。M先生は最後にこんな話をした。

「ぼくは道徳の時間のことで四六時中頭がいっぱいだ。文部省はこんな悩みを知っているのだろうかと思うときがある。道徳手当がほしいと苦情をいいたくなる。しかしぼくがいつも考えるということをやめたら、ぼくの道徳の時間は血の通わないものになってしまう。そう思って自分を支えているんだけれど……」

修身と道徳

要するに修身と道徳教育はどこがちがうのか――要領よく答えてくれる人は少なかった。「同じだ」という人もあれば「まるで別だ。日本の道徳教育はいまが夜明けだ」と答える人もいた。

戦前の修身を支えていたのは教育勅語だった。戦後の道徳教育を具体的に方向づけているのは、いうまでもなく、三十三年に文部省が出した道徳指導要領だろう。ここには「自分のことは自分でする」といった身のまわりの徳目から「日本人としての自覚を持つ」という愛国心の向上までかかげている。この指導要領を手がかりに「道徳」のいまと昔をくらべてみると――

指導にあたっては、できるだけ児童の自主性を尊重する
――道徳指導要領・指導上の留意事項

「親思い」　東京の山手の小学校で三年担任の先生が、ためしに昔の修身教科書を生徒たちに読んで聞かせたことがある。明治の末の尋常小学修身書・巻三にでている「ぎょうぎ」――「松平好房は小さいときから、かりそめにも父母のいるほうに足をのばしたことはありませんでした。（中略）人が父母のはなしをすると、いつもただしく居直ってききました」。ぷうっと吹き出し、顔を見合わせ

「バッカジャナカロカ」と笑い出した。

なるほど、いまの子は、などとカンシンしてはいけない。「昔の子だって同じだ。だれが本気で聞くものですか。あたりが神妙な空気だから口には出さなかっただけだ」という先生がいた。この先生によると、あの二宮金次郎も戦前、都会の小学校では、かなり評判がわるかった。

「歩きながら読まなくてもいいのに」「車にひかれちゃう」「目がわるくなっちゃう」「親はなにしていたの」「背中のたき木、盗んできたんだな」。尊徳先生もサンザンだ。

なにごとも高飛車に出てはいけない、子どもの感情に素直に訴えなければいけない、というので新教育では、親とか偉人とか目上の人を扱うにも、いろいろ工夫をこらしている。

たとえば親孝行――といきたいが、いまは呼び方からしてちがう。親孝行とはいわない。親思いという。親思いの教材にこんなのがある。

――おかあさんは、きょうも田のくさとりだ。あついだろうな。あせが　ぽたぽた　おちるだろうな。ぼくは　かぜになりたいなあ。おかあさんの　ところへ　サーッととんで　いくんだ。そうしたら　おかあさん　きっと「ほ、いいかぜがきた」と　いうだろうな。

題して「かぜになりたいなあ」。親孝行もいまや詩になった。中身はつまり「父母ニ孝ニ」かもしれないが、訴え方はずっとスマートだ。

道徳の副読本とはいえ、すべて子ども本位の編集だから、ひねった美談やつくり話はかげをひそめた。たまに登場する聖人、偉人もぐっと低姿勢だ。ヤナギにとびつくカエルをみて「よし　わしもやるぞ」と発心した書家の小野道風。戦前の教科書にもでていたが、このごろの道風は「はじめから じが じょうずでは ありませんでした。あさ はやくから よる おそくまで なんじも なんじも 書きましたが、どうしても うまく書けません。とうふうは もう じを 書くのが いやになりました」と、非常に親しみ易い。凡人の悩みを凡人のように悩んでいる。

道徳的心情を高め、正邪善悪を判断する能力を養うように導く
——道徳指導要領・指導目標の項

へびのように　明治から大正にかけての修身教科書に「おつな」という、子守り奉公にでた少女の話がのっている。——主人の子どもをおぶって遊んでいたら犬がとびついた。あんまり突然だったので、背中の子を地べたにおろし、そのうえにうつぶした。子どもは助かったが、おつなは犬にかまれて死んでしまう——

この少女はどんな気持ちで子どもをかばったのか。いまの生徒なら、たぶんこう答えるだろう。「子どもが大好きだったから」「かまれちゃかわいそうだと思ったから」そして最後に「主人の子どもだったから」と答えるかもしれない。が、昔は、そうはいかない。教師も生徒もこの最後の答えしか許されていなかった。なぜなら表題に「忠実」と、うたってあったから。おつなに感動してもよい。ただし、命がけで主人の子をまもったことに感動すべし、というワクがついていたのだ。

おつなの人助けを「忠実」という徳目からしかながめないということ。一つの物語、一つの行為

に、一つの徳目だけしか用意しないということ。これが戦前の修身教育の大きな特徴だろう。いまは全く逆である。ハトの如く素直だけではいけない、ヘビのようにさとくなければいけない、というので、一つのテーマがあれば、いくつもの徳目をひき出させ、たがいにそれをぶつけ合っている。

「君がほんとに〝親切〟なら、友人にその欠点をいってやるべきだ」「いやそれは、バカ〝正直〟だ。〝友情〟を傷つけてしまう」。「親切」をとるか「友情」をとるか——道徳の時間は、また「ものの見方」の時間でもあった。

かんじんの道徳意識は、ところでどのくらい向上するのか——

「結局は家庭しだいだ。そこまで考えてはいられない」という答えの多いなかで、東京の下町の先生の話は暗示に富んでいた。「いまの子はわるいことをして〝わるかった〟とはいわない。〝しまった〟というんです。どうしてバレたんだろう、と、いっしょうけんめいに頭をひねっている。これは学校だけで片づく問題ではない。道徳教育にすべてを期待してもムリですよ」

パリの道徳教育

道徳の時間における指導は、学校ばかりでなく、家庭や社会の理解と協力をまたなければじゅうぶんな効果をあげがたい。

それゆえ、教師は学校全体の道徳教育の充実を図るとともに、他方児童の家庭と密接な連絡をたもち、暖かい理解と適宜な助言をし、また、その協力を求めることが必要である。

これらの配慮の根底には、明日の日本を展望しながら、国家や社会の道徳的向上を絶えず念願していることがたいせつであろう。

——小学校道徳指導書・道徳の時間における道徳教育

自尊心　「私たちは道徳教育として、子どもにまず〝自分に対する義務〟を自覚させることにしています」。パリ郊外の労働者街で、ながい間、小学校教育にたずさわっている女の先生はこういう。
「私は〝一人はみんなのために、みんなは一人のために〟ということを毎年クラスの合言葉として子どもたちにおぼえてもらうことにしています。この地区の親たちは大部分、工場で働いていますが、家庭の空気はみんな違います。それだけに道徳教育といっても、みんなに納得のいく最大公約数を見つけて、そこから出発しなければならないわけです」

〝一人はみんなのために、みんなは一人のために〟というテーマは、まず子どもたち一人一人に一つの社会的な使命を自覚させて自分を尊敬する心、つまり自尊心の基礎をつくり、同時にクラスの子どもたちの間に起こるいろいろな問題、たとえば、だれかが病気になったとか、だれかのおかあさんが働けなくなった場合、その問題をみんなでとりあげて、こんどは「みんなが一人のために」すべきことを検討することができる、というのがこの先生の主張であった。

「道徳の義務観は、外からしいられるのではなくて、内から良心の働きとして出てくるものでなければなりません。また良心に対して、はずかしくないと思ったことは、外からどんな圧力をかけられてもゆずらないという勇気をもつことが必要です。これが自分に対する義務観で、道徳の一番大切な基礎だという考え方です」と先生は重ねて道徳教育の原則を語った。

市民教育　フランスの市民教育、つまり道徳の時間は毎週二時間ぐらい。日本式にいうと、小、中校だけしか行なわれていない。親が働きに出ている家庭の子が多く、肉体的にも精神的にも発育しきらないうちに社会へ出て働かなければならない。そこで将来、一人の市民として正邪善悪の判断を誤らないように、学校が道徳教育の「一部を引き受けている」ということらしい。

ここで例の女の先生の話をきくと、「フランスの学校の市民教育では、自分に対する義務、家族に対する義務、社会、国家に対する義務を教えます。しかし道徳教育の主体は、どこまでも家庭である、というのがフランスの道徳教育の立場です」という。

一方、同じ小、中校でもリセ（官立）またはコレージュ（私立、多く宗教団体経営）という日本の小学校から高校までつづいている学校では、市民教育の課目がない。ここではしかし、小学校から高校まで十二年間に、古典、国語(つまりフランス語)、地理、歴史、外国語を通じ、ゆっくりと家族、社会、国家、国際関係、人間などの問題をとりあげ、生徒各人の意見を小論文の形で毎週書かせている。

これはルネッサンスのヒューマニズム教育の伝統をそのまま受けついでいるもので、人間の追及を学問の対象とし、どんな価値の観念も自由に検討し、批判するという立場である。そこには知識をいつも自分の経験に直結させて考えるという努力が要求され、同時に論文で考えさせられる時間も非常に多い。一種のつめ込み主義ともいえ、またそうした非難もあるが、そうかといって全く記憶力だけに訴えるつめ込み主義ではなく、考えを進展させるための〝燃料〟として知識をつめ込むわけである。そのうえフランスの生徒には、その考えをだれにでもわかるように明快に表現することが要求され、この方面の努力も大変である。

だから、すべての教科が生徒の人生観を作り上げ、自由な立場から人間として、市民としての義務を考えさせる方向に向けられており、これも結局、小学校の女の先生がいった「自分に対する義務」の意識の上に立った道徳教育といえよう。

ママの判決　家庭における道徳教育はおかあさんが主体である。「人のものをとってはいけない」といった身近な教えから「人の権利や法律は尊重しなければいけない」という市民の義務まで、かなりきびしく教えこまれる。フランスの家庭はフランス社会の縮図だ。ここではパパ、ママ、子どもたちがお互いに各自の領分を尊重し合って、むずかしくいえばお互いの権利を尊重し合って生活している。その最高裁判所はいつも家庭を守っているママである。

ママの判決には、パパもたいていしたがう。しかし子どもたちだからといって〝ママ最高裁判所〟は決して甘やかさない。子どもたちの「考え」には干渉しないが、社会生活である家庭生活の規律にそむいて、わがままをした場合には、子どもたちでも容赦なくしかられ、罰せられる。

「でも、フランスには共産主義者が多いようですが……」という人がよくある。しかし共産主義者でもキリスト教道徳に徹底して、社会をよくしようという考えの人が多いから、自分の家庭では、相当きびしい生活をする人たちが多い。ダンナが共産主義の場合でも、フランスのご主人はあまり奥さんの思想に干渉しない。そこでダンナが党の集会かなにかで教会をののしり、ブルジョアを攻撃している最中、奥さんのほうは一人で教会へ行って家族の安全を祈っているという風景がよくある。

愛国心論争

「道徳の時間」をみて行くうちに，私たちは，どうしても「愛国心」の問題にぶつからざるを得なかった。

山口二矢事件が起きた時，愛国心をめぐって，多くの教室で，教師と子どもの話し合いが起こった，という。教室の中でも，外でも，愛国心論議は，かなり活発になってきた。

そして，文部省の新指導要領の「道徳」の中では，「愛国心」は徳目のひとつに掲げられている。とりわけ，愛国心教育は，新指導要領の柱のひとつである，とさえいわれている。

——だから，当然，先生たちは，教室の中で「愛国心」をどう教えたらいいのか，という問題にぶつかっていた。

道徳の時間は，混乱していた。が，それ以上に，愛国心教育はとまどい，混乱しているようにみえた。

文部省のいう「愛国心」とは，具体的には，どんなものなのか。そして先生たちは，愛国心をどう考えているのか。子どもたちは，それをどううけとめているのか。戦争をさかいにして世代の違う，いまの先生と子どもたちの間には，当然，愛国心のうけとめ方に，断層があるのではないか。ほかの国の愛国心教育はどうなのか。

そんなことを，私たちはつきとめたかった。

愛国心教材

日本人としての自覚を持って国を愛し、国際社会の一環としての国家の発展に尽くす。

　低学年においては、国民的な心情の芽ばえを育てることを指導の中心とし、中学年においては、さらに、日本の国土やすぐれた文化・伝統をたいせつにすることを指導し、高学年においては、国家の繁栄を願い、国民としての責任を自覚して、国際社会の一環としての日本の発展に尽くそうとする意欲を育てることなどを加えて内容とすることが望ましい。

――小学校指導要領・道徳

「日本の教科書をひと通り勉強してみて、非常に不思議に感じたことがあります……」

三十六年三月十一日の参議院予算委員会。「勉強」した教科書の山を示しながら、辻政信議員は、かん高い声で質問をつづけた。

「……私が読んだかぎりにおきましては、どこも、ただのひとつも、祖国愛であるとか、祖国を守れとかいう内容が教えられておらない。荒木大臣。大臣はこれを、どういうふうにお感じになりますか」

荒木文相が立つ。
「祖国愛などと、うっかりいいますと、何とかかんとかいおうと待ちかまえている人が、いままでは多すぎた。今後はそういうバカなことはなかろうと思います」
……辻元参謀の慨嘆。そして愛国的心情。いかにも、ごもっとも、ごもっとも……といったふうな感じが、答弁する荒木さんをはじめ、なみいる大臣たちの顔に、よめた。

愛国者は人物難　三十六年の新学期から実施された文部省の指導要領・道徳の章には「愛国心」が徳目のひとつとして掲げられている。ところが、いまの教科書から「愛国心」という文字を捜しだすとなると、非常にむずかしい。これは、辻氏の指摘したとおりだ。

しかし、日本の教科書に「愛国心」が全くないかといえば、それは違う。少しだが、ちゃんとある。――たとえば、道徳の副読本「のびていく五年生」を開くと、六十四ページに「祖国を愛する人々」という章がある。(副読本は、厳密にいえば教科書ではない。しかし、これを採用している

日の丸のある教室　(東京新宿区淀橋第二小学校で)

学校の子どもにとっては、かくべつ教科書との区別はない）……それをみよう。

「伝記・福沢諭吉を読んで」と題する、子どもの作文がのっている。「福沢諭吉は……人を愛し、国を愛する心が強かった。……諭吉こそ真の愛国者だと思う。戦争に負けた今の日本に、諭吉のような愛国者がいてくれたらと思う」

次は「愛国の技術者」として豊田佐吉の伝記がのっている。「世界一優秀な自動織機のもとをつくった人物で、科学技術を通じて祖国を豊かにした」というのが、この読本の教師用指導書の解釈である。

同じ教師用書を読んでいくうちに「教材として適切な愛国的人物をとりあげることは、なかなか容易でない」と書いてあるのが、目についた。そして、このことは、愛国心教材の編集者に共通する悩みであるらしく、別の読本の教師用書も、こう書いている。

「日本人の従来の愛国者は、かならずといってもよいくらい、戦争と政治がつきまとっている。いわゆる軍神といった概念である。そういう偏狭な愛国者でなく、広く世界の舞台に出してもはずかしくなく、人物も立派であるという人は少ない」そして――「せめてあげれば、次のような人も考えられる」と、いかにも自信のなさそうな注釈をつけてから、同書は「伊能忠敬」をあげる。

裁かれた愛国心　中学の三年生のための読本で「新しい生活」というのがある。その第四章「愛国心と人類愛」を読む。

「政治家のなかには、戦争にそなえて国民の愛国心をかきたてるために、自国がいかにすぐれ、いかに正しい国であるかを、幼いときから教えこんだものもあった。人々は他国をけなし、他民族をにくむように教育され、自国のよこしまな侵略戦争にさえ喜んで身をささげ、血を流すようにしむけられたのである。このような愛国心は、ゆがんだ愛国心といわなければならない」

それでは、正しい愛国心とはどういうのか。この読本はつづけていう。

「愛国者は、戦争などで国があやうくなったときにだけ現われるものではない。すぐれた判断と実行とによって、たとえすこしでも国民ぜんたいの生活が着実に向上したとき、その人は真の愛国者といわれるのである」

それは、たとえばどんな人物だろう、と中学生は思うにちがいない。読本はいう。

「たとえば、デンマークのダルガスは……」やはり、人物難であるらしく、日本人の名は出てこない。こないどころか「ゆがんだ愛国心」の例として、この読本の教師用書は、ナチスのユダヤ人虐殺と、戦争中の日本人の中国人大量虐殺とをならべ「参考として生徒に話す」ことをすすめる。

正しい愛国心を教える前に、まず、かつての日本の愛国心を裁く。——どの愛国心教材もそれは同じ筆法である。一年生に「日の丸」を教えるのに「超国家主義的でなく」と説く。五年生に愛国者を示すとき「愛国心を生徒に注入してはならない」とし、四年生の「日の丸」でも「教師の過去の経験や感覚から、ひとりよがりな感情をおしつけぬよう、くれぐれも注意する」と、念のはいった警戒ぶりである。

売れない愛国心　ところで、これらの愛国心教材、どうも売れゆきがかんばしくない、という。

「愛国心」の徳目をかかげて文部省が教室に「道徳の時間」をもちだしたのは、三十三年。日教組の反対は盛んだった。が、教科書屋さんの多くは、別のソロバンをはじいた。数社から一斉に道徳副読本が売り出された。

「のびていく×年生」もそのひとつだった。版元は「雄大な構想」をもって、一年から六年まで、三十万部を刷った。ところが、いっこうに売れ行きは「のびて」くれない。三年たったいま、まだ半分も売れ残っている。売れ残ったのが倉庫にたまり、水がつき、変色し、処置にこまって一部をクズ屋に売り払った……とか。「愛国心は、赤字でした」と、編集者はこぼすのである。

「紀元節校長」・その後

愛国心は往々にして民族的偏見や排他的感情につらなりやすいものであることを考えて、これを戒めよう。

そして世界の他の国々や民族文化を正しく理解し、人類愛の精神をつちかいながら、お互いに特色ある文化を創造して、国際社会の一員として誇ることのできる存在となろう。

——中学校指導要領・道徳

紀元節の反省会　〃紀元節校長〃溝淵忠広さん（四二）は高知県香美郡土佐山田町、繁藤小学校の校長である。土讃線の汽車があえぎながらのぼってくる四国山脈のまっただ中、近くで穴内川電源ダムの工事がはじまって、このごろにわかに活気づいてはいるが、もともと、ここはひっそりした山あいの小さな村だった。

「みんな、このあいだの紀元節の式を思いだしてください。どんな日だったですか」先生の質問にたちまち教室中の手があがる。「おもちをもらえる日です」どっと笑い声があふれた。一人が肩をいからせて立ちあがった。顔に八の字ヒゲを書いて、腕をふりあげて「諸君ッ」とやる。むずかしい演説をぶった来賓のまねをしてみせるので、また笑い声。子どもたちは〃雲にそびえる高千穂の……〃

の歌をすっかり覚え、式の日にはもちろん「日の丸」の旗が校庭にひるがえった。〝紀元節〟に共鳴するお客さんも百人余りつめかけて、にぎやかな式だった。子どもたちは午後、そろって映画へ連れてってもらった。〝おもしろかった紀元節〟をてんでに思い出して、五年生約三十人の教室はワイワイガヤガヤ。それがおさまると、クラスでいちばん成績のいい女の子が「日本の国の誕生日で、神武天皇が国をはじめられた日です」と神妙な口ぶりで答えた。

溝淵校長は「子どもたちはおもちをもらってうれしかったろう。それでええです。大きくなるにつれて国に対する考えができてくれれば、意味があったとわかるでしょう」といった。

わりのあわぬ話　「三笠宮さんの書かれた〝日本のあけぼの〟に、繁藤校の子は成績があまりよくないと書いちゃる。腹が立ってそこからあとは読まなんだけど、まるで紀元節の式をするから成績がわるいように思われる。こっちはえらい迷惑じゃ。三笠宮といえば、戦争中は直立不動で迎えたもんです。いまも皇室尊重じゃが、なにしろ相手がわるい。わりのあわん話ですら」とぼやきながらも「教育勅語を基本にせにゃいかん」「国家意識をもたせる教育を」と主張する校長は、愛国心についてこう考えている。

「山口二矢も浅沼委員長も愛国心に燃えていた。東条さんのがまちがった愛国心だったことは、戦争に負けてはじめてわかった。同じように浅沼か山口か、どちらがほんものの愛国心かは後世になってみないとわからん。しかし、理くつをいうのは、わたしはうーんときらいで……」とこのあたりで、話は打ち切った。

古びたミカゲ石の校門わきに「紀元二千六百二十一年」の木の標柱が立っている。学校のそばに住んでいる教育委員が、毎年元旦に書き改めるんだそうだ。

一時間の授業のはじめに黙とう、そして明治天皇の〝御製〟――あさみどり澄みわたりたる大空の――の朗詠で日課がはじまる。

放課後、剣道クラブの子どもたちが教員室へ防具をつけにやってくる。剣道六段の校長に、宮本武蔵や塚原卜伝の剣豪の話を聞かしてもらうのも楽しみだ。

ＰＴＡ会長の杉本秀義さん（六二）は「日本精神に徹した教育」と大の校長支持派だ。そのＰＴＡは青年会と、溝淵校長を記念して、裏山に「日本紀元復興喚起之地」の碑をたてようとしている。元首相吉田茂氏に筆をふるってもらおうという算段だ。

もうだいぶん以前のことだが「こんな校長はごめんだ」と追放運動が起こったことがある。すぐにくずれてしまったが、その人たちはいまだに「ばかばかしい教育」とこきおろす。が、いまのところだいたい「校長さんはええお方じゃ」の平静なムードに包まれている。

愛国党と愛国者　〝紀元節〟の式をはじめたのは三十一年からだった。当時、県教委は「祝日でもないのに学校を休み、公共の建物を使って式をあげたのは、国家公務員法に照らしてどうも具合がわるい」と、校長の進退について文部省へお伺いをたてたが、ナシのツブテだったそうな。おかげで県教委の戸梶指導課長も「極端にいうと野放しですね」とあきらめている。県教組は「ああいう教育はひろまらない」と相手にしていない様子だが、組合員のある先生は「ぼくはこの学校の教育方針がどうも気に食わない。教室でも校長のいうような教え方はしていない」という。だから校長さんは部下の若い先生の話になると、苦りきった表情をした。

紀元節の思い出を話しあっていた五年生の教室に、もう一度もどろう。日本でいちばんえらい人は「天皇」「皇太子」「照宮」「総理大臣」「官房長官」、歴史上の愛国者は「板垣退助」「聖徳太子」「陶工柿右衛門」「宮沢賢治」その他いろんな名前がでた。「現在の愛国者は」即座に数人が「愛国党です」と答えた。

それでも「愛国党へはいりたい人」はいなかったようだ。「人を殺したりするのはいやです」という子もいたが、このクラスでいちばん〝てにゃん〟(手におえないヤンチャ)の子は「愛国党は力で国を愛そうとするけんど、会議で国を愛さないかんと思う」と答えた〝てにゃん〟のいう愛国心は〝紀元節校長〟のそれと、ちょっとちがっているようだった。

二人の教育委員長

他人と意見が食いちがう場合には、つとめて相手の立場になってみて、建設的に批判する態度を築いていこう。

人は、先入観や感情にとらわれたり、無批判に他の意見に支配されたりして、しばしば真実を見失いがちである。自分の偏見を捨てるとともに相手の立場にもなってみて、よりよい結論に到達しようとする建設的な態度を築いていこう。

——中学校指導要領・道徳

佐賀県武雄市をはさんで両隣同じ杵島郡内で声もとどきそうな二つの町がまるで色合いが違う。東の大町町は町長が教組出身、教育委員長は炭労の闘士。西の山内町の町長は〝紀元節町長〟といわれる国粋主義者、教育委員長はお医者さんで県の神社総代会会長をしている。

大町町は住民の半数以上が杵島炭礦の鉱員とその家族。アカハタがなびき、デモが町をねってゆく。子どももストごっこをするほど。

山内町の方は農村で、二月十一日には忠霊殿の前でほとんど全町民で建国祭をやり、歌詞をもらった子どもまでが「雲にそびゆる高千穂の」とうたう。

愛国心論争

こんど文部省が徳目としてうち出した「愛国心」などについて、この二つの町の教育委員長がどう考えているかを聞いてみた。山内町の教育委員長、毛利源三氏は七十五歳。大町町の教育委員長、秦先敏氏は四十八歳。

山内（毛利） 道徳教育はぜひやらねばならん。いまの教育では人間も動物も同じこと。人間は礼を知り、義を知り、恩を知るのがあたり前。

大町（秦） 愛国心といっても程度問題だ。すぐ国防思想につながる。道徳といってもすぐ片寄った精神主義になる。

山内 いや、日本が負けてからの教育は、知識は教えるが、精神は引き抜かれてしもうた。日本には白人に対し劣等感みたいなものがあり、何でも舶来はよくて、和製はいかんという。

大町 劣等感はいかんが、優越感になるのも問題だ。愛国心というのは自然な気持としてあるのだから、それを平和に育てることは必要だ。〝紀元節〟については山内町のようなことまでしなくともと思う。大人気ない。

山内 しかし、誕生日を祝うのは、民主主義といってもやるのが当然だ。神武天皇が即位された日を太陽暦にしたら、二月十一日になるとわれわれは教わった。

大町 私は二月十一日かどうか考えたこともない。

山内 昔のことはわからないといっても、日本人もポカッと出てきたわけではない。神話もある以上は否定できない。三笠宮さんは科学的に否定なさるが、神話は尊ぶべきだ。

大町　あまりそういうことは考えすぎない方がいい。それにしても文部省は何か〝外堀〟を埋めて〝内堀〟へというか、一つの目標に向かってせっせとはやっている。また子どもを〝小国民〟に仕立てるおそれがある。

山内　歴史のない国はほろびる。一家でもそうです。神ダナも仏壇もない家は争いが絶えない。いまの教育は、仁徳天皇は毎日五千人の人間を使って一年もかかって、世界一大きいみさぎを作らせたと教えるが、その逆の面は何も教えない。聖武天皇についても大仏殿を作ったのは、大和朝廷の権威を確立するためだと教えて、その裏のことは教えない。一面的だ。

大町　多くの専門家や審議会を経てできた教科書なのだから、それを認めなければ……。

山内　とにかく日本の教育には中心がない。自民党も社会党もいかん。私は佐教組にも、社会党の人にも率直に話す。教育の独立、分限、民主化の原則はちゃんと守っている。ここの義務教育がキ然としているのはそのためだと思う。

大町　毛利委員長の表現はそこまででも、何かその奥がありそうな気がする。忠霊殿の前で紀元節をやるというのは、やはり国防とか、戦争に愛国心が結びついているのじゃないか。

教育は中立

山内　子どもを強制して紀元節に集めてはいない。子どもが来るのはやはり余興などがあるからだろう。しかし、国のために死んだ同胞をまつる気持ちは自然だろう。英霊に対して追憶の念にたえないというのは……。ここの町長は神官の免状をもっており、理論家で日の丸町長とか、紀元節町長といわれて、ちっとよか気持ちになってるかも知れんが、教育に自分の考えは押しつけられん。私も義務教育というのは中立でなければならんと思う。私が県下の教育委員連合会の会長をしている以上義務教育はチャンと中立でやってゆく。

大町　義務教育に大人の思想を押しこまないことは賛成だ。この町でよくストがあるが、子どもに影響を与えてはいけないと思っている。私は炭鉱労働者だが、教育委員長としては、その立場を離れる場合がよくある。組合の感覚を学校へ持ちこまないことだ。先生の休暇闘争でも「教室にかえれ」とどなる場合もあるだろう。

山内　私も五十年来この通りアミダ様の像を身につけている。(内ポケットから出し) 患者の手術をするときでもアミダ様に祈ってからやる。いつもアミダ様といっしょだから間違ったことはせんと心がけている。しかし学校で宗教教育をやろうとしてもそれはできない。

大町　文部省のやることにも、いい点はある。いいものはいいとしてやってゆく。勤評は、前の委員長時代からやっているのでつづけているが、これは早くなくしたい。なんといっても、現場の先生を信用することが第一だ。道徳教育についても、現場の先生にまかせて、私はいま小学校に間借りしている中学生のために、早く中学校を作りたい。そればかりに頭が痛む。

愛国心問答（上）

儀式の実施は、単に児童を参加させるということではなく、その参加が教育的な配慮のもとに行なわれなくてはならない。したがって儀式のねらいがじゅうぶん達成できるように指導することが特にたいせつである。

国民の祝日などに儀式を行なうにあたっては、国旗を掲揚し、君が代をせい唱させることが望ましい。このことは、日本人としての自覚をもって国を愛する心情を育成するためのよい機会であるとともに、他国の国旗や国歌をも尊重する態度を養うことに役だつであろう。

——小学校・学校行事等指導書

「愛国心」を、教室では、どう教えているのだろう。「愛国心」といえば、当然、いろいろやかましい。先生の心構えも問題になる。また、子どもの反応は、どうなのか——それを、先生方に話し合ってもらうことにした。

最初に、東京新宿区の、ある小学校をたずねた。道徳教育を熱心にやっている、という点では、これはもう文部省も東京都の教育委員会も「絶対」の保証づき、教育界では評判のたかい学校だ。

校長室に七人の先生がおそろいだった。若い先生、しらがまじりの先生、そして女の先生が一人。

テーマ・ソング　「本校では、毎月、月はじめに、国歌にあわせて日の丸を掲揚しています」という。そこで「君が代」から、きいてみる。まず、子どもたちが、どんな気持ちで歌っているか——

「気持ちといっても、意味がわかりにくいですからね」「遊びながらでも、メロディーを口笛なんかでピイピイやってます」「子ども会で順番に歌をうたわせるでしょう。そんなとき、突然君が代をやる子がいるよ」「いる、いる」「この歌、知ってるぞという。ただ、それだけの興味でしょ。それは」「流行歌とおんなじなんだ」「あはは、テーマ・ソングだな。スポンサー日本の」「だけど、先生、文部省といたしましては困るんじゃない？　それでは」……おどけた調子で、若い先生がいった。

それでは、先生たち自身にとっては「君が代」は、どうなんだろう——

「スーッとするな、ぼくは」「そうね、気持ちが清純になるような……」「きよめられる感じ」「なるほどね。先生なんか、ふだんがよごれきってるからな」……で、また脱線。

道徳モデル校の先生方のことだ。それに問題が「愛国心」とくれば、かたく、コチコチになるんじゃないか、と実は覚悟していた。それが、あんがい自由で、明るくて……つまり、教室で子どもたちが「話し合い」をやるのと、そっくりなのだ。

「やっぱり国歌ですからね。少しは荘重にゃんないとね」「いや、いいんだよ。愛される国歌ですよ」

シーンとなって　「でもね、愛される国歌にしては歌詞がどうも……」と、中年の先生がいった。「…

…どうも、ぼくは釈然としないんだ」「ひっかかりますね。君が代の君がね」「説明していくと国体や、むかしの神がかりにつながってしまう」「だけど、子どもは、そんなにつきつめては来ないですよ」「ぼくと君の君だ、と思ってる」「それでいいんじゃないの」「タレよりも君を愛す、の君だね」「うふっ、先生、あんがい、いい歌しってるんだな」

本題にはいろう。「君が代」と「愛国心」について。文部省が指導書でいっているように「君が代」や日の丸で「国を愛する心情を育成」できるか、どうか――

「どうかな」「無理だと思いますよ」「どうもね、そういう形式的なことから愛国心にはいる、という教え方――われわれはとらなかったですがねえ」

ここで、がやがやと議論がわき、方向はあちこちに飛び、そして途中で迷って考えこんでしまう先生もあった。おおざっぱに整理すると、それは、こんなふうだ。

その一……テレビなんかで「君が代」がでると、子どもはシーンとする。オリンピックだと、多少の感激もわくらしい。だが、シーンとなることが、そのまま愛国心といえるかどうか。

その二……愛国心という言葉に問題がある。戦前の教育をうけたものなら、だれしも「愛国心」という言葉に抵抗を感ずるだろう。まして、文部省がいきなりポンと「愛国心」をむき出しに示したりすると、ギクリとする。

その三……外国にいって「君が代」をきけば、あるいは自然に愛国心が動くかもしれない。

「会津磐梯山のうたを聞くとホロリとするもんな」と、福島出身の先生はいった。

主体的につかむ　では、この先生方は「愛国心」について、教室ではどういうふうに教えているのだろう。

「本校で愛国心の指導計画をたてたときの第一前提は、閉鎖的でない、ということ」「人類愛と隣人愛に裏付けられた愛国心ですね」「ですから、愛国心そのものずばりを第一の中心的なねらいとして、子どもに示すことは全然しない」

たとえば——

「たとえば、四年生だと、郷土に尽くした人をあげる。自分も勉強して将来こういう人になれば、郷土に尽くせるんだな……というとらえ方」「つまり、主体的に価値をとらえさせる」

そして——

「そして……そうですね、子どもに将来の希望をかかせてみますとね、いまは政治がよくないから、ぼくはいい政治家になりたい。そういう答えがでてくる。むかしなら立身出世主義で、大臣になりたい、でしょう」「政治をよくする、という愛国心ですね」「つまり、子どもが主体的にうけとめて、主体的に行動にうつる……」

「主体的」という言葉が、先生方はお好きらしい。「主体的」につづいては「展開」し「深化」し「内面化」し「ほりさげ」て「集約」する。むずかしい言葉がポンポン飛び出す。むずかしかったが、ひとたび話が教室での指導となると、さすがにモデル校だ。先生方は自信たっぷり、論旨は乱れもみせず、急テンポで、よどみなく「展開」するたのもしさであった。

愛国心問答（下）

郷土や日本における生活の特色を、他地域との比較・関連で明らかにし、郷土や国土に対する愛情を育て、わが国の発展に努力しようとする態度を養う。

日本や世界の各地域相互の関係がますます密接になってきたことを理解させるとともに、これらの各地域における生活を世界的視野に立って考えさせ、国家および世界の一員としての自覚を高め、協調の精神を養う。

——中学校指導要領・社会

「愛国心」のモデル教育をやっている小学校を出て、こんどは東京都足立区のある中学校をたずねた。

モデル学校ではない。文部省が示した道徳指導要領を支持する先生と、それに批判的な先生と、先生がたの心構えから、かなりくっきりと分かれている。そのうえ相手は中学生だ。先生が「こう思う」と説いても、自分で納得するまでは、なかなか、のってこない。……「愛国心」は、ますますむずかしくなってくる。

きらう貧しい土地　話は、先生がたの、にが笑いからはじまった。社会科で、戦争の話をすると、生徒の目が輝く、というのだ。

「日清戦争でここまで、日露戦争のときはここ、太平洋戦争ではこことここ、日本領土がひろがった。そういって地図で東南アジアを示すと、ほんとにうれしそうな顔になるんですよ」「こっちもつい、強かったんだぞ、連戦連勝、なんていってしまう。拍手する子もいて、ハッとする」「ところが、負けた話になると、とたんに、目の輝きがくもるんだ」「どうして、そこでやめとかなかったのか、と聞かれる」

子どもがよろこぶ気持ちは、いったい、なんだろう——

「勝つこと、大きくなることが、単純に好きなんです」「アメリカもソ連も広いでしょう。広いとこがいばってる。それがわかってますからね」「しかし四、五年前までの生徒は、そんなじゃなかった。はっきりと戦争はいやだといった」「変わったのはおとなの考え方でしょう」「教え方にもよるよ」「文部省教育の成果だな」「いや、時代ですよ、これは」「マスコミが悪い」

「領土愛」でなく「国土愛」から愛国心にはいれ、と指導要領はすすめているが——

「ええ。ふるさとの山はありがたきかな、でしょう。ところが、ここはね」と、窓の外を指さして「山はない。木もない。あるのはお化け煙突です」「大雨が降れば水が出る」「勤めぐちも、ヨメ入り先も、ヨソの地区に出たがるんですよ」「一生ここで住むというのは五十人のうち、三、四人だもんね」「零細企業地区だし、近くにバタヤ部落もある」「運動会の仮装行列で、ウチの生徒がバタヤをやると真に迫ってるね」――で、またにが笑い。

じゃあ「尊敬する人物」からはいるテはどうですか――

「ぼくのクラスでアンケートとったら赤尾敏がでた」

両陣営の中の日本　にが笑いのうちに「愛国心」は消えてしまいそうな雲行きだった。しかし、このとき「ぼくは愛国心を非常に大切だと思う」という声がでた。文部省には批判的な組合型の先生からだった。

昼休み時間も勉強（東京千代田区九段中学校で）

「たしかに、今の子どもは愛国心を見失っている。日本は貧乏で、ちっぽけで、人間ばかり多い。日本はいやだ。こんな国に生まれてきたのは不幸だ、という。ちょうど郷土がいやだ、という事情とよく似てるんだ。だけどぼくは、こういう生徒に、どうやったら郷土や日本がよくなるかを、わからせたいと思うんだ」

「どうやるかといえば」と、同じ先生はつづけた。――「結局、郷土や日本の国を、科学的に、事実そのままの姿で認識することからはじめる。それしかない。科学的愛国心だな。たとえば、沖縄の問題、基地、独立……国連で日本の代表がアメリカのいうことばかりきいている」

「ちょっと待った」と反対の声。——「事実そのままといっても、問題は扱い方だよ。国連代表にしたって、しょうがないじゃないか。世界は両陣営に分かれていて、親分のいうこときかないとメシが食えんのだ。それも事実だよ」

「だから」と科学的愛国論者。——「インドのように中立で、両方から助けてもらったらいい、と説明する。生徒は、それがいい、というよ」

「それはおかしい」と、また反対。——「ふだん、学校内のイザコザのときは、あんたは、そういうどっちつかずの立場は卑劣だと叫んどるじゃないか」

ふたたび、本題の愛国心は遠のきはじめた。

心のよりどころ　どうでしょう。先生がたに、どこか迷いがあるんじゃないでしょうか——ときいた。

いろんな答えが出た。

「そうね、十五、六歳のときの敗戦、その後の混乱。これがショックでしたね。一生つきまとうんじゃないかと思います。子どもに、ほんとうの愛国心を育てたいとは思うが、こっちの愛国心が傷ついている」

「憲法で、日本は戦力をもてない、と教える。ところが実際はそうじゃない。困るんです。ここで……」

「さっきの、赤尾敏ですがね。尊敬すると書いたのは、成績のよい子なんです。そのとき、暴力はいけないんだ、とはいっておいたが、ぼくは、その子をちっとも心配していない。決して、あの子がテロをやる子ではないという自信がある。ただ、行動にあこがれているだけなんだ。あこがれを持つ、それ自体は良いことですからね。……しかし、あとで、やっぱり、われわれにも責任があるな、と思った。どうして、もっとほかの夢を育てられなかったんだろうか、とね。愛国心についての、ぼくらの自信のなさと、これはつながっているんじゃないだろうか、とね」

「殺風景なとこですがね」と、話をおえての帰りみち、ひとりの先生はいった。——「ウチの卒業生は、みんな実によく、われわれのところへ相談にくるんですよ。ほかに、どこにも心のよりどころがないんでしょうが、ぼくは、学校に木の一本も植えてほしい、と思うんだ。愛国心をうんぬんするのは、それからさきのことではありませんか。どうでしょうか」

中学生と愛国心

生徒の道徳性は、家族、友人、学校、地域社会、職場、国家、国際社会など、いろいろの場との関連において形成されるものであることを念頭におき、指導されなければならない。
――中学校指導要領・道徳

極端な思想に反対　いまの中学生の愛国心とは――高知県下のある中学校で、三年生の一クラス四十二人が「愛国心について」作文を書いた。まことにばらばらな「愛国心」の受けとり方だが、しいて共通点を拾ってゆくと――。

この作文が書かれたのは昨三十五年暮れ、浅沼委員長刺殺事件の直後だった。山口少年は同じ十代「日ごろ愛国心とは、などと考えてみたこともなかったが、この事件でつくづく考えた」と、一様にショックは大きかったらしく「人を殺してどうして真の愛国心といえるでしょうか」とだれもが人命尊重を力説してテロを否定している。「山口少年がかわいそうだ」としている生徒も「極端な右翼、左翼のなかで育つと、極端な考えに立ち、民主的でない方法で国を愛することになるかもしれない。これからの若い者は自由な時代に育っているのだから自由に考え……」と自らいましめている。一方

「赤旗を振るよりは、自分の国の旗である日の丸をどうして振らないのだろうか」と、ハガチー事件や安保反対闘争を批判するものは多い。

多い〝人類愛型〟　「辞書には〝自分の国を愛する心〟と書いてあるが、まことに納得がいかない。世界中の人々が自分の国だけという心を起こしたらどうなるか」と疑問をなげかけ「他国をふみにじってまでも自分の国を愛するということはあぶない」「他国をも尊重し、人類の進歩に役立とうとする人類愛」「世界の平和を願うこそ真の愛国心」など、人類愛にまでひろめて愛国心を考えている者が半分以上もある。戦争に対する憎しみや平和へのねがいは徹底しているようで、戦争中のような「自分の命を投げ出す忠君愛国は理解できない」とするものがほとんどだ。

では、どういうふうに日本の「国」を感じているのか。移住船が港を離れるとき、みんな涙を流す。「それは国に愛着を感じているからだ」と想像したり「オリンピックで日の丸の旗があがったとき〝祖国〟の旗だと思う」というようなのはあるが、「日本の国」をはっきり感じとっている作文はない。

しかし、日本を再認識すべしという意見はあった。「戦後十五年、わずかの間に日本の国はこんな立派に立ち直った。これは国民に国を愛する気持ちが強かったためだ。学校の授業で、日木は外国に劣っているように聞くときがある。こういうことは絶対にないと思う」。反対に「小学校のとき、先生がどこの国が好きかと聞かれたら、スイスが好きだという者がたくさんいた。日本が好きでないなら、好きになれる国に改めていく努力、これが愛国心である」と記入したものが一人だけいた。

半数が〝わからぬ〟　国を愛するためには、自分はどうすればよいのか、と考えて、結局「わからない」というのが半分近くもある。「先生にもわかっているだろうか」と疑っているものさえいる。道徳教育のなかでも、この愛国心が先生たちにとって最大の悩みであることを、この生徒はズバリいい当てたようだ。

残る大半の生徒は日常生活のなかに国を愛する行動を見いだしてゆこうとする。「愛国心は特別なものではない」「国民のだれもがもっている平凡なものだから、身の回りのささいなことがらも、暮らしよい社会にするために努力してゆくことが愛国心ではなかろうか」「自分を愛しない人はない。その心をおしひろげていって他人、社会、国を愛することだ」と主張する。「愛国心を考えることはあまり必要でない。一途に考えることはない」「国民一人が力んでみたところでどうにもしかたがない」という者も、つまるところは「自分のことを考え、立派な中学生になることが愛国心ではないだろうか」という結論である。

薄い国のイメージ　この作文を阪大文学部助教授（教育学）森昭氏に読んでもらうと「戦後の新しい愛国心がはらんでいる問題が象徴的にあらわれている」と、読後感をこう話してくれた。

全く十人十色でばらばらなようであるが、第一に人類愛や世界平和を強調する生徒が多く、第二に自分の実感や考えを大切にしようとする生徒が多い。この二つは戦後の教育で重点的にとりあげられてきた基調だが、それが作文にもはっきり反映されている。しかし大きな世界・人類の観念と、小さな自分の生活的実感から愛国心を論じていて、かんじんの国のイメージがはっきりしていないように思える。郷土愛は自然に育ってくるが、愛国心は必ずしも自然には育ってこない。そこで愛国心教育の必要が力説されるわけであるが、昔のように国のイメージを非合理な感情として焼きつけるだけでは偏狭な愛国心になる危険がある。個人としての自覚をおしつぶさずに、また世界平和や人類愛とむじゅんしない国民的自覚をどうして育ててゆくか。新しい愛国心に必要な二つの基本条件だけは育っていることをこの作文は物語っているが、これを国民としての正しい自覚にどう結実させるかが、これからの問題ではなかろうか。

日本歴史・四代（上）

> 具体的な社会生活の経験を通じて、自他の人格の尊重が民主的な社会生活の基本であることを理解させ、自主的、自律的な生活態度を養う。
> 人々の生活様式や社会的な制度・文化などのもつ意味とそれらが歴史的に形成されてきたことを考えさせ、先人の業績やすぐれた文化遺産を尊重する態度、正しい国民的自覚をもって国家や社会の発展に尽くそうとする態度などを養う。
> ――小学校指導要領・社会科の目標

東京・新宿の中学校で、若い社会科の先生が、自信ありげに、こういった。

「もしもその気になって、ですネ。中学三年間、みっちり歴史教育をやれば、その子が将来、何党に投票するか、を大体決めてしまうことができる、と思います」

実際の結果がどうか、は知らない。が、歴史教育が選挙の票に関係するとすれば、黙ってはいられない、というわけか、六年前、当時の民主党は「うれうべき教科書の問題」のパンフレットを出した。「新田義貞も知らないんでは困る」といった父兄の声も強くなり、歴史教科書改訂をめぐる論争は、いまなお続いている。

三十六年の四月から使われている新教科書のうち、日本史の部分のどこがどう変わったのか、をみよう。いまもむかしも、歴史と愛国心教育とは、きってもきれない関係があるのだから——

四冊の教科書　戦争中から現在まで、この二十年間の、代表的な歴史教科書をならべてみる。まず、「**初等科国史**」（昭和十八年）うすちゃの表紙、巻頭の「天壌無窮の神勅」から「八紘一宇」の教えまで、軍国調一色の教科書。定価五十八銭。

「**くにのあゆみ**」（二十一年）占領軍の検閲下で作られた国定歴史。「石器時代」ではじまり、「マッカーサー元帥」で終わる。三円二十銭。

「**あかるい社会・六年**」（三十年）例の「うれうべき教科書」で問題になり、その後、絶版になった。「マッカーサー」は姿を消し、「毛沢東」で終わる。「批判も多かったが、読んでいて、これほどおもしろい歴史教科書はない」と文部省がへんなほめ方をしている異色の教科書。七十円。

「**小学生の社会科・六年**」（三十六年）「あかるい社会」と同じ出版社の新版。色ずりの写真、年表がぐっと色彩感をます。百二十円。

以上、歴史の教科書四代、その内容をくらべてみると——

天照大神　国史教科書の最初の一節——明治生まれのお年寄りなら、あるいはおぼえていられるだろうか。「天照大神は天皇陛下の遠き御先祖なり」ではじまる名調子。大正以降、それは口語体になるが、国史の第一ページが天照大神ではじまることは、敗戦まで変わらなかった。そして「万世一系の天皇」と「忠臣」を軸に二千六百年の歴史がくりひろげられる。

ところが、戦後っ子は天照大神の名前をほとんどおそわらない。例の「くにのあゆみ」で名前が消えて以来、女神は、いまだに「天の岩屋」から姿を現わさないのである。

いまの教科書の第一ページは、「皇孫のお降り」の絵にかわって、縄文（じょうもん）式土器の写真ではじまる。「神話」から「考古学」へ——それは戦後の歴史教科書の最大の変化だった。

天皇の移り変わり　消えたのは、天照大神だけではない。「国史」では約三百五十ページに七十七人もの天皇が登場する。が、「あゆみ」ではうち四十六人の天皇が姿を消した。三十年版はさらに徹底して、後醍醐、聖武、明治の三天皇が残るだけ。建武の新政の項では「多くの武士は天皇の政治に不満でした」という表現も出てくる。それが、新版になると、天皇の数がまた七人にふえた。

新版では、各出版社とも「国のおこり」の記述にかなり気をつかっている。三十年版は「——大和の豪族は、しだいに日本を一つの国にまとめていきました」とあっさり書いてある。しかし三十六年版では「いまの皇室の祖先……大和朝廷はしだいにその勢力を広げて、四世紀のなかごろまでには、ほとんど、日本全国を、したがえるようになりました」と、天皇制の成りたちにふれている。それで、というわけかどうか「皇国史観復活のきざしがある」という批判が一部に起こった。

「ちょっと的はずれだな」と文部省初中局の歴史担当官。「文部省史観、というのがあるとすれば、まん中よりちょっと左、まあ、民社党のムードぐらいに思ってます。右の人にはおこられるかもしれないが……今度の新版教科書、外国の教科書と比べても、いちばん客観的でしょう」

奈良の大仏　つぎは奈良時代。むかしの国史では「世界に誇る」東大寺建設のため、「先を争って金や銅や木材などをたてまつった民草」のこと、大仏の前に立つと「聖武天皇の御恵み」がしのばれること、などが描かれている。

が、三十年版はガラリと変わる。重税、重労働に苦しみ、村からにげだす人もいたという背景をまず描き、「全身を金でぬられてまばゆいばかりに光りかがやく大仏を、そのころの人々は、どんなきもちでながめたでしょうか」と結ぶ。

新版だと、社会的背景より、むしろ文化史的な意義が強調される。金色にかがやくこの大きな仏像は、いまでも世界でいちばん大きい金銅仏です。この大きな仏像は、国家の富の大きかったことと、人びとが仏教を信じることの深かったことを、よくしめし……」

国史時代は大仏を「天皇の立場」から描き、三十年版は「階級的な立場」から説明した。新版は、その中間、「国民的な立場」から説明する。そのへんを「民社党的ムード」とでもいうのか。

「神がかりな愛国心を復活させるつもりはない。戦後の日本歴史は暗すぎた」と文部省はいい「農民の暗さ」よりも「文化財としての大仏の立派さ」を強調する。いわば「社会経済史」中心の歴史から「政治文化史」重視の歴史へ――それが文部省の新指導要領にそった新しい教科書の大きな問題点の一つである。

日本歴史・四代（下）

わが国の政治のしかたや国民生活は、それぞれの時代の特色をもちながら今日に及んでいることを具体的に理解させ、国家や社会の発展に貢献した人々の業績などについて考えさせる。
わが国の文化や伝統に対する正しい理解やこれを尊重する態度などを深め、進んで世界の平和や人類の福祉に貢献しなければならない、わが国の立場について考えさせる。
――小学校指導要領・社会科第六学年の目標

こんどは江戸時代、明治時代の歴史上の人物が、教科書の中でどう移り変わったか、をみよう。

とまどう米将軍　前回にあげた戦前の「国史」、戦後の「くにのあゆみ」、「三十年版あかるい社会」、「三十六年版小学生の社会科」――その四冊の教科書をみると、戦前、戦後を通じて現われる共通人物、いわば江戸時代の、不動の「四番打者」は次の九人である。親も子も、この九人だけはともに知っているはず。

徳川家康　徳川家光　新井白石　徳川吉宗　杉田玄白　伊能忠敬　本居宣長　渡辺崋山　高野長英

しかし、この九人の歴史上の評価はまちまちだ。たとえば、かつての「国史」では「名君」とたたえられた徳川吉宗も、戦後の「三十年版」ではあべこべに「米のねだんをあげては失敗し、さげては失敗したので、世間から米将軍といわれました」と失政を批判されてしまう。

が、三十六年版になると、ふたたび「名君」だったことになり、「吉宗は米をつくるのに熱心で、……米のとれ高もふえてきました」と名誉回復である。

同じように、新井白石も「忠臣」になったり、「神国批判」をした学者になったりする。史観によって、評価がこう変わるのでは、白石も米将軍も、安心して眠ってはいられまい。親子げんかのタネにもなろう。

みんな元気に（三陸沿岸のある漁村の中学校で）

出たりはいったり　戦前の「国史」の花形だった江戸時代の人びと、たとえば、

大石良雄　二宮尊徳　頼山陽　賀茂真淵　吉田松陰　高山彦九郎

これら国学者、義士「尊皇」の志士は、戦後まっさきに姿を消した。かわって「あゆみ」に登場するのが、

井原西鶴　松尾芭蕉　近松門左衛門

江戸時代の町人文化を代表する三人男である。ところが、三十年版には、この「文化派」も姿を消して、

天草四郎（「島原の乱」の少年大将）　友野与右衛門（箱根用水をひらいた江戸の町人）　玉川庄右衛門・清右衛門（玉川上水をひらいた江戸の町人）

といった「社会派」が、舞台の主役になる。

ここでは、「友野」という人物を通じて、当時の農民の苦しい生活、経済のしくみが説明され、「天草」を通じて反幕府闘争が描かれる。

が、社会派の寿命は短く、三十六年版ではきれいに消えてしまう。そしてまた、エース交代。近松、西鶴ら文化派三人男が再登場する。出たりはいったり、また出たり、とめまぐるしい。

啄木も姿を消す　明治時代の登場人物も、戦後はいろいろに変わる。

「国史」の中の「愛国者」は、

大山　巌　伊藤祐亨　乃木大将　東郷平八郎　広瀬中佐

日清、日露のこれらの軍神たちは、戦後の教科書ではまったくかえりみられない。

それどころか、三十年版では、

堺　利彦　幸徳秋水　内村鑑三　与謝野晶子

らが「日露戦争に強く反対した人」という注釈づきで紹介される。安部磯雄、片山潜などの労働運動家が顔を出す教科書もある。朝鮮との合併をうれえた石川啄木の歌も出てくる。

しかし、三十六年版の新教科書では、反戦論者も、労働運動家も、石川啄木も、いっさい姿を消した。かわりに名前が出てくるのは、

夏目漱石　森　鷗外　野口英世　木戸孝允　大隈重信

らの文化人、政治家。

人物の移り変わりは、このように激しいが、戦前戦後の教科書を通じて、つねに顔を出している明治時代の人物は、

明治天皇　大久保利通　伊藤博文

のわずか三人だけ。戦後の教科書ではじめて登場、そのまま姿を消さない「四番打者」は、

福沢諭吉（文明思想紹介者）　板垣退助（自由民権運動家）　北里柴三郎（伝染病研究家）

「むやみに欧米の学問やならわしを取り入れてわが国の美風をおろそかにするものが出ました」といった調子の戦前の国史では、この三人の名前はむろん出てこなかった。

評価はまちまち　登場人物の移り変わりをみただけでも、この四月からの新教科書の性格は、かなりはっきりわかる。

①反戦思想家、労働運動家、反幕府闘争の立て役者などの説明、あるいは国民生活の「暗い面」の描写が減った。

②そのかわり、各時代のすぐれた文化を代表する人物の紹介がふえた。国力の大きさをしめすような描写、子どもに「日本はいい国だ」と思わせるような説明もふえた。

③昔の軍神や忠臣――という意味での「愛国者」は復活していない。

しかし、新しい歴史教科書をめぐる評価は、今のところまちまちである。

「各時代ごとに、受験参考書的に要点が整理されているので教えやすくなった」と歓迎する先生。「皇国史観の復活とはいわないが、反権力闘争の部分が減り、民主主義の精神がだいぶ骨抜きにされたようだ」と批判する学者や「そつなくまとまっているが、おもしろさがない。三十年版の〟あかるい社会〟は独断的な説明もあったが、子どもをひきつける迫力があった」という先生など。

そして文部省初中局の歴史担当官はいう。「こんどの改訂でやっと安心してよめる教科書になりました。各教科書のページ数や内容もそろってきたし、誤りもなくなってきた。イデオロギー過剰でなくなった。あんまり客観主義的で文学性が足りない。子どもの心をとらえるおもしろみに欠けるという批判はたしかに認めますが……」

ソ連の愛国心教育

> 広く世界の人々に対して正しい理解をもち、仲よくしていこう。低学年・中学年では国民相互はむろんのこと、外国の人々に対しても、偏見にとらわれないで親しみの情をもつことなどを指導し、高学年では、さらに、進んで世界の国々と仲よくし、世界の平和と人類の幸福に役だつ人間になろうと努めることなどを内容に加えることが望ましい。
>
> ――小学校指導要領・道徳

宇宙飛行士ガガーリン少佐は、赤い広場での熱狂的な歓迎にこたえて「私は今後も祖国のために生命をささげたい」と、あいさつした。つづいて行なわれたフルシチョフ首相の演説でも「ソビエト愛国心」が強調された――と、外電は伝えている。

世界の学校で今日、いちばん自信にみちた愛国心教育を行なっている国のひとつは、ソ連だといわれる。では、実際に、ソ連の子どもたちが、どんなふうに愛国心を教わっているか。それを、朝日新聞の秦モスクワ支局長がみた。

人民の敵を憎む　モスクワ第一中学校（小学校併設の十年制中学）の十年生は、ちょうど文学の時間だった。教室の大きさは日本のとあまり変わらないが、生徒は、たったの二十一人。わたしがはいっていったとき、赤いくちびる、ハイヒール、紺のツーピースを上品に着こなした三十三、四歳の美しい女の先生が生徒にきいていた。問題は――「ソビエト文学の基本的特徴はなにか」

生徒は、あるいは手をあげ、あるいはいきなり指名されて「社会主義リアリズム」「人民主義」「ヒューマニズム」などと答えていた。先生はゴーリキーの「母」を教材として、以上の諸特徴を生徒たちが具象的につかみだすことをもとめた。……先生と生徒の問答には、文学的にも社会的にも興味のあるものが少なくなかったが、なかでも次の三点が強調されていたことは、ソビエト愛国心と関連して、とくに注目された。

第一は、ヒューマニズムについて――「人間に対する愛情です」とか「人類に対する最も深い愛情だ」とか答えるだけでは十分でない。かならず同時に「人民の敵に対する憎しみ」がふくまれなければならない、とされていること。

第二に人民主義。

第三は、この作品を解釈するにあたっても、プロレタリア国際主義の神髄が強調されたこと――であった。

行けシベリアへ　この十年生たちは、あと二カ月たらずで卒業し、実社会へ出ていく。かれらが、いったい、これからどういう「英雄的」な人生航路を進もうとしているのかを、わたしは思った。

「共産主義の建設へ」という標語が近ごろ、いたるところ、あらゆる機会に目につく。今日のソ連で、最も英雄的な舞台のひとつはシベリアの建設にあるらしい。ロシア共和国教育省のカシン次官は、こう語った。

「シベリア建設、わけても処女地の農業開拓に参加することが、いまの若者たちの英雄主義と愛国心とに最もかなっている、といってよいでしょう。若者たちは、すでに何十万となくシベリアに出かけた。生活状態は、もちろんモスクワなどとは比較にならぬきびしさですが、彼らは、ただ〝祖国〟の名のもとに出かけていった。そして今また、この愛国心の波の新しい高まりがきている」

そういって、カシン次官は、いまモスクワやレニングラードの学校で、卒業を前にした十年生たちがクラス全員でシベリア行きを決定しているところが随分でてきている模様を話してくれた。氏によると、その光景は第二次大戦の時の戦線参加に似た祖国愛の高揚であるらしい。

一年生の教科書　ソビエトの愛国心教育は、いまではほとんど全部の子どもが通っている幼稚園から、意識的にはじめられる。それはメーデーや革命記念日などの年中行事にさいして行なわれるだけでなく、いろんな絵本や童謡を通じてまた小学校にあがると、ピオニールなどの組識を通じたり教室や校舎や、めいめいの住む町の清掃や美化運動などの作業を通じて組織的につちかわれる。

一年生の美しい絵入りの教科書「国語読本」をあけてみる。見開きに、まず、こう書いてある。——「幸福な幼年時代をすごさせてくれる、われわれの祖国よ、ありがとう」と。そして次のページから、学校、家庭、冬、レーニンの日、ソビエト軍、都会、清潔と健康、動物、春、夏……といった各章。祖国の山河を愛し、祖国の生んだ偉大な学者や芸術家、その偉業などに誇りをもたせることは、いずこも同じだ。

ソビエトでは特別な祭典の時を除いて、国歌を学校で斉唱させることはないが、国歌や国旗に対する敬愛の念は、幼いときからはぐくまれている。……こうしたソビエトの愛国心教育を調べているうちに、わたしは戦前の、というよりも大正時代の日本の教育に似たものを、ふと感じた。これはソビエト当局も認めているようで、カシン氏は「以前、日本では愛国主義教育が大きな役割を果たし、相当の成果をおさめていたことを、われわれもよく知っている」といっていた。

愛国心を生かす　しかし、もちろん軍国主義的な弊害をもあわせ持っていた日本の愛国心教育と、プロレタリア国際主義と一体のものとしての祖国愛を強調するソビエトの場合とは、質的な違いはある。

ソビエトの場合の、いちばんはっきりとした特徴をあげると——まず、平和を愛し、戦争をにくむ教材が非常に多いこと。共産主義の実現をめざして諸民族の先頭に立っている、という自覚と世界史的な使命感を持たせようとしていること。全世界の勤労者に対する兄弟的な友情と親愛感が養われていると同時に、いわゆる搾取階級に対する憎しみがうえつけられていること——などである。

だが「いちばん大事なことは」と、学校の先生たちが、例外なく強調するのは「愛国心を実際の生産生活面に生かすことであり、勤労教育が、この意味で大事な役割をになっている」ということであった。

米英の愛国心教育

国民としての自覚を高めるとともに、国際理解、人類愛の精神をつちかっていこう。

われわれが、国民として国土や同胞に親しみを感じ、文化的伝統を敬愛するのは自然の情である。この心情を正しく育成し、よりよい国家の建設に努めよう。

——中学校指導要領・道徳

米国では　聖書の一節朗読。お祈り。国旗に対する起立礼拝。「アメリカ・ザ・ビューティフル」合唱——順序や歌は少しぐらい違うかも知れないが、これが大部分のアメリカの小学校の毎朝の行事だ。教室にはたいてい星条旗がたててあり、教室ごとに、先生の指導で、ベルとともに一斉にこれをはじめるのである。

生徒たちはみんな、ほんとうに厳粛な表情をしている。上級生になると「アメリカ・ザ・ビューティフル」は国歌にかわる。先生の持っている教科書をみると「アメリカ・ザ・ビューティフル」を教える要領が次のように説明してある——「歌の中にある自由という言葉を説明し、住むのによい国として、アメリカを討議することを奨励しなさい」と。

ワシントンのある小学校をたずねる。五年生のクラスで「ミスター・ジョーンズ一家西へ行く」という題で勉強をしていた。壁にはジョーンズ一家がほろ馬車に乗って山河を越えて西に移住するところを描いた、子どものはり絵が、いっぱいにかざってある。話はちょうどテキサスにおよんでいた。「近代アメリカに向かって」と題する教科書のテキサスの部分を読んでくるよう、生徒は、あらかじめ、先生にいいつけられていた。

女の先生「私がワシントン記念塔をみると、胸がしまる思いがしますが、テキサスにはテキサスの、そういう記念碑があります……テキサス人が最も尊敬している人はだれでしょうか」

生徒の一人「サム・ヒューストン将軍です」

サム・ヒューストンは一八三六年メキシコ軍を破って、テキサスが米領になる基礎をつくった人物である。

先生「そうです。サム・ヒューストンは偉大な指導者といわれていますが、それはなぜでしょうか」

生徒の一人「メキシコと戦争するとき、彼は前もって非常によく計画していたからです」

もう一人の生徒「彼が、反乱をおこしたから」

先生「反乱すると、いつもよい指導者になるのですか……(生徒は答えない)。それは、彼が大衆が何を望んでいるかを十分理解していたからこそ、正しいといえたのでしょう……ほかにヒューストンが偉大な指導者だった理由はありませんか」

生徒の一人「愛国的だったからです」
「それもひとつです。しかし忘れてはならないことは、愛国心というものは、やたらにふりまわして生活のあらゆる面に示す必要はありません。胸の奥に深くしまっておけばよいことです」と、先生。

硫黄島の星条旗　米国に愛国心教育という特別なものはない。教室の先生は、愛国心の乱用をいましめ、予想したよりサラッとしていた。
国旗が各教室にあることについて、保健教育厚生省、社会科専門のヒル女史にきくと――「アメリカには、女王とか天皇といった国のシンボルがない。シンボルとして国旗がつかわれるのです。それに、若い時代のアメリカが、あまりにもバラバラだったので、国のシンボルを強調する必要があった。その習慣が、いままで残っているせいもありましょう」とのことだった。
ついでに――アメリカの多くの教科書には、いまでも硫黄島で五人の海兵隊員が星条旗をおしたてている写真をのせているが……と女史にたずねた。その答えはこうだった。
「あれは戦勝の記念碑としてよりは、むしろ芸術として使っているのです。硫黄島に重点があるのではなく、また日本人をめあてにしているのでもありません。芸術を通じて国を知るのは非常に効果的な手段です。絵画、音楽、詩などが、おおいに使われています」　（ワシントン・河村特派員）

英国では　「あなたの学校には、女王の肖像写真がありますか」とたずねてみた。はっきり答えられる小、中学生は非常に少なかった。国旗掲揚をやる学校も、都会ではほとんどみられない。運動会や学芸会などでは、国歌をうたう。が、ある中学生がこれを拒否して起立しなかったとき、校長先生は「全く自由である」と、おちついたものだった。

戦後このかた国家意識を強調するいろいろな形式が、学校だけではなく英国全体から姿を消してきたことは事実らしい。しかし、これは愛国心がなくなってきたのではなく、新しい内容に変質しているのだとの説が多い。そのかわりに英連邦の団結と友情は、あらゆる機会をとらえて力説されている。

ロンドン南部ワンズワース中学校長キング氏は「昔は英帝国デー（ビクトリア女王誕生日）には校庭で国旗に敬礼したものです。それがいまは英連邦デーになり、ユニオン・ジャックはそぐわない気がする——どうやって新しい形式をつくるかが、頭の痛いところです」といっていた。

学校で、愛国心を直接説くような課目はないが、最も関係の深そうなものをあげれば「歴史」だろう。何百種の教科書があるのでいちがいにはいえないが、国民的英雄、大戦争の勝利などの扱いはたいへん客観的で、またマルキシズムによる編集といったことは、ほとんど問題にされたことがない、とのことだった。

また、愛国心の教育について格別国の方針はない。かりにあったところで、さして実益はあるまい、と当の教育省自身がいっていた。たとえ政府がきめても、学校がついてきてくれるわけではない。それに観念より経験をとうとぶこの国では、愛国心は市民のモラルのひとつとして校内外の生活から身につけるべきもの、という考えが支配的である。

「愛国心は血液と空気が生みだす」というのは、ロンドン・タイムス教育問題の編集長の言葉だった。

（ロンドン・深代特派員）

愛国心アンケート

悪を悪としてはっきりとらえ、決然と退ける強い意志や態度を築いていこう。

社会生活の中で、人は多くの悪に直面しないわけにはいかない。われわれは誘惑を受ければ、悪に陥りやすい弱さをもち、悪を見のがしたりするものであるが、勇気をもってこれに臨む強い意志や態度を築くことに努めるとともに、みんなで力をあわせて悪を退けるくふうを続けていこう。

——中学校指導要領・道徳

愛国心教育の問題点、そのむずかしさ、教師の悩み、あるいは米英ソ各国での愛国心教育の実情などを、これまで八回にわたって調べてきた。この項のまとめとして、ここで日本と英国、両国の学校で生徒の愛国心を調べ、子どもの考え方やうけとり方の違いをくらべてみることにした。

英国側はロンドンのワンズワース中学四年生。もともとこれは、朝日新聞ロンドン支局の深代特派員が取材のため同校をたずねたとき、校長のキング先生が一クラスの授業をさいて特に調査してくれたものである。同校で一番できのよいクラスで男子ばかり二十九人。答えは匿名。十五歳前後で、日本でいえば義務教育をおえたころの少年、という注釈がついていた。

日本側は東京都立新宿高校の一年生、二クラス、合計百人（うち女子二十六人）。キング先生の問題を、こちらも匿名で答えてもらった。「四月に入学したばかりだから、高校教育の影響は、まだほとんどうけていない」と調査してくれた教頭の布川先生はいう。その一年生を選んだのは、年ごろが同じで「義務教育をおえたころの少年」という英国側の注釈に、なるべく条件をあわせようというわけだ。また、新宿高校といえば、成績は全国でトップクラスの生徒とみていいだろう。

【注】(1)英国で作った問題をそのまま日本で使うのは、いろいろ疑問もあると思われるので問題の選択、出し方などについて、九大牛島義友教授、お茶の水女子大勝部真長教授の指導をうけた。(2)答えの数字は％。

あなたが日本（英国）で一番誇らしく思うこと。

日本　古来の文化遺産＝19。国民性（勤勉、親切、礼儀正しいなど）＝15。平和憲法＝11。工業力と科学技術＝9。戦後の復興＝8。その他、アジアの先進国であること、教育普及度が高い、自然美などが続き、天皇制＝2、安保闘争＝1、一方では、誇るべきものなしという回答＝17が目立った。

英国　民主主義あるいは言論の自由＝48。福祉国家＝14。自然美＝10。王室＝7。その他、軍隊、正義、植民地に対する比較的公正な扱い、労働者の闘争など。

今日、愛国者であることは重要か、それとも時代おくれだと思うか。

重要と答えたもの　日本＝81。英国＝38。　日本の生徒のこの答えには、多数が「ほんとうの意味の愛国心なら」という、ただし書きをつけている。「重要」の理由は、日本＝国の正しい発展のため。

日本人が国を思うのは当然。英国＝戦争のとき愛国心がないと困る。国の繁栄のため。各国との競争に生き残るため。

時代おくれ、と答えたもの　日本＝17。英国＝62。　その理由　日本＝世界はひとつだ。国より人間が大切。英国＝核戦争では勇敢な兵士がいらなくなった。世界が小さくなった、など。

愛国心には、良い、悪いの種類があるか。もし悪い愛国心もあると思うなら、それは、どういう愛国心か。

愛国心はひとつ　日本＝3。英国＝24。

悪い愛国心もある　日本＝96。英国＝76。

悪い愛国心の内容　日本の子どもの答えで最も多かったのは、暴力的なもの＝44（具体例として、うち17が愛国党や浅沼、嶋中両テロ事件の犯人の名をあげ、2が国会デモ事件をあげた）。続いて、超国家主義的なもの＝29。排他的なもの＝23。

同じく英国の生徒があげた悪い愛国心は、個人的利欲に利用する、王室だけへの忠誠、戦争だけと結びついたもの、国家への盲目的追従などであった。

あなたは国のために死んでもよいと思いますか。

無条件で「イエス」と答えたもの　日本＝1。英国＝なし。

どんな場合でもいやだ　日本＝39。英国＝82。

わからない　日本＝38。英国＝7。

場合によっては、死んでもよい　日本＝22。英国＝65。

それは、どんな場合か　日本では……ほんとうに国のためになるなら＝11。戦争のとき＝3。自分でよく考えて＝3。

英国では……戦争のとき＝17。極端な状況でなら＝14。ほんとうに国のためになるなら＝10など。

愛国者は、時の政府に反対したり、不服従であったり、裏切ることができるか。

反対できる　日本＝95。英国＝93。

反対できない　日本＝3。英国＝7。

不服従でもよい　日本36。英国＝59。

不服従ではいけない　日本＝42。英国＝38。

裏切れる　日本＝35。英国＝14。

裏切れない　日本＝38。英国＝79。

祖国を裏切るか、親友を裏切るか、どちらかひとつを選ばなくてはならないとすれば、どちらを裏切るか。

祖国の方を裏切る　日本＝33。英国＝69。

親友を裏切る　日本＝40。英国＝17。

わからない（――もしくは、場合による）　日本＝27。英国＝14。

学校でもっと愛国心をふるい立たせることを、した方がよいか、どうか。

もっとした方がよい　日本＝29。英国＝21。

現状でよい（――もしくは、もっと少なく）　日本＝65。英国＝62。

学力問題

昔とくらべ，今の子は学力が落ちた，そういってなげく親がいる。

「学力」とは，いったいなにか。

「学力が落ちた」というのは，本当なのか，どうか。

そんなことを，この項では調べてみた。文部省の新指導要領では，「基礎学力の向上」ということは，やはり，大きな柱のひとつになっているのである。

学力問題を調べてゆくうちに，私たちは，あまりにも「学校差」の激しいことに，驚かされた。

義務教育である小，中学校に，これほど激しい学校差というものがあっていいものか，どうか。しかし現実には，それがあった。

学力はもち直したか

科学技術教育の向上をはかるために、小学校から意を用い、特に理科、算数の内容の充実をはかった。いままでの指導要領では、理科は内容が多過ぎるのでこれを精選し、基本的な事がらの習得が徹底するようにし、また、実験・観察の指導に重点をおき、児童の興味や関心を高め、科学的な態度や能力を育てるように配慮した。
——小学校指導要領・解説

一、セックス。二、スペキュレーション。三、進学……婦人雑誌の生活記事に、このごろ三S時代がおとずれた、といわれる。

いま、売り出し中のある雑誌をみよう。とじこみ特集、夫婦の危機・その診断と解決が第一のS、女性のための証券投資ガイドが第二のS、新連載・ママは家庭教師「算数のできる子にするヒケツ」が第三のS、といったぐあいだ。

文部省も日教組も、父母の願いには弱い。父母の願いは、道徳教育でもなければ、愛国心でも「君が代」でもない。そんなことは、実はどうでもよろしい。教育、この二文字で、父母の目の色がかわる。とすれば、それは子どもの学力を向上させ、いい学校に進ませたい一心からだ。学力こそは、子を持つ親の願いのすべてである――かのようにさえみえる。

ところで、学力とは、いったいなんだろう。六三制教育で学力が落ちたというが、それは事実か。改訂指導要領の大きなねらいも、ひとつは「父母の願いにこたえた」基礎学力の向上にある、という。

この回から、学力の問題にはいることにする。

二年のおくれ　戦後、子どもの学力が落ちたことは事実だ。

国立教育研究所に久保舜一さんという人がいる。戦前、昭和三―四年ごろの小学生にためした算数の問題と成績とをこの人が見つけて、そっくり同じ問題で戦後の小学生にテストしてみた。そしたら、計算問題で、戦後の小学校六年生は戦前の五、六年生の足もとにもよりつけない、という結果が出た。戦前の三年生よりはよい。四年生とくらべると、戦後派六年はたし算なら負けないが、引き算はトントン、かけ算わり算となると、かなわない……で、結局、まる二年のおくれがあることがわかった、というのだ。

このテストが行なわれたのは昭和二十六年一月。テストされたのは、ある大都会の小学校六年生。いま二十二歳前後で、去年か今年、大学を出たひとびとが、それにあたる。昭和二十年敗戦の年に小学校にはいり、戦争と敗戦の混乱による影響をいちばん深刻にうけた年齢層だ。

学力が落ちた、落ちたと随分いわれたが、戦前と比較した科学的な資料は、いまのところこれひとつしかない。そして、この昭和二十六年ごろが、学力低下の底といわれる。該当者にはたいへんお気の毒だが、この不幸な記録は、日本の教育史に残るだろう。

もはや戦後ではない　久保さんの調査もひとつのきっかけになって、学力復興の声があがった。それはまた、ようやく軌道にのったばかりの六三制新教育への批判の声ともつながっていた。ここで、学力とは何か——、どうやって立て直すか——で、論争がおこる。論争は入りみだれて、いまでもつづいている。論争のなかで文部省が書いた答案が、こんどの新・指導要領というわけだ。

が、その前に文部省は、学力論争の科学的根拠となる資料をつくるため、全国学力調査というのをはじめた。昭和三十一年が第一回で、今年、六回目をやる。

第一回の調査は算数と国語をやった。そして、三十四年の調査で、また算数と国語をやった。三年前とは問題がちがうが、なかで一割ほど、ほとんど同じ問題をまぜておき、成績をくらべられるようにした。同じようにして三十二年と三十五年に、理科、社会をやった。くらべると、全体、学力の向上はすばらしい。百点満点にして、三年前は平均五十点だったのが、こんどは五十四、五点になった、という。

残念なことに、文部省のこの調査は戦後だけだから、戦前との科学的な比較はできない。しかし、総じて子どもの学力も「もはや戦後ではない」といわれる。前に紹介した二十六年ごろを底として、三十年ごろがだいたい戦前なみ、そして今日では戦前の水準をこえているのではないか——との説である。

父母のねがい　しかし、ほんとうに学力は立ち直ったのだろうか。文部省の調査だけをみせられても納得できない、という人の方がむしろ多いのではないだろうか。

第一の不満は「文部省のいう学力はほんとうの学力ではない」とする一派だ。——紙の上のテストでは測れない能力がある。判断力とか自主的態度など。とくにこれは六三新教育が開拓した、すばらしい能力だ。これを除いて何の学力か、というのである。たしかにその通り。文部省も学力調査で測れるのは総合的な学力のうち、せいぜい七、八割どまりだろうと認めている。

第二の不満は、産業界や科学技術関係の識者から出る。——成績は戦前より良くて当たり前。一方、戦後の科学技術の水準は戦前とは比較できないくらい高くなった。人間衛星、原子力、オートメーション、みんなそうだ。学力が戦前より良いぐらいでよろこんでいたら、日本は世界の大勢からとり残されてしまいますよ、という考え方だ。

しかし、おそらく最大の不満は、父母からのものだろう。父母は、きっと、こう思う。——「文部省が向上したとおっしゃるのは、全国何万人かの平均のお点でしょう。たいへん結構なお話です、それは。けれど、ウチの子のお点はいったいどうしてくれるんです……」と。

もちろん、親のエゴだが、根拠のない話ではない。文部省の学力調査でわかった、もうひとつの大事な結果は、驚くほど学校差が大きいということだ。同じ地域でも、学校設備と教師の質、学習環境の良し悪しで、平均じつに十四、五点もの学力差が現われるのである……さあさあ、どうしてくれる。何が何でも「いい学校にはいらなくては」という父母の願いは、こうして、ますます拍車が加えられることになった。

学力の条件（上）

> 指導する時間数にも一定の限界があり、また児童生徒の発達段階から考えても、おのずと程度の高さは定まってくるであろう。そこで、新しい事項を加えて指導する場合にも、いたずらに指導する事項を多くしたり、程度の高い事項を取り扱ったりして、学年別の目標や内容の趣旨を逸脱したり、または生徒の負担過重となったりしないように慎重に配慮すべきこととした。
>
> ――中学校指導要領・解説

「ぼくみたいにあちこち転任して歩くと、学校によってえらく学力の差があることを痛切に知らされる」と、サラリーマンのTさんはしみじみ述懐する。

秋田県のO市から長野県のS市へ転任した。中学生の長女の通知簿をS市の中学の先生にみせたら、開口一番「ここでは前ほどの成績はとてもとれませんよ。程度が高いから」といわれた。S市三年、こんどは宮城県のI市へ。高校生になっていた長女をI市の県立高校に入れようと思い、S市の校長に相談したら「心配いりません。入れてくれなかったら教育界の問題になりますよ」と太鼓判を押し「お宅のお子さんもI高なら一番だナ」そしてそれは事実そのとおりだったという。

名をあげて恐縮だが、宮城県は学力の低いことでは定評がある。五年前の全国学力調査では全国最低だった。そこで県教委では「学力向上対策委員会」をつくり、学力向上運動をはじめたが、この宮城県とて、どの学校も学力が低いというわけではない。仙台市だけはとびぬけてよく、郡部ががくんと落ちる。とくに漁村は他府県の漁村部に比べてもひどいのだ。最高と最低の同居、そこで典型的な二つの中学をたずねた。まず「全国最高」を誇る中学へ。

授業は急ピッチで　一年○組の社会科の授業は「わが郷土仙台」。「きょうは五万分の一の地図を用意していないので、本にある地図で勉強しましょう」と先生。ガヤ、ガヤと教室がざわめいて、あちこちで「もってるョ」「もってるョ」の声がして、五万分の一の地図が机の上にひろげられた。

「方位の見方を知っている人」との先生の声とともに「ハイ」「ハイ」と半分以上の手があがった。「矢ジルシのある場合それが北。ない場合は上が北」「地図の上から実際の距離をはかるにはどうしますか」「地図の上で長さをはかって、それを五万倍します」「ほかには」「地図の下についている物差しで」「曲がったところは」「糸ではかります」と指で糸をまるくするマネをする。「ほかに」「ぬれた糸を地図の上に押しつけて」「ほかに」赤いリボンの女の子が「ヒューズで」と答えた。なるほどヒューズの方がはかりやすい。授業は急ピッチで進む。生徒の反応もはやい。

「入学したてで、気分も完全には落ち着いてないんですが……」と先生はまだ本調子でないといった口ぶりだが、どうしてどうして生徒はかなり予習をして来ていて、先生の授業はやりやすいようだ。

いつもねむいな　三年○組の国語は内村鑑三の「ダルガス父子」の文章について段落指導が行なわれ

ていた。中年の女の先生がきつい声で「黙読しなさい」。数分間シーンとなる。「ここではなにをいっていますか。○○君」「植林後、農業が行なわれるようになった」「ハイ、そのうしろは」同じような答え。あちこちでボソ、ボソとささやきがもれる。「ハイ、そのうしろ」。先生の声がおおいかぶさるように教室内にひびく。みんなじっと本を読みかえす。「さあ、そこでダルガスが登場しましたネ。この段落はどこまで」。また数人がつぎつぎに指名されて立つ。「さあ、そう考えてくると、切れ目が変わってくるんじゃない」先生が声をはりあげ、ポン、ポン、ポンと本をたたいて、気合いを入れた。

この中学は中年の先生が多く自信に満ちて、ぐんぐん生徒をひっぱってゆく。壁に時間表がはってある。八・二〇――八・三〇打ち合わせ、八・三〇――八・四〇ホーム・ルーム、八・四〇――九・三〇第一時限……そして三・一〇――四・〇〇第七時限、とある。ここは一年から三年まで、一週の授業時間が三十九時間になっている。文部省できめている時間数が三十二時間だから、七時間多い勘定だ。家では二時間以上予習、復習するようにと先生にいわれている。三年の二学期からはさらにふえる。休み時間にも校庭に出ず、窓からぼんやり外をながめている子に「君、ねむくない」と聞いたら「ねむーい、いつもねむいな」といった。

メガネによわい　仙台市の中心部の中学校では、学力調査の結果、全国平均より十点以上上回っているという。この中学はその中でのトップ。「東京の有名校にも負けない」という評判だ。それをささえているきびしい授業と家庭学習。校長は「ぜひ子どもを進学させるという責任感が親にあるのなら、子どももどうしてもはいるという気持ち、緊張感がなければダメだ」という。

そしてここでは先生にもきびしさが要求される。毎月かならず研究授業がある。「うまい先生にモデル授業をやらせて、みんなで手本にする。若い先生にもやらせて、みんなで検討し合う」と校長。指名するのは校長だから、先生もうかうかできない。校長は「ある父兄があの先生の授業はよく分からないという評判だ、といって来た。授業をのぞいてみたら、ゴヤゴヤってさわいでいるのっしゃ。気の毒だが、転任してもらった」とはっきりしている。きびしさは家庭教師にまで及ぶ。先生が学校に呼びつけて「この子はここが弱いから、ここを重点的に指導してくれ」と〝家庭教師指導〟をやるのだ。

たくさんの優勝旗、カップをかかえている優秀校だが、「メガネによわいんですよ。二年生は三分の一ぐらいいて、校医が市内で一番多いと発表しましてね……」と若い先生が苦笑した。

学力の条件（下）

各教科、道徳および学級活動についての各学年の授業は、年間三十五週以上にわたって行なうように計画する。
週当たり授業時数の計は、同一学年のすべての生徒について同一とする。

——中学校指導要領・総則

仙台の中学をみたあと、三陸沿岸の漁村のある中学をたずねた。案内役の指導主事が学力テストの表をのぞいて「これはひどい」とつぶやいた。「口あけ、〝開口〟ともいうんですが、ご存じないでしょうな。このあたりはほんとの沿岸漁業なんです。ワカメ、コンブ、アワビ、タコなんかですが、これをとる日が部落ごとに決められてるんです。その日が勝負だから、子どもまで動員されるんですよ。それが学力にひびくんですな」学校差、とくに農漁村の子どもの学力が低いといわれるが、その原因はなんだろう——

「家庭実習」とは　リアス式海岸をのぞむ中学校の校庭に立ったとき、ちょうど休み時間だったが、その生徒の数のあまりに少ないのにびっくりした。指導主事の顔をみて、教頭がややろうばい気味にイスから立って始業のベルをならした。「きょうはツノマタとノリの口あけをしている部落があって、生徒は半分しか来ていないんです」「校長があいにくと出張中で……ま、ありのままのすがたをみていただけば……」教頭が顔をあからめて口ごもる。指導主事から聞いたばかりの「口あけ」、つまり一斉操業の日の実態が目の前にあった。

舟といっても一・五トンぐらいの小舟しかない。イソの近くでむかしながらの漁法に頼る貧乏漁村。主な漁は十月から二月にかけてのアワビ、五、六月のワカメ、九、十月のコンブで、このほかにタコ、ツノマタ、ヒジキ、ノリ、小魚などがある。いつとってもいいのではない。各部落で、またはいくつかの部落が一緒になって、潮流や天候の具合をみながら操業の日を決める。その日は早いもの勝ち。とる人数もいくら多くてもいい。アワビの口あけの日など、中学の生徒でも一日で二千円から四千円のかせぎがあるそうだ。女生徒は家で留守番したり子守りをしたり。だから漁業協同組合から「せんせえ、ヒマっくれい」といってくると、学校も「うん」といわざるをえない。

たずねた前の日も、三年生は魚干しの手伝いにいったそうだ。学校ではこれを「校外実習」とか「家庭実習」といっていた。

奇妙な早退簿　昼すぎ、午前中みなかった顔が加わった。ほとんどが女の子。「男の子はどうしたの」「おしょしがって（はずかしがって）」ニコニコと別に遅刻を気にしていない。「なれっこになっているから平気なんです」と教頭。

新任のO先生の前に一人の男の子が立った。「マサオ、何時に来た」「みんながテレビをみていたとき」テレビとは午後零時四十分からの視聴覚教育の時間だ。「きょう、おまえんとこはなんの開口だ」

学校で帳簿につけるときは「口あけ」と書かず「開口」と書く。「ノリだ」「いくらとった」「おらとらねえ。ヒンジキとっていた」マサオはアワビとりの名人だ、と教頭が説明する。「先生、これは早退にならんでしょう」とO先生が女のS先生をかえりみた。S先生は夫がこの村の出身者で、この中学に十年勤めている。O先生の手に早退簿と書かれた、とじ込みがあった。「いいのよ、いいのよ、それに書き込んでおけば」とS先生が小声で注意した。

午後に出て来て「早退」とするのはたしかにおかしい。だが、ここでは現実に「早退」として、早退簿の中に書き込まれている。指導主事も別になにもいわなかった。全校生徒が一斉に休む口あけを聞いたら、教頭は「アワビが七日、ワカメが五日、コンブが三日、タコが三日……」と数えた。その間にちょいちょい各部落てんでんばらばらの口あけがあるようだが、その日数、そして正確に帳消しになった授業時間数はいっこうにハッキリしなかった。

教室の中の空気はよどんでいて活気がない。そして先生たちはいう「英語なんか全然関心がありません。とくに二、三年がひどい」「学校なんか無用の長物なんだな」「思考的なのはダメ。口で話すだけでなく、黒板に書いてノートに写させると、まだいいんです」……

なんでも屋先生　指導主事は遠慮してか、授業をみようとしなかった。「大変ですな。ご苦労さんです」の言葉をくり返して早々と引き上げていった。

教頭はくり返しくり返し語った。「問題は生徒の欠課、遅刻だけじゃないんです。ここではわたしたちはなんでも屋なんです。英語の教師が理科と数学を教えている始末です。この学校に赴任してまだ一年足らずですが、考えれば考えるほどアタマがおかしくなって……」「若い先生には、絶望するな、といっているんです」

ＰＴＡ会長に会うと「金さえとればいいという、親の考えを改めさせようと努力してんのですが……」と、しきりとヒタイの汗をふいた。その会長は、上の娘二人を仙台の中学に進学させているということだった。

「ここの親たちは、ここの特殊性、漁村の特殊性を強調するんです。ぼくは思う。その特殊性を克服し、子どもたちに一人前の教育をすることが、ぼくらの仕事なんじゃないですか。だが正直のところ、ぼくはかないません」と、東北大をことし出た若い先生が述懐した。

戦前の学力へ

> 現行の教育課程においては、基礎学力の習得がじゅうぶんではないのではないか、という意見が多かったのであるが、小学校においては、特に国語、算数に関する基礎学力を向上することを主眼とし、それらの内容を再検討し、その充実をはかり、指導時数を増加した。国語科では低学年で指導時数を大幅に増加し、学習能率の向上をはかり、算数科では、ほぼ戦前小学校で課していた程度まで内容を高めた。
>
> ――小学校指導要領・解説

……こっけいなのは、小学生に「おまえ学校で算数はなにをやってるんだ」ってきくと「いま、魚つりをやってる」っていう。(笑い)……

三年ほど前の週刊朝日にのった夢声対談の一節だ。語り手は数学者で阪大学長(当時)の正田健次郎氏。

六・三教育を体験したことのある子と親でないと、これだけの引用ではピンと来ないかもしれないが、まあ、考えてみてください。――「算数」と「魚つり」と、いったい、どういうつながりがあるのか。

「魚つり」方式　「生活単元学習」という、六・三教育独得の教え方がある。それは、算数の時間でも、いきなり、たし算、ひき算を教えるのではなくて、先生はまず子どもが喜びそうな生活の一場面を持ってくる。たとえば遠足という場面を。そして、いろいろな社会科みたいなことをやりながら「遠足におこづかいをいくら持っていくか」という問題をだす。こうなって、はじめて、たし算、ひき算にはいるのだ。あるいは「買いもの」あるいは「身体検査」、高学年になると「株」「公債」「税金」といったたぐい。正田氏の話の「魚つり」というのも、そういう生活場面のひとつなのだ。……教科書にも、のどかな魚つり風景のさし絵がかいてある。先生は懸命になって、つりあげた魚の数をかぞえ、たし算、ひき算を教えているつもり。ところが生徒の方はといえば、ひたすら「魚つり」を習う時間だと思いこんで、うっとりとしていたのであろう。そのうちに子どもの計算力はぐんぐんと低下し、親はびっくり、先生もあわてだした。

ごくおおまかなはなし、これが戦後、一時期までの算数教育史であり、こういう教え方が、いままでの指導要領の基本的な方針だったのである。

戦前の水準　改訂指導要領になって、第一に、この「魚つり」方式を追放した。低学年では、買いものからたし算、ひき算にはいるやり方も悪くはないけれども、生活場面は補助手段で、算数の時間はあくまでも算数を主とする教え方でいく。

また、教える内容も、いままでより一、二年分程度を高くした。たとえば――一年生からプラス、マイナスの記号を使うこと。八たす七は十五、といった繰りあがりのたし算をやる。どちらも、いままでは二年生になってからやった。二年生では、三けたの加減。これまでは、二けたどまりだった。また、三年からやっていたかけ算の九九を、二年からはじめる。

五年生、六年生になると、以前は中学校で教わったものがはいってくる。小数、分数のかけ算、わり算、百分率計算、比例などがそうだ。

一見、いかにも急にむずかしくなったように思われる。が実は、これでやっと戦前の小学校のレベルまで戻ったところだ。また、切りかえによる混乱をさけるため、二、三年前から少しずつレベルをあげてきた。そして切りかえは算数だけではない。小、中学校全教科を通じて、新しい指導要領は学力向上を目ざしている、と文部省はいう。

直訳・算数教育　だが、ここで、どうもわからないのは、いったいだれが「生活単元学習」などという能率の悪い教え方を考えだしたのか、である。

新・指導要領の解説で、文部省はこう弁解している。――「旧・指導要領を作った当時、わが国はまだ占領下で、すべて連合国司令部の指導と承認を得なければならなかった」

事実それは相当なものだったらしくて、こんなウワサが伝わっている。……なんでも当時、文部省は手をかえ品をかえ、いろいろな算数指導案をこさえたのだそうだ。ところが、司令部はどうしても通してくれない。ある日、司令部の係官が、アメリカの教育の本を一冊貸してくれた。ためしに、それを直訳して司令部に出してみる。すると、たちまちＯＫがきた。それが「生活単元学習」つまり

「魚つり」方式だった……というのである。

しかも、こうして実施された直訳の「生活単元学習」たるや、あとで調べてみたら、ご本家のアメリカでもやったことがないという極端なものであることがわかった。

また、欧米各国の算数教科書を比較研究した東京工大遠山啓教授の話では、この「生活単元学習」による日本の小、中学校の算数教育というのは、世界でも最低のレベルだった、とのことである。まったく、教わった子と親にとっては「こっけい」どころではない。

公立と私立　さて、このような指導要領の改訂で、学力問題についての親の不安が解消するか、どうか。「このごろの学校は何をやってるのかさっぱりわからない」といった不満は、まずまず、なくなっていくだろう。

もうひとつ、公立の中学校への強い不信感がまだ残っている。戦後、熱心な親は私立中学をめざして、一斉に猛烈な受験勉強を子どもにしいた。いまでも、公立中学にくらべて私立中学の生徒の方が総じて学力が高いのは事実だ。ひとつの原因は、私立の方が、文部省の指導にしばられない。したがって私立は、比較的「魚つり」方式のムダ足をふまずにすんだからだ、といわれる。教え方は多少古くても、親は安心できるし、進学率が高いという実益もあった。

「しかしこのごろは」と、遠山教授は、私立中学ファンの父母に向かって、こういう。――「公立中学の方も指導要領の改訂で学力があがってきた。先生もずいぶん勉強しています。いままでのように、なんでもかんでも私立にはいりたがる必要は、もうなくなったはずですよ」と。

米ソの学力競争

世界の科学界は、今日、原子科学に代表される急速な進歩がみられ、産業界もオートメーション化によって第二次産業革命が進行中である。わが国の科学・産業などを世界の水準にまで高め、さらにそれを越えて進展させるには、義務教育からその画期的充実をはかり、国民の教育水準を一段と高めなければならない。

——小学校指導要領・解説

人間衛星船の成功いらい、日本でも「小学校の教育から考え直さなくてはならない」といった論議がおこっている。

同じ問題で、近年いちばん大騒ぎをしているのは、ソ連に先をこされたアメリカの教育界である。そして、アメリカばかりでなく、世界中が、ソ連の教育を注目しはじめた。

ここで、子どもの学力について、米ソ両国の親や教育者が、いま、どんなことを話題にしているか、をみよう。

〝アメリカの恥〟　「スプートニク以後」という言葉が、米国にある。それが最も多く使われるのは、教育問題の議論をするときである。昭和三十二年ソ連が最初に打ち上げた人工衛星スプートニクは、米国の教育、とくに科学教育に対する大きな警鐘だった。翌年でたロックフェラー財団による教育関係のレポートが「科学教育の危機は、想像のものではない。いまや、真の危機だ」とうたったほどだった。

科学ばかりでなく、生徒の一般的な学力不足も、しばしば批判のマトになる。最も有名な批判者は、原子力潜水艦の生みの親であるH・G・リッカバー海軍少将だ。彼はいう。「ソ連の子どもが十年の課程をおえたとき、アメリカの子どもが十四年も学校に通った後と同じくらいの能力がある。これはアメリカの恥だ。アメリカの親たちは、十代は生活を楽しむ年代だとカン違いしているんじゃないか」と。

アメリカの小学校で　(米大使館提供)

モスクワの小学校で　(タス＝SPS)

アメリカの反省　第一に、科学の基本である数学の力が一般に劣るのではないか——この批判が、いまアメリカでは最も厳しい。教師の数学力をふやせとか、数学博士をつくれとか、いろいろの議論があり、ワシントンの小学校では、算術だけは特別の先生がきて教えるという試みが行なわれている。

第二は、優秀な生徒をぬき出して英才教育をする必要があるのではないか——ソ連はこのテを使っている、とアメリカはみる。しかし、自由と平等をモットーとするアメリカでは、英才教育に疑問をもつものが多い。

第三は、従来の教育方法はデューイ理論にもとづく「経験しながらおぼえる」主義（注＝戦後の日本の新教育もこの主義でやってきた。前回ご紹介した「魚つり」方式がその代表例）だが、もっと「つめこみ」主義をやるべきではないか——という反省。しかし、経験主義の長い伝統をもつアメリカの教師には、このきりかえはむずかしい。

「米ソは社会組織がちがう。教育の目的もちがう。ソ連の教育は、国家の必要に奉仕する人間を作ることだが、米国の教育は、自由な公人として将来最善を尽くせるよう助けるのが目的だ」——これは、去年、米ソ文化協力でソ連を訪問した米国教育使節団の報告の一節である。

（ワシントン・河村特派員）

ソ連では厳しい　ソビエトでは「学校の課業が重すぎる」という親たちの話をよく聞く。教科の数は少なくないし、宿題が一年生から毎日のように課せられる。上級生になると、家に帰って三時間や四時間ではかたづかない程の宿題を持たされることが多い、というのである。

また四半期ごとの成績評価のほかに毎日毎日の課業に点数がつけられる。点は厳しく、怠けてはいられない。評価には全国的な基準があって、満点が五点。二点以下は落第だ。だからクラスによっては、三割にものぼる落第生を出している、とのことである。

この落第問題は、いま、ソビエトの学校教育でいちばん重要な問題のひとつになっており、最近あちこちで開かれている教員の研究会での、討議の中心でもあるらしい。それでも、以前にくらべれば目立って減少した、とのことだが、ロシア共和国全体の平均で、およそ五％の落第生が今でもでるという。

しかし、落第対策として、教科の程度を下げるようなことは「必要もないし、考えてもいない」とソビエトの教育当局はいっている。

米に負けぬ自信　学力の国際的な比較はむずかしいし、ソ連の教育当局でも、数量的に国際評価を試みようとはしていないようだが、しかし、ソ連は各学年の知識水準、技能水準で他の先進諸国にはヒケをとらない、という確信をもっているふうである。とくに米国の学校よりは全体として進んでいる、との自負があるように、おもえる。

学力向上のための方法としては、かなり「つめこみ」主義的な様子がみえる。率直に、この点をきいてみた。ところが、ロシア共和国教育省次官のカシン氏の答えは否定的だった。

「ロシアの教育は、たしかに知識のやたらなつめこみの弊害をもっていた。そこで、一九二〇年代の終わりに、デューイなどの米国の教育思想と方法を採りいれてみました。しかし、効果が少なく、児童の学力低下が明らかになったので、二―三年で方針をあらためました。どちらも長所はあるが、極端にすぎた。ですから、いまは、いわば両方の長所をあわせそなえるような教え方をしています」

つまり、いまのソビエトの学校では、社会人として必要な基礎的知識は、ある程度、強制的におぼえこませる。しかし、その知識をほんとうに自分のものとし、応用能力を高めるため、児童の自主的な学習活動をすすめる。学校での勤労作業や工場での実習を重んじているのは、そのためだ。一昨年九月の新学期から実施された学制改革でも、九年生から十一年生までの全課程を生産教育一本にしぼって、技術実習の比重をぐっと重くした。

ついでにいえば、ソビエトには、低能児のために四年の課程を八年でやらせる学校はあるが、秀才学級をつくったり、秀才を抽出的にのばしたりすることには関心をもっていないようである。

（モスクワ・秦支局長）

学科別にみると

ところで，基礎学力の向上をうたう新指導要領では，各学科の教え方は，どう変わったのか。指導要領の改訂で変わった主な点を，参考のためにあげておこう。

小学校の場合，国語＝社会生活に必要な国語の能力を義務教育中に完成させるねらいで，低学年から時間数をふやし，国語の学力の充実をはかった。たとえば，小学三年では週三―七時間だった国語が最低八時間にふえた。社会科＝六年生までに日本の地理，歴史などの基礎を仕上げる。授業時間数は減った。算数科＝科学技術振興の立場から，内容を戦前の程度までひき上げた。時間数もふえ，小学三年では，週二―五時間だったのが最低五時間となった。理科＝実験実習を中心に改められた。

中学校の場合，国語＝読解力と作文を重視し，古典も大幅にとり入れた。社会科＝一年で地理的分野，二年で歴史的分野，三年で政治，経済，社会的分野を学習させる。数学＝全体として充実したほか，三年では必修としての数学百五時間以上（週当たり三時間）のほかに，新たに選択として数学七十時間以上を加えた。これは，進学組の学力を高めるというねらいもある。理科＝一年で一時間の授業をふやし，科学技術教育を強化する。とくに物理，化学を重視する。

「基礎学力の充実」とか「科学技術教育の強化」という，文部省のキャッチフレーズが，このように，指導要領の中にはもりこまれている。

そこで，実際の教室の姿はどうだろう。いくつかの学校で，その様子をみた。

おかあさんの見学（上）

国語、社会、算数、理科の四つは基礎学力をつくる主要科目とされている。そこで、小学生の子どもをもつおかあさんに、この四科目の実際の授業ぶりを、二回にわたってみていただこう——。

ここに選んだのは大阪市東住吉区の矢田小学校。生徒は約千五百人、三十二学級、一クラス平均四十六人で、大阪府の平均五十三人をやや下回る。この校区は六年前に大阪市に合併されたばかりで、父兄の職業も商工業、農業、会社員、日雇……とさまざま。しかし、さいきん団地が次々にでき、サラリーマン族がぐっとふえた。おかあさんは吉崎和子さん（三二）と寺田艶子さん（三八）。

> 国語の指導は、国語科だけでなく、学校における教育活動の全体を通じて行なわれるものである。
> ——小学校学習指導要領

二年生の国語　「さあ、本をあけて。よく読んでくるようにいっておきましたが、読んできた人？」ハイ、ハイ、三分の二ほどの手が上がる。「読んでこない人はどうしたの？　では、読んでもらいます」ハーイ、と読んでこなかった子どもがまっさきに手を上げた。

みんなのきょうしつ　先生「きれいな花ですね。だれがもってきてくれたのですか」　としこ「はい、ひろこさんです」……

棒読みがはじまる。四月の風がこころよい。みんなの教室は、きれいなほうがよいか、きたないほうがよいか？　きれいなほうがよい。じゃ、どうしたらきれいになる？　花をいれる。学級文庫をきちんとする。鉛筆のけずりかすを捨てない。先生が教科書の内容を質問しながら説明する。こんどは会話の勉強。登場人物の役割をきめて、それぞれ自分の分担を読む。終業の合図の〝エリーゼのために〟のオルゴールがスピーカーから流れた。

「教科書を読む回数が少ないんじゃないかしら。昔は、国語の時間といえば、朗読の声がどの教室からも廊下まで聞こえていたもんですよ」と、おかあさんがおっしゃる。担任の山田先生の答えはこうだ。読むことも大事だが、考える力、考えることによって、読みとる力を養わなければならない。「いまごろになって、私たちが〝考える母親になりましょう〟といっているのは、そういう教育が足りなかったせいね」おかあさんは納得がいった面持ち。だが、と山田先生はつづける。前任校で、六年生までに覚えなければならない漢字のテストをしたことがある。六年生でも数字の四、九に「しい」「くう」とふりがなをつける誤読があったそうだ。「犯す」という字を「ほす」と読んだ子どもがいた。テレビで「犯人」に「ホシ」とルビがふってあったのを見て、そう思い込んでいたものらしい。家庭でも、正しい読みかたを教えるよう注意してほしい、と先生からちょっとお小言。

「それにしても、教科書がきれいになりましたね。まるで絵本みたい。私たちは、文章は覚えていても、どんな教科書だったか忘れてしまった」と、戦中派のおかあさんはうらやましげだ。校庭の遅咲きの八重桜が散りこぼれていた。

> 社会科はわが国における民主主義の育成に対して重要な教育的役割をになう教科……。
>
> ――小学校学習指導要領

五年生の社会　日本の農業――と担任の吉村先生が黒板に書く。前の時間のおさらいがはじまる。「日本のおもな平野を習いましたね。いちばん北の北海道からいってもらいましょう」日本地図を指しながら「この平野は?」ハイ、ハイ。「石狩平野」「そうです。ではこれは?」ハイ、ハイ。まだ先生が指名していないのに、だれかが仙台平野と叫んだ……。次に、先生はグラフを黒板にはりつける。「これは日本の土地の利用状況を表わした図です。いちばん多いのは?」「山林」「そうや山林や。耕地は少ないね。耕地て知ってますか」「お米や野菜をつくるところです」「先生が調べたら、日本の耕地は約五百万ヘクタール。それに、お百姓さんは約六百五万戸もある。一戸あたりの耕地面積はどのくらいになるやろ」算数の問題が飛び出した。子どもたちはしきりに首をひねっている。小数点以下の計算がよくわからないらしい。「じゃ先生がやろう。だいたい〇・八ヘクタールですね」それから先生は、外国の一戸あたりの耕地面積と比較しながら、日本の農民が、狭い耕地をどういうふうに利用してきたか、を説明した。だんだん畑、多角経営……。そこで〝エリーゼのために〟が鳴った。

「社会科てとても面白いんですね」

「社会科というと、なにかばく然とした科目のような感じだけど、昔のなににあたるのかしら?」おかあさんの質問。「まあ、地理、歴史でしょうな」と吉村先生はいう。「暗記ものね」地理、歴史といえば、丸暗記の〝苦業〟が身にしみているらしい。「でも、暗記ものらしくないわ」先生が説明する。——

教え方も系統的に　地名や産物などはもちろん教えるが、たとえば「狭い耕地」というように、問題をとらえて、子どもたちに考えさす。解決に至らなくても、どうやって人々が問題と取り組んできたか、を教える。「そうすると、先生の好きなことばかり勉強する結果にならないかしら」そこは文部省が学習指導要領を示し、改定された新教育課程では、いくぶん教えかたも系統的になっている、との答えであった。

「私たちの悩みは、子どもたちの将来に入学試験があるということなんです」と吉村先生が話す。「入試にはどうしても知識をはかる問題が出る。昔のような〝暗記〟が勝つんです。教えながら、サイの河原に石を積んでいるような気がしますよ」……「それは入試の制度がわるいんだわ」おかあさんはすっかり〝社会科党〟になったようである。机の中からグローブをひっぱり出した子どもたちが、バタバタと廊下をかけ抜けていった。

おかあさんの見学（下）

おかあさんの授業参観をつづけよう——。大阪市東住吉区の矢田小学校。二人のおかあさんと校門をくぐる。掲示板にチョークで書いた「元気いっぱい新学期」の字が、もう薄れかけている。

> 算数科の指導においては、一般に遅れた児童や進んだ児童についての対策が特に必要と考えられる。
>
> ——小学校学習指導要領

四年生の算数　担任は久世先生。経験の豊かな古い女の先生である。「この間は、大きな数の読みかたを覚えましたね。もう一度やってみましょう」先生は黒板に書く。2の次に0が七つずらりと並んだ。「はい、下の位から読んで」「一、十、百、千、一万、十万、百万、一千万」「よろしい。大きな数は、どこでくぎったら読みやすい？　いくつ目やろ」「五つ目です」「そやろか」三つ目や、違うわ四つ目よ、とがやがや。「四つ目でしたね。それが一万の位です。では、これを読んで」五大都市の人口の表を黒板にはる。——「このごろの子どもは、大きな数字の、のみ込みが早いですね」と、おかあさんは感心の体。私たちのときは〃百万長者〃ぐらいが大きな数字を使う最大限でしたもんね。いまは何千万、何億長者でしょう。戦後のインフレのせいですか、とおかあさんは苦笑した。

授業は次に移っている。「一を十倍したらいくら？」「十」「十を十倍したら？」「百です」「そうやね。十倍するごとに位が一つずつ上がるのです」「では、百を百倍したら？」「千です」「一万」「十万」マチマチの答え。先生は一、十、百、千、一万……を繰り返す。「一万ですね。百倍すると位が二つあがるのです。それじゃ、千を百倍すると？」「百万」と、先に間違った子がまた間違う。一、十、百、千、一万……先生の声がかれてきた。とうとう「きょうの補習に残りなさい。教えてあげるから」――

もっとほしい宿題　おかあさんのつぶやき。「四年生ぐらいならまだよいけど、算数はむずかしいですからね」「宿題あるの？　と聞いても、何もない、というでしょう。どのくらい進んでいるのかわからない。宿題をもっと出してもらったら……」どうやら、おかあさんは算数にお弱いと見受けた。おとうさんにお聞き、の組らしい。

ある大学教授が児童の基礎学力について講演したことがある。聞いていた指導主事が、六年生の簡単な計算問題を示して質問した。いまの子どもでどれくらいできるとお考えか、と。教授は、半分ぐらいかな、といった。どういたしまして、文部省の学力テストでは、全国平均の正答率三・一％、つまり五十人のうち一人半しかできなかったそうである。矢田小学校は、新学期から毎週四時間の補習授業をしている。学力の向上が旗じるしだが、毎日の授業でわからない子どもの遅れを取り戻すのが精いっぱいのようだ。時間の終わりに、おかあさん待望の宿題が配られた。しかし「おとうさんやおかあさんに教えてもらってはいけませんよ。自分でやりなさい」と、先生がクギをさした。

（注）大きな数の読み方、書き方について、四年生までは四ケタ区切りを教えているが、五年生で億兆までの数の読み方、書き方を教える時、小学校学習指導要領によると、一般には三ケタ区切りが利用されていることを理解させ、併用させることになっている。

五年生の理科　「このごろの子どもは、ろくな実験設備がなくてかわいそうね」おかあさんがため息をついた。この学校には理科教室がない。普通教室で机を寄せ集めての〝インスタント理科〟。数グループに三、四本ずつの試験管とビーカーが置いてあるだけ。授業のはじまる前、校長さんが教室に来て、机の上を指して、子どもたちに聞いたものだ。「これ何か知ってる?」「ビーカーや」校長さんは大いに安心したそうである。なにしろ、初めて試験管を握る子どもばかり。いままで実験らしい実験をしたことがなかったらしい。「そういえば理科の授業をみたことがないわね」おかあさんがうなずく。

せっけんのとけかた。先生が実験の手順を説明する。試験管にま水と食塩水を別々に入れ、粉せっけんをまぜてよく振る。さあ、どちらのあわだちが多いか。「きみやれよ」「うん」ビーカーから試験管に移す手つきがあぶなっかしい。「ハイ、ま水です」次は水道の水と湯ざましの水の二つの比較。試験管の口を押える指をもれて、せっけん水が飛び出す。ハーイ。「水道の水」「湯ざましの水です」「じゃ、先生がやってみよう」シュッ、シュッ、シュッ……。先生の実験でも、いずれのアワだちが多いか判定がつきかねた。「ほんとうは、湯ざましの水、水道の水の順なんです。そうしたら、せんたくするとき、どの水を使ったらよろしいか」「湯ざましの水でーす」女の子がすかさず手をあげた。男の子はいっこうにフに落ちぬ顔つき。せんたくと聞いて、おかあさんが乗り出す。「酸性やアルカリ性のことは教えないのですか」「それは次の時間です」と先生。

生活に関係の深い自然科学的な事実や基礎的原理を理解し、これをもとにして生活を合理化しようとする態度を養う。
――小学校学習指導要領

予算は消耗品代　こんな実験でも、担任の東野先生は準備に五、六時間かかったそうだ。東野先生は、この四月に矢田小学校に転勤したばかりだが、先生がくるまで理科の専門の先生はいなかったという。「設備がないので弱りますな」とこぼす。「アルコールランプぐらい備えられないものかしら」おかあさんは不満顔をかくさない。「予算といっても、消耗品費程度で、理科教育の費用はゼロ」と、校長さんが助け船を出した。「スクールバスでも買って、設備のよい学校へ巡回授業にゆけるよう提案したい」来あわせたPTAの会長さんが、りきんでみせた。

国語の力

▽日常生活に必要な国語の能力を養い、思考力を伸ばし、心情を豊かにして、言語生活の向上を図る。
▽経験を広め、知識や情報を求め、また、楽しみを得るために、正しく話を聞き文章を読む態度や技能を養う。
▽経験したこと、感じたこと、考えたことをまとめ、また、人に伝えるために、正しくわかりやすく話をし文章に書く態度や技能を養う。
▽聞き話し読み書く能力をいっそう確実にするために、国語に対する関心や自覚をもつようにする。

——小学校指導要領・国語の目標

漢字を知らない　「ちかごろの子どもは字を知りませんなあ」という話が、八幡市のある小学校のPTAで出た。

母親「手紙や日記に当て字やウソ字の多いのに驚きますね」父親「この前〃参（賛）成か反体（対）かを快（決）める〃と書いていましたよ」母親「うちの子のノートにも〃白島の水海〃とありました」父親「わたしたちのころは〃みる〃にしても、見、視、観、看、をちゃんと書きわけてましたがねえ」

先生「授業時間が戦前の六六%にへりましたからね。塩を溘や塩にする点画の誤り、池と地のような似た字との間違い、台を大にする当て字が間違いのほとんどです」

北九州五市教育研究所で――。

母親「子どもが字を読めなくて……黄色の岩をキナいろのユワ、塩からくて苦（ニガ）いをショからくてクルシいと読んで平気なんです」大野主事「キナいろのユワなどは九州の方言やナマリだから、注意してやらないといけません。一番ひどいのが音訓の混同です。私の調査でも四一%がこれでした。書物をカキブツにした音の訓読、加えるをカえるとした訓の音読、これに下げるをシタげるとした他の訓読み、雑木林をザツきばやしにした他の音読みですね」母親「子どもにはわかりにくいんでしょうか」主事「教育漢字八百八十一字の音訓をあわせると、千六百七十二字に相当します。下などはカ、ゲと音二、した、しも、くだる、さげる、もとと訓五で合計七つの読みをもつ漢字です。これで混同するんですね」母親「たとえばどんなのが……」主

この文を味わってみよう　（八幡市高見小学校で）

事「クチ、コウは読めるが、口調のク。コ、シはいいが、様子のス。ホは知ってても、歩合のブに弱い。快いも、ココロヨいはカイいになってしまう……」母親「どうすればよいのですか」主事「私が教育漢字八百八十一字のもつ音訓のほとんど全部について調べたら詩・感など読み違えのないのはたった六十五でした。だから自動車（シャ）、糸車（グルマ）のように同じ漢字で違う発音や、同じ発音で違う漢字を考えさせ、漢字と意味を結びつけられるようにすることですね。こうするとだんだん書くとき〝服を木たり〟〝本を平いたり〟する誤りもなくなりましょう」

ローマ字に強い　漢字には弱いが、ローマ字を習うようになったのは戦後のことだ。こんな話が門司市内であった。子どもがおとうさんに「これ、読める？」と横文字を突きつけた。おとうさん「英語か。なに、ツウビイ、ツウビイ、テンメイド……わからんなあ。小学校でこんなの教えるんかい」ノートにはたしかに to be to be ten made to be と書いてある。「じゃあ、教えてあげようね」得意顔の坊やのいうには「とべとべ天までとべだよ」「なんだ、ローマ字か」で笑い話になったが……。

いまの小学生にとって、ローマ字は英語の前提ではなく、新しい国語だ。いままで選択だったのが、今年度から四年二十時間、五年と六年が各十時間の必修になった。四年で簡単な文が読んで書け、五、六年では長い文章が読めなければならない。「漢字では〝御食事券〟と〝汚職事件〟は一目で違いが出るが、ローマ字では同じだ。自然ローマ字をやると同音異義語は使わず、耳で聞いてわかるようなやさしい言葉を使うようになる」というのがローマ字を研究している門司市白野江小の矢野正美先生の意見だ。八幡市高見小学校の太田照世先生はSをエスといわずスという字と教えている。この教室ではSは英語でなく国語の「ス」、aとくっつき「サ」になると教える。テープに「赤い」と吹き込み、逆転させてみた。おとうさんたちなら「いかあ」となると思うところだが、ローマ字っ子は「いやか」と聞こえるわけがすぐわかる。

先生が黒板に mikan と書いてすぐ消し「何と書いたか」と聞いてみる。おかあさんだと五十音図法だからミ、カ、ンと一字ずつ区切って読み「ああミカンか」となるが、いまの子は見た瞬間ミカンとひと目読みだ。大人が「蜜柑」という漢字を一目で読むのと同じ要領だ。だから〝tyotto yasumimasita（――ちょっと休みました）〟を見て、もたつくのはいつもおかあさん。さっと読むのは子どもだ。

貧しい読みとる力　国語の学力でいま一番問題なのは読む力が貧しくなった――ことだ。八幡市内のある小学校六年生に「台所がいそがしいので、おかあさんはこたつで妹といねむりしていたおばあさんをおこしました」という文章を読ませたあとで「さて、このおかあさんはどういうことをしましたか」と先生が聞いてみた。台所で仕事をしたと答えたのが一一%、こたつでいねむりしていたという答えが一〇%もあった。「いつ、どこで、だれが、なにを、どうした――という文のカンどころを読みとる力がないんですね」と先生はにがい表情だった。

先生たちの意見をまとめてみると国語の時間が少なくなっただけでなく、この原因はもっと身近なところにあるようだ。たとえば映画、テレビ、ラジオ、マンガ、雑誌。「パッと簡単に目や耳からはいってくる。苦労がいらない。だから長い文章やむずかしい文学作品になると会話のところだけ拾い読みしてわかった気になる」と先生はいう。

「コーンコーン。オノの音がしんとした山にひびく。父の顔のあせが、時々ギラギラ光る」八幡市内で、六年生の子に、この文章の感じをきいたら「にぎやかでやかましい」と答えたのが四〇％「どこがよいか」とたずねると「のんびりとおだやか」「おもおもしくておごそか」と間違った〝鑑賞〟をした子が三〇％もあったという。「じっくり読んで、文章の深さを味わう力をつけてやらなければ、真の国語のよさは〝じんじろげ〟や〝ありがたや〟に太刀打ちできなくなりますね」とその学校の先生は訴えていた。

理科の力

▽自然に親しみ、その事物・現象について興味をもち、事実を尊重し、自然から直接学ぼうとする態度を養う。
▽自然の環境から問題を見いだし、事実に基づき、筋道を立てて考えたり、くふう・処理したりする態度と技能を養う。
▽生活に関係の深い自然科学的な事実や基礎的原理を理解し、これをもとにして生活を合理化しようとする態度を養う。
▽自然と人間の生活との関係について理解を深め、自然を愛護しようとする態度を養う。

——小学校指導要領・理科の目標

落とし穴にかかる　問題「水素を捕集するにはどれがよいか」——。

四つ並んでいる答えのうち「発生器の導管に直接点火し、静かに燃えることを確かめてから捕集する」に半数近くの中学生がマルをつけた。こんなことをしたら発生器は爆発してけが人が出る。実験をほんとうにやっていたら、水素の危険な性質を知っていたら、こんな寒気のする答えが出るはずがない。

問題「直径十センチメートルとその半分の五センチメートルの二つの円筒がならんでいる。十センチメートルの方に十六ミリメートルの雨水がたまったとき、五センチメートルの円筒にはどのくらい水がたまるか」――。

小学生には意地の悪い出題だが、その落とし穴にひっかかって約七割までが、倍の三十二ミリと答えるなど、誤りが続出、正確に十六ミリと答えたのは二割そこそこだった。同じ問題を中学生にも出したら正しく答えたのは小学生より三%少ない。雨の日、あきカンを庭先にでも出してみれば、カンの大小に関係なく、一様に雨水がたまることは簡単にわかるはず。やらなくても、ちょっと雨量のはかり方を考えれば、中学生なら間違うはずはないのだが……。

これは去る三十五年十月の全国学力調査から拾った例だ。この調査の概評では理科の学力は文部省の予想したものより小学校ではわずかにいいが、中学校ではやや悪くなっている。そして「花の仕組み」や「虫の成長」といった植物や生物、つまり知る力は強いが、実験を通さなければわからない物理、化学の問題や、気象の知識、それに論理的に考える力は落ちているという傾向が表面に出てきた。観察や実験に力を入れること。学力調査の結果をみなくても、わかりきったことだが、問題はおカネ。理科教育振興法では、理科の設備の基準を示している。各学校とも、この線に近づくようつとめてはいるもののこの基準のやっと半分――というのが実情のようだ。

すばらしい設備　熱帯植物で有名な青島に近い赤江小学校――宮崎市内になっているが、市街地から車で二十分はかかった。四年前には理科設備は文部省基準の三%だったのが、一政久良夫校長がきてから「みるみるよくなった」ときいてたずねた。

玄関の左手に小鳥の小屋。その前には生後一年の白サギの子がヨチヨチ歩いていた。子どもが「シロー、シロー」と手をたたくとやってくる。去年畑の中に倒れていたのを助けてきて育てた。はじめは生きたカエルや虫でないと食べなかった。いまはイリコを子どもたちからもらっている。

スズムシ、マツムシも校庭の花園のそばの金網のなかでかわれている。夏の夕方、教室の窓の下でムシはなかなか鳴かない。メスはなかなかないとわかる。

学級経営の花壇。町の花屋さんより「一月半」も早く、花を咲かせる。「砂みたいでよう分からん」と話しあったマツバボタン「タネをつぶすと、白くなるからオシロイバナかな」とワアワアいいながらまいたタネが成長する姿を目をみはって記録する。だから「草花の名なら、百も知っているぞ」と子どもは大いばりだった。

考える力にカベ　だが経験しないものには弱い。去年の五月モンシロチョウの卵がいっぱいついているキャベツを根ごと抜いてきてハチに植えた。しかし飼育に失敗した。卵―サナギ―青虫―チョウの成長の順序を十分にのみこんでいない子が多かったためだ。「川のはたらき」で川の上流には大石があるが、だんだんくだかれて下流では砂になると口をすっぱくして説明するが、みんな興味がなさそう。大淀川の下流しか見たことがないからだ。鹿児島旅行で川の上流を通り、先生はあわててバスをとめて大石を指さし、やっと理解させる。「ガン、カモ、ツグミなどの渡ってくる季節」ときくと子どもたちはいっせいに「冬です」と答える。だが渡ってくる姿をみたことはない。

それより困ることは高学年で電気や機械に進むにつれ「理科は好かんと……」といい出す子がふえ

てくることだ。草花を百知っている子も「電気の流れをどう変えたら一番電球が明るくなるか」という問題には、三分の二がいい加減に答える。電話やゴー・ストップを知らぬ子が多いから、校庭に模型をおいてもピンとこないらしい。星にも弱い。昼間の学習では星は見せられないし、教科書の図は、星の数が少なくて実際の夜空と違いすぎる。夏の夜八時ごろ学校の近くの子を集めて説明会をやるが、四季の星空の変化まで教えることはできない。

簡単な「やじろべえ」から「水鳥の小屋」まで。理科の教科書にある実験をすべてできるよう千数百点、先生はカンナやノコギリを手に日曜大工よろしく作り上げた。この二年間、日曜日も夏休みも先生になかった。去年もらった電気メーカーからの理科教育振興資金百万円の一部をさいて、プラネタリウムも備えつけた。この結果、子どもたちの理科的な知識はたしかに豊かになった。しかし子どもの生活とかかわりの少ないことは、なかなかのみこめないし「理科的にモノを考える力、仕組みや動きを理解する力、これを伸ばすにはどうしたらいいか。その壁にいま突き当たっている」と先生はもらしていた。

全国レベルからいえば、赤江小学校のなやみは、上の部の方だろう。設備がない。理科専任の先生がたりない……。なげきはあまりにも多い。

小学校はまだいい。進学難――中学校にすすむにつれ、この赤江小学校のように直接、目や手を通して、自然のはたらきをみる――といった学習の態度はむずかしくなってゆく。そんな手間ひまかけていては、はげしい受験競争に間に合わないからである。

進学一辺倒

進学の問題は，子どもたちの表情を暗くしていた。

教室をまわっていると，やはりそれは，ただごとではない，という実感がしきりだった。

学力向上，と文部省はいう。しかし親のいう「学力」とは，「いい学校に入れるための学力」であり，アチーブテストに点をかせぐための「学力」である場合が多かった。

進学一辺倒の親，あるいは有名校マニヤの親，その親のねがいにむちうたれ，補習授業，進学じゅく，家庭教師と「勉強ぜめ」にあけくれる子どもたちの姿。

一人の先生，一人の父兄の力ではどうしようもない大きなカベがそこにあり，それが，あかるい子どもたちの姿を遠くへおしやってしまっている，という感じだった。

アチーブにいい成績をとれる，という「学力」がはたしてほんとうの学力といえるかどうか。

進学のためのつめ込み教育が，子どもたちの創造力の芽をおさえつけてしまう，という心配がないかどうか。

慢性化している「受験地獄の悲劇」といったものに，なにか打つ手はないものだろうか。

小学五年以上，中学三年までの教室で，かならずぶつかる先生たちの最大の悩みは，これだった。

進学有名校（上）

学校は、個々の生徒について、その進路、特性等をじゅうぶん考慮し、それぞれの生徒に適した選択教科を選択させて履修させるように指導しなければならない。

進路、特性等により数学をさらに深く学習しようとする生徒に対しては、第三学年において、選択教科の数学を履修させることが望ましい。

——中学校指導要領・総則

「本校では、とくに試験準備などいたしておりません」——進学有名校をたずねて校長先生の口からきまってでるのがこの言葉である。この春、東京の一流高校へ大量の卒業生を送り出した千代田区立一橋中学の校長、小林茂氏の答えも同じだった。「補習授業もやってないし、受験参考書などもべつに使わせてません。ただ授業を受ける態度だけは、きびしくしつけています」

「たとえば」

「まあ、三年生の朝礼でもみていただけませんか」

予科練　戦前派、戦中派には、ちょっとなつかしい朝礼風景だった。「オイ、コラッ」「なっとらんぞ」のかけ声が壇上の教師の口から、ちょいちょいとびだすのだ。朝八時、コの字形の校舎に囲まれたせまい運動場にならんだ生徒は六百人。週番の先生が訓辞をたれている間、わき見をするものもいなければ、話し声も聞こえない。笑い声でもたてようものなら、たちまち「オイ、コラッ」に見舞われる。ラジオ体操のあと、指定の校内バキをはいているかどうか、クラスごとに服装検査を受けてから男生徒も女生徒もマイクの行進曲に歩調を合わせて整然と教室へ。「むかしの予科練に似ているでしょう」と形容したのは、ほかでもない、小林校長先生だった。

朝礼がこの調子だ。校内生活の規律のほどは、ご想像がつこう。この学校では、先生への口返答は禁じられているし、なれなれしいあいさつも許されていない。男生徒も女生徒も廊下で教師に会えば、そのつど、きちんと頭を下げる。下町の中学でよくみかける「先生、きょうはごきげんだな」などというあいさつは、もちろん禁句。

「ある日、ＰＴＡ副会長の子が教室の机に腰かけていました。教師は、おくせずこの子をなぐりました」「ある日、〝慎太郎刈り〟にしてきた子がいました。教師は即座に刈りなおさせました」――なんて話はめずらしくない。教室でのしつけもきびしい。先生にさされて正しく答えられなければ「よろしい」と指示があるまですわってはならない。着席できるのは正解者だけだ。つぎつぎに九人も十人も、だから立ちんぼうすることがある。もうハイティーンになりかけた、ニキビ顔の生徒がずらりと首うなだれたまま立ちつくす光景は見ごたえがあった。

あやつり人形　今春の進学成績は日比谷高校へ五十七人、九段高校へ五十人、一橋高校へ七十三人、その他の公立高校（全日制）を合わせれば合格者は、しめて三百四十二人。はなばなしいこの戦果は〝予科練精神〟だけの賜物であろうか――

一年生の教室では、国語の授業がはじまっていた。せまい教室にぎっしりつめこまれた新入生は六十人あまり。言葉づかいに地方なまりが目立つのも、さすがにその名を知られた〝越境中学〟だ。この時間のテーマは「中学生になって」

「きょうは二十九ページからだな」と教科書を生徒に読ませるのかと思ったら、いきなりプリントを配りだした。熟語が二十ばかりならんでいて「つぎの漢字にヨミガナをふりなさい」とある。

「みんな予習してきたはずだね、ノートと教科書をとじなさい」――「チリン」「チリーン」。この奇妙な音は先生ご持参の卓上ベル、試験開始の合図だ。

下読みをしてきた子は、さっさと答えを書きいれていく。そうでない子は、てきめんだ。鉛筆をなめるよりほかに能がない。なにしろ、生まれてはじめてお目にかかる熟語ばかりだから。教師、いやこの試験官は机の間を縫うように歩きながら「組、番号、名前を書き落とさないように。せっかくの答案も落第だよ」と呼びかける。ふつうの子なら、おそらく三年後の高校入試場で、はじめて聞くにちがいない注意事項をここでは、一年一学期の、桜の花のまだ散りきらないうちから教えこまれる。常在戦場の心得は新入生から、というわけか。ころあいをみて先生は、また「チリン」「チリーン」

「はい、鉛筆おいて。こんどは赤鉛筆をもて。答案をとなり同士交換する。先生が正解をいうから、おたがいに採点する」

物音といえば、鉛筆を走らせる音だけ。子どもたちは級友の答案に正否の○×記号を書きいれていく。ここでまた「チリン」のひびき。「チリン」と鳴るたびに生徒の肩がピクッと動く。「チリン」「チリン」と二度鳴れば、それにつられて子どもの肩もピクッ、ピクッと動く。機械か人形をあやつりでもするような授業風景だった。

リズム　校長のいうようにたしかに放課後の補習授業は、やってなかった。が、ここでは、ふつうの授業全体が試験本位の補習授業になりかけている。平常授業の補習化——東京の進学有名校は、程度の差こそあれ、どこもこの傾向にある、といわれている。一橋中学には、しかしもうひとつ、進学技術の秘密があった。三年生の英語、数学の時間を成績順にA、B、Cの三組に組みかえてしまうのだ。英、数の時間がくると、日ごろの級友と別れ、できのいい子はA組へ、中ぐらいのはB組へ、かんばしくないのはC組へいかなければならない。

A組、つまり秀才クラスの数学の時間をのぞくと因数分解をやっていた。ここでも、あくまで予習を前提にした授業だ。先生が指名する。あてられた生徒が立って答えをいう。正解ならばクラスの全員が大声で「イエス」とさけぶ。また指名する。答える。「イエス」とさけぶ……。授業はこの繰り返しだ。四十問ちかい練習問題で「ノー」とでたのは一、二問だけ。あとはどこまでも「イエス」「イエス」「イエス」。あたかも発音練習でもしているかのように「イエス」「イエス」「イエス」父兄たちには、かぎりなくたのもしい。しかし、第三者には気が遠くなるような、みごとな進学一流校のリズムであった。

進学有名校（下）

学校活動における進路指導では、一方的な知識の注入に陥らないように留意し、生徒の自主的な活動を促すとともに、できるだけ具体的な事例に即して指導を行なうなど、効果的な方法をくふうする必要がある。

　個々の生徒に対する進路指導を徹底するためには、適当な機会をとらえて、面接相談などによる指導を行なうことが望ましい。

――中学校指導要領・特別教育活動

夜の時間表　進学有名校の子どもたちは、家に帰ってどのくらい学習するのだろう――東京の名門校のひとつに麴町中学という学校がある。そこの三年生の女生徒にきいてみた。

「夜十二時前に寝たことない」

「ほかの子は」

「男の子なんかスゴイ。朝三時ごろ電話で呼び出しあって何ページまで問題集をやったか、イバリあっている」

修学旅行の夜汽車のなかで、眠らない子がいた。どうしたんだ、と先生がきいたら「徹夜の練習です」と答えたのも、この学校の生徒だ。

同じ質問をこんどは一橋中学の一年生に向けると、

「みっちり三時間——ごはん前に宿題を一時間、食べてから予習と復習で二時間」

もう一人の子にきいたら答えは全く同じだった。三人目も同じだった。教室と同じように夜の勉強部屋にも、きちんと時間表が組まれていて模範生たちはダイヤどおり動いているかのようだ。

「予習でわからないところはどうするの」

「家庭教師がいるもん」

「いない子は」——これはきいてもムダだった。「宅では、もっぱら子どもひとりで」などといいながら、こっそり家庭教師をつけている父兄は少なくない。

早起き　有名校へ子どもをいれて「勉強の仕方だけでなく生活態度がガラリとかわった」とおどろいている父兄が多い。規律のきびしい一橋中などは、ひとしおのようだ。「朝は親に起こされる前に床からぬけ、午後はきまった時間にきちんと帰宅するんです」という。子どもはなぜかわったか——これを知るには、ホーム・ルームと道徳の時間をのぞく必要がある。

よその学校とちがって、ここでは「男生徒と女生徒の机をどうならべるか」といったことはあまり議題にならない。いかにして予習の能率をあげるか、休み時間を有効にすごすか、映画をみたい心をおさえるか……といった調子だ。遅刻したり宿題を忘れた子には罰当番として掃除させている教室もあった。朝、起きてから夜寝るまで、一日の生活がすべて勉強につながっている。寝坊しないのも学習のため、かえりみちに道草しないのも学習のためだ。勉強してくれるし、お行儀はよくなるし、親にとってこんなありがたい学校はないわけだが、手放しで喜ばない親もいた。「模範生の姿勢は中学生のうちだけ。高校にはいってからの反動がこわい」というのである。

受験ムード　有名校の子どもたちは、いまなにを夢みているんだろう――

東京・下町の、これも進学率の高い中学で、先生が下級生にアンケートをとったことがある。将来、一流の高校から一流の大学へ、さらに一流の会社へ――という親の期待をよそに、生徒の答えは意外だった。あこがれの人物は「王選手」「長島選手」「石原裕次郎」。「宇宙旅行をしてみたい」という生徒もかなりいた。みんなよくできる子だ。進学とプロ野球と宇宙旅行――「まだ〝ねんね〟なところが残っているんですよ。いろんな夢が胸のなかに同居している。一年生と三年生では、むろん考えかたはちがう。でも世間で考えるほど生徒の顔は暗くありません」と、この先生はいった。

ひと一倍、勉強のはげしい一橋中学でも、同じことがいえた。試験に追われて子どもたちは、おたがいにねたみ、そねみ、けんせいし合っている、などというのは周囲の思いすごしのようだ。内心は知らない。が、生徒の顔は、すこしも青白くなかった。めがねをかけた男の子は血色がよかったし、てきぱき答える才女の卵たちは、まるまるこえていた。昼休み、教室にとじこもって辞書と首っ引きの生徒はおおぜいいるけれど、窓にもたれて思案にふける、といった光景はどこにもなかった。暗い受験生活のムード――これをしみじみ味わうのは、高校生になってからだろう。中学でこのムードにひたっているのは、廊下にたたずむ母親たちだった。学校によっては職員室を訪れる母親は一日に十人を下らない。戦前は父兄会もないのに廊下に顔をみせるのは、虚弱児か問題児の母親にほぼかぎられていた。いまはちがう。できる子の母親が、わが子のできのよさを確認しにいれかわり、たちかわり学校を訪れる。先生にほめられ、はげまされながら午後のひとときをすごす。レジャー時代の母親として、このうえなく健全で安上がりな余暇の利用法であった。

〝進学孤児〟　いくら有名校とはいえ、義務教育の学校である。公立中学には土地の小学校からいろんな子がはいってくる。勉強がきらいで学校でたら魚河岸で働きたいという子やレストランのコックさんになりたいというのもいる。越境組だって同じ。全部が全部つぶぞろいとはかぎらない。できのわるい子もいる。有名校でみじめなのは、こういう子どもたちだけだ。

学校があげて進学態勢だから頭の悪い子は浮かぶ瀬がない。いいところをみせようにもその機会がない。教科で芽が出なくても、クラブ活動やホーム・ルームで才能をあらわす、という新教育の特徴は、ここでは、なかば失われかけていた。進学に関係ない、というのでホーム・ルームの時間を適当にはしょっている学校さえあった。こうして教室での授業からは、いつもおいてけぼりをうける。友だちもかまってくれない。学校へ行ってもつまらない。つまらないから休む。「長欠児をしらべてごらんなさい。たいていこういう子ですよ」と教えてくれた先生がいた。「進学孤児とでもいいますか。人間的に魅力の多い子がいるんです。救ってやりたい。みんなといっしょに授業に興味を持たせたい、と思ってもクラス全体の学力を落とすわけにはいかない」

義務教育に見捨てられる子どもたち——試験地獄とともに、この〝進学孤児〟はふえていく。

進学ジュク大ばやり

真の幸福は何であるかを考え、絶えずこれを求めていこう。
人はだれしも幸福を願うものであり、それは尊重されなければならない。心の底から満足でき、しかも、長続きのする幸福は何かをいつも自分の心に問い、高い精神的価値を求める誠実な生活態度を築いていこう。

——中学校指導要領・道徳

先生が高校ガイド　新緑の五月、東京のお堀ばたを行ききする観光バスは、おのぼりさんばかりがお客とはかぎらない。進学熱心の母親だけをのせて走るバスもある。子どもをどこの高校にいれたらよいか、あらかじめ調べるための高校巡回見学バス。案内役はむろん進路指導の先生だ。学校の歴史から校風、先輩、入試の合格点まで至れりつくせりの説明をしてまわる。「中学教師は、こうして名実ともに〝進学ガイド〟になりました」と先生がたは嘆く。

しかし父兄にしてみれば、ガイドさんは昼間だけでは、まだ不安だし、もの足らない。夜の学習指導もぜひ、というので先生がたは夜まで引っぱりだこである。かくてジュクと家庭教師は、いまや大ばやり、ということになる。

ジュクがはやりはじめてからかなりになる。戦後の、町のソロバンジュクが英語、算数の学習ジュクになり、さらに三十年ごろから受験本位の進学ジュクが生まれた。父兄の進学熱が高まるにつれ、ますますふえる一方だが、ジュクがどのくらいあって、どれだけに利用者をかかえているかは、お役所でもわかっていない。はっきりいえるのは、ジュクが義務教育――とくに小学校教育を大きくむしばもうとしていることだ。その典型的な例が広島市にある。

スクール・バスで進学準備の勉強に　（広島市で）

スクール・バス　「先生、はよう帰して……。ジュクに行かんならんけん」

一人が口火を切ると、みんなが、いっせいにガヤガヤと同じことを訴える。午後四時ちょっとすぎ。腕時計を横目でにらむ担任の先生の表情にチラリとにがいカゲが走る。

「では、きょうはやめとこう。途中はようく気をつけるんだぞ」――広島市内の小学校でこんな風景はザラだった。この小学校の六年生は一クラス平均五十四、五人。どのクラスでも四十人以上が一つか二つのジュクに通い、さらに家庭教師までつけている家庭もめずらしくない。

ジュクといっても、ここでは鉄筋二、三階建。設備もスタッフも公立小学校をはるかにしのいで、ついにスクール・バスまで持つようになった。子どもたちは学校から帰ると早目に夕食をすませ、近くの町かどまで走っていく。ほどなく大型の観光バスを改装したスクール・バスがピタリと止まる。車体には大きく「××学園」と学習ジュクの名が書かれている。ジュクの授業は二部制だから、このバスは小学生をのせて市内を二度走りまわる。

教育の原爆症　「子どもたちがかわいそうでたまりません」と、教頭はタメ息をついたが、かわいそうなのは、むしろ学校だった。高姿勢のジュクの前に学校当局はアタマが上がらないのだ。学校の行事などで子どもたちがジュク通いのバスに遅れでもすれば「授業がチグハグになるから、きちんと帰してほしい」と、ジュクが学校に苦情を持ち込む。世間に訴えようにも父兄の意思がジュク中心だからどうすることもできない。「メチャクチャですよ。教育の立場から考えて本末転倒もはなはだしい」と、この教頭さんは、またタメ息をついた。

先徒たちに先生がしてやれることはせめて学校では、ゆっくり遊ばせてやることだという。「音楽や体育の時間をふやしましてね。でないと子どもは身体も心も調子が狂ってしまいますよ。夜の本番にそなえて昼間の教室では骨休み、というわけです。まるで教育界の原爆症みたいなものだ」と力なく笑った。

広島のジュクばやりは、原爆と関係が深いと、説く人がいた。「原爆の被害から、いち早く立ち直ったのが私立の中学、高校だった。その私立校がはっきり大学受験を目標に中・高一貫教育をはじめ、結局は大学への合格率が公立よりもズバぬけてよくなった。父兄の公立小、中校の授業軽視はこうして生まれ、ジュク万能の原因になった」という。

戦災を受けたのは広島市だけではない。同じように空襲で焼き払われ、立ち直りのおくれた学校はどこにもある。とすれば、この見方は、ある程度、ほかの都市でのジュクばやりについてもあてはまるかも知れない。

教師も同調　東京でもジュクの流行はめざましい。住宅地からいまでは下町にもひろがり「能率受験教室」「最高指導陣」「一流校入学絶対」のカンバンがあちこちの横町で目立つようになった。東京・荒川の小学校で

「広島の話は笑えませんよ。似た例は足立、荒川にもいっぱいある」

と説明してくれた先生がいた。

「ジュクがはじまるから、きょうはお掃除当番かんべんして、という子、ジュクの宿題はやるが学校のはさっぱり、という子がふえました。ジュクと学校の勉強がチャンポンになって、ワークブックを間違えて教室に持ってくる子。午前中ポカンと口をあけて、午後になるとハリキリ出す子もいます。ジュクであんまり馬力をかけるから朝のうちは放心状態になってしまうんです。親も子どもも学校はのんびり遊びにいくところ、ぐらいにしか考えてないんです」と訴えた。「ジュクの授業はきびしい。できない子は立たされ、小突かれ、どなられている。のびのびと明るい子にと、いくらこちらで

考えても夜の教室がこの調子だから結局、いじけた子になってしまう」とも嘆くのである。

私ジュク大ばやりの背後にある社会の欠陥を指摘する声は強い。が、具体的にその弊害を除こうと努力する教育関係者は少ないようだ。それどころか「やはり校外のことは父兄と児童のプライバシーの問題でしょうから……」と、サジを投げている校長さんさえもいれば、さらに「教員の中には、子どもをジュクに通わすよう、父兄に暗示して、自分の負担を軽くしようとしている教師もいる」という批判も先生たちから聞かされた。

就職する子ら

全国の中学卒業生の約四割は，就職する。この「四割」という数字は，進学一辺倒ムードの中では，ともすれば軽くみられがちである。

たとえば，「高校受験」を目標にして授業の進められる教室では，就職組はふるいおとされてしまう。都会の中学では，クラスの九割が高校に進学する，という学校も少なくない。そこでは，一割の就職組は，どうしても犠牲になってしまう。

「中学三年の担任になるのはごめんだ」

つくづく，そういう先生がいた。いくら気をくばっても，進学，就職組の間にミゾができ「クラス経営」がめちゃめちゃになってしまう，ということである。クラス担任が努力したとしても，両者のミゾは深まってゆく。ともすれば，先生が，進学率を高めることにだけ夢中になっているような教室では，いったいだれが，就職組の悩みをすくいあげてくれるのだろうか。

やむを得ず就職してゆく子どもたちもいる。高校に行きたい，とおもいながら，家の事情で進学をあきらめる子も多い。

進学を希望する子どもたちを，そのまま進学させてやれるような幅広い奨学金制度がほしい，それがムリならば，少なくとも，進学組との間にまさつを起こさず，こころを傷つけられることなく卒業して行けるような教室のふんいきがほしい。そして，それらは，大人が考えてやらなければならない問題ではないか。就職する子どもたちと話し合いながら，私たちはそう感じた。

進学はしたいが（上）

どんな場合にも人間愛を失わないで強く生きよう。
長い人生には、すべてに激しく絶望して、何もかも信じられなくなるときもあろう。その場合、宗教は多くの人に永遠なものへの信仰を与えてきた。これらの宗教を信ずる者も信じない者も人間愛の精神だけは最後まで失わないで正しく生き、民主的社会の平和な発展に望みをかけていこう。

——中学校指導要領・道徳

ためいきと誇り　おら、かえずすか、ゆく道はない。——私には、これしか、生きる道はない。そんな気持ちです。できれば高校に進みたい。しかし、百姓のあとつぎは、やっぱり土に生きるほか、仕方がないんだ。そうあきらめます。

東京の——君。

○君たち、受験準備におわれる都会の中学三年生に、東北の子、私たちのこの気持ちが、わかってもらえるでしょうか。

「かえずすかない」（これしかない）○何回も何回も自分にいいきかせる。それが、私たちのためいきと誇り。「おら、百姓はすねあだ（しないのだ）」と、ふるさとを離れてゆくものも、少なくない。農村に残るもの、東京に就職するもの、どっちにしろ、私たちに進学の夢はない。

三年になると　山形県村山市の袖崎中学。私たちの学校は、最上川の流域にある。平均七反、小さな耕作面積しかもたぬ、雪国の農村です。さくらんぼの花が、いまは、白い波のよう。

中学三年になったとたん、クラスのふんいきが変わり出した。進学組、就職組、農村組、「進路」がはっきりすると、私たちの友情はとまどい出したのです。

「おめ、何の高校さはいるや」

進学組のささやき合いを就職組はゆううつな思いできく。農村の近代化とともに「高校に行かねばだめだ」という親がふえた。で、約半数は受験する。進学の補習授業だって毎日四時間もやるのです。私たちはそれを横目でにらむ。就職組には、人が変わったようになる生徒も出てくる。やたらに反抗的になり、勉強がなげやりになる。

——君

東京の中学で、就職組が先生や進学組の生徒をなぐった、という事件があったときききました。山形のある中学で、プール建設の金集めをした時、就職組だけは一銭も出さなかった、という。「学校は進学指導には夢中だが、おれたちには冷たかったから」。それが、就職組の「いい分」だった、とのこと。進学率を高めることだけが「いい学校」「いい先生」の基準なのでしょうか。進学者の多い学校ほど、就職組は無視され、おいてけぼりをくう、といいます。新教育課程では、就職コースと進学コースがさらにはっきりわけられる、という。差別感がふかまる、という心配はないでしょうか。

――君

私自身のことを書きましょう。ある夜、母が私にたずねた。

「中学を出たら、なにになるんだ、おめえ」

私は顔をふせ、小さく、答えた。

「おら、わからね」

どう答えたらいいか、わからなかった。「どこさ、えぐなや（行くのか）」という問いには「進学もいいげんどな、よく考えてくれ、家のこともな」。そんな意味が、かくされているのです。だから「進学したい」とのどまで出ながら、わからね、と首をふってしまった。

宿命に耐える　長男の私は、百姓のあとつぎをしなければいけない。田は四反とちょっと。だから、きものを売って足りない分をおぎなう。姉は「みじめな百姓」は自分だけでたくさんだ、という。私たち、弟や妹には「高校にはいってけろ。おれの分もがんばってくれ」と口ぐせのようにいいます。しかし、進学したいとはいえない。私の家にそんな余裕はない。

――君

君たちが、家庭教師に見守られながら受験準備に青ざめているころ、北国の私たちは、夜空をあおぐ。葉山嶺から南へ、出羽丘陵の山々。それらが、月の光に黒く浮かぶ。そのふもとを夜行列車が走る。ひとすじの、小さな点線。それに乗りさえすれば、東京まで七時間だな、ふとそう思う。

農村に残るよりは、東京に出た方が……。そんな迷いが出る。あこがれているわけじゃない。むしろ、修学旅行でみたマンモス都市のごたつきように、農村出身の私たちは、大きな不安さえもつ。

それでもやはり、多くの仲間、次、三男は、十一カ月後、君たちの住む東京へ就職して行くことでしょう。――その仲間の作文。

「水のみ百姓というのは、なぜもうからないのだろう。肥料代ばかりおおくてもうかるのはごく少しだ。苦労ばかりつづく。七人家族で家にごちゃごちゃしていたのでは、くらしてゆけない。だから東京へ就職しなければ生きてゆけないのです」

――成績のいい彼は工業高校に行きたがっていた。しかし、やがて進学をあきらめるに違いない。

「立派な百姓に」　私たちの兄、姉、多くの先輩たちもそうだった。迷いつつ、進学をあきらめたのです。この春卒業した女生徒が、最後の作文にしみじみ書き残していったことばは、

「どうせうまれてくるのなら、やっぱり貧しい家より、豊かな家がよかった」

――君

このことばを「感傷」だと、とらないでほしい。「高校入学を希望するもの、能力のあるものは、家が貧しくとも、だれでもはいれる、という全員入学制度ができたら」と、いつか先生がいった。そんな制度ができるのはいつの日か、私たちは話し合ったものです。

私たちはしかし、暗い気持ちでばかりいるわけじゃない。立派な社会人になるんだ、先生はそう励ます。「恥ずかしくない百姓」になること、それに誇りをもつ仲間だって、いるのです。

進学はしたいが（下）

社会に必要な職業についての基礎的な知識と技能、勤労を重んずる態度および個性に応じて将来の進路を選択する能力を養うこと。
——学校教育法・中学校の目標

中学三年生の作文から——題は〝勉強は何のために〟

——先生が「こういう問題は、昔はやらなくてもよかったが、いまは高校の試験に出るからしなければならない」といいなさった。就職する者は、それを高校へ行く人と違って一生けんめいにやらなくてもいいのだろうか。私たち就職する者には、このような問題が就職試験に出るから、といってほしかった……——

同じ題で、

——先生たちは、テストが悪いと、すぐに「こんなことでは高校へはいけない」という。テストは高校へ、はいるためですか？　こんなことでは高校へ行く人は特別あつかいされるのではないでしょうか？　こんなことを聞くと、わたしは、くやしくてしかたがありません——

次は〝なやみ〟

――その人たちの話は、知らないうちに高校へ行く話になってしまう。のけものにされている、わたしは、恥ずかしいやら、ばかにされているみたいで、何をしてよいのやら分からなくなってくる。わたしがこう思っているだけかも知れない。しかし今までにも、このようなことはよくあった。進学する子も、就職する子も、もっと心をなごやかにして行きたい。これからもこんな状態が続いたら、わたしは学校なんか面白くない。高校へ行く子と、就職する子が別れたときから、こういうふんいきがあった――

もう一つ〝卒業にあたって〟

――あと数日で学校生活を去っていかなければならない。三年間を振り返ってみて、いやなことはよくおぼえているが、楽しかったことは少しも頭にうかんでこない。とくに三学期は、わたしにとってつらい悲しいことばかりだった。就職と進学にわかれ、無言の戦争をしているようだ。わたしたち、就職者にとっては、勉強をしていればよいという生活がうらやましい。いや、にくらしかった。……わたしは一生、学校生活を思い出したくない――

これは、中仙道に沿ったある学校の子らの作文だ。〝一生思い出したくない！〟この言葉をたたきつけられたとき、先生は奥歯がギリギリとなるような怒りを感じた、という。もちろん、子どもへの怒りではない。そういう授業を、やらざるを得なかった自分自身への怒り。そういうところへ追い込んでくる世の中の動きや、何ともつかみようのないものへの怒り。

この山あいの子らの訴えは、ただ〝私がこう思っているだけ〟のものでは決してない。進学はしたいが、家庭的事情などで就職する子どもらもいる限り、日本中の学校の問題でもあるわけだ。

反逆児も生まれる　これも、岐阜県下のある中学。卒業も遠くない三学期の中ばのこと。ある生徒の態度が、急に粗暴になった。ふてくされたような感情が、顔にも、体にも、あふれだした。〝今は泣いても、合格のあかつきに、心から笑おう〟黒板に、進学組がそう大書したまん中を、意地悪く消して、そのあとにドクロの絵をかいた。進学組が隣の部屋へ移って、広くなった教室を、かけずり回って隣の教室へ、いやがらせをする。「同窓会は高校組で適当にやったらええやないか。おれたちには用ないわ」といいだす。あまりにも目につくので、担任の先生が呼んで、聞いてみると……

この子は、その正月に、一番信頼している先生の家へ遊びにいった。進学への断ち切れぬあこがれと、就職先への不安な思いを抱いて、おそらくは、なぐさめと励ましを求めにいったのだろう。

友だちも、何人かきていた。みんなの希望高校をきいて、先生は一人一人、こうしろ、ああしろと指示、激励していた。そして、その子の番になった。「お前は就職か。ああそうか」それだけだった。自分の気持ちを聞いてもらえる空気などは、その部屋になかった。

こうして生まれた〝反逆児〟は「卒業までには、どうしてもやってやるんだ」と、進学組に対し、にぎりこぶしを固めていた。担任の先生は、その不満を洗いざらいきいてやり、就職の意義を説き、躍起になって堅い心をほぐそうとした。

「そんなになぐりたけりゃ、オレをなぐれ」「あかん、先生なぐっても、胸がすっとせん」

卒業式の茶話会のあと、運動場の中央で、彼は進学組の代表と向かいあった。ヤルゾ！　の声とともに、二人は組み合った。かげで、コソコソとやらなかったこと、反逆児の方が少し力が劣っていたこと、二人ともまったくの素手だったこと、だから先生は、すぐにはとめなかった。級友環視の一騎打ちに一息ついた時、先生は声をかけた。

「おい、まだやるか」すると彼がいった。「お前、くちびるから血が出てるぜ」「お前だって」二人は、何となく、にっこり笑い合った。彼は卒業後も同窓会のことで、仲よく幹事以上に活躍している。

複線コースに反対　進学組の補習と並行して、就職組にソロバンや電話のかけ方、手紙の書き方を教える。岐阜市内の中学は、ほとんどが、そんな〝実務教育〟で成果をあげ、卒業生からも、会社からも喜ばれている。いつも三学期になってからだが、今年はもっと早くからやろうとの声も出ている。これは、文部省が考えている進学、就職の複線コースと、同じでないだろうか、の質問に、

「とんでもない、違いますよ。文部省のは、はじめから学級をわけようというんです。われわれのは、就職先が決まり、自分で進路に納得のできた子にやるものです。生徒の気構えも違いますよ。ひがみは、組分けしたときに生まれるんですから……」

現場の先生の意見は、強弱の差こそあれ、複線コース反対の線でほとんど一致していた。

ここのところ、中京経済圏の拡充で、好景気がしばらく続きそう――かも知れない。だが、好況でも、産業教育でも、子どもの心をこおらせたあの〝ひがみ〟を、溶かしうるものとは思えない。

校庭の一騎打ち。あんな〝荒療治〟で、自分の気持ちを解決できない子。むしろ、その子たちの方が、数もはるかに多く、痛みの根は深いのだ。

就職組の悩み

> 将来、工業の分野に進もうとする者の必要に応じて設けられたものであるから、工業に従事する者に必要な心がまえを養うことがたいせつである。このためには実験や実習を重視した学習指導を行なうよう留意する。
>
> ――中学校指導要領・工業

「中学の先生は進学指導ばっかり力を入れて、ぼくら就職希望のものにはさっぱりでした。とくに三学期になると〝自習しとけ〟いうて、ほったらかしにしとくときがようありますねん。そやから学校の先生ちゅうもんは、高校へ行くもんも就職するもんも人間の値打ちはかわらへんなんて、口さきばっかりうまいこというたかて、ほんまにずるい人やとしか思われへん」――大阪府立教育研究所が就職児の調査をしたら、こんな声がでてきた。調べた約七十人が、たった一人の女の子を除いて大なり小なりこれと同じような〝中学校へのうらみ〟を訴えたのにはおどろいたそうだ。

教年前〝のけ者にされた〟生徒たちが、数々の暴力事件を起こした東大阪のある中学校をたずねた。

三年をどうすごす　この学校では、以前は三年生を進学組と就職組に組分けしていたが、これが失敗とわかって、現在では学力の上下で分けている。

「下」のクラス、就職する者の方がはるかに多い。そのホーム・ルームの時間。教室のガラスは五枚も割れたまま。ことしの卒業生が乱暴して出ていった名残りだ。掲示板もつぎはぎだらけ。先生は黒板に「私たちの進路」と書き「みんなの中には進学する者も就職する者もいるが……」と話をはじめた。就職する者の理由は「家の人が就職した方がええいわはります」「勉強がきらいやから」「おかあさんは働いてでも高校へ行かしたげるというてるけど、就職した方が暮らしが楽になるから」「働いてる人をみたら、働くってええなあと思います」など。答える生徒は率直だったが、半分ぐらいの生徒はいかにも退屈な時間といったふうだ。エンピツで机をたたく音、ボールペンを分解している生徒、先生にあてられはしないかとうつむいている生徒。

「就職する人はこの一年間をどう過ごすのがよいだろうかね」先生の質問に「就職してから楽しくすごせるように趣味をつくったらええ」「勤めてからまごつかないように工場見学をしたいです」「就職するかてやっぱり試験があるし、勉強せないかんと思います」「学校はこれでおわりやから悔いのないようにがんばりたい」答えはなかなか立派だった。

不十分な産業教育　「いまのホーム・ルームのような話しあいではすまされない深刻なことなんです」と、校長さんにほかの先生もまじって、ありのままを聞かせてくれた。

いまはまだ新学年がはじまったばかり。これが二学期、三学期と進むと、就職する大半の生徒はぼくらはこれでおしまいという意識が頭をもたげてくる。学力に大きな開きがあって、できない子はさっぱり学習意欲がない。教室の中ではじっとすわってまるで「行(ぎょう)」をしてるみたい。試験をすると「どうせ零点にきまってるがな。先生、やめてくれや」というようなことを平気でいうのもいる。就職する者は、学校の中にいてもひまでしようがないといったふうだ。進学する子の学用品をかくす。補習授業をしている教室の戸をけとばしてゆく。先生の自転車の空気を抜く。欲求不満めいたいたずらがひどくなると、ガラス戸を割ったり、廊下の腰板をはがしたりする。

就職することはそんなに悲観したことじゃない、と先生がどんなに口をすっぱくして説いても「いちばんえらい子は名門高校へ行った子、就職する子はあかん」という〝考え〟は世間の通念から抜きがたい。これをはねかえす力強い生徒もいるが、ともすれば「ぼくらはあかんねん」と悲観的になってゆく。

そんな生徒をはげますために先生たちは個人指導に頭をなやます。ラジオの組み立てや自動車の運転、簿記など、特技を身につけさせ、自信をもたせてやろうとする。だが産業教育といってもこの学校には木工道具さえ十分にそろっていない。職業の先生はたった一人で就職生徒全部のあっせんをひきうけているが、授業がせいいっぱい。クラブ活動にまで手がまわらない。校長先生は「はずかしいことですが、就職する生徒に十分な指導がゆきとどいているとはいえない現状です。いまは景気がよいので、希望する職種を選んで就職できることが、不満の鎮静剤になってくれてはいますが……」ともらした。

反目する両派の先生　就職生徒の問題点はこの学校に限られたことではない。大阪府の教育委員会や教育研究所をはじめ、現場の先生たちの話をまとめてみよう。

いまの中学校教育は、学校の面目や父兄の要望もあって、なんとか有名高校へたくさん入れようと進学主義が濃厚だ。職業の時間をさいて英語や数学の時間にあてている学校もある。補習授業で教えたことを正規の授業にもちだす非常識な先生もいる。進学する子は受験校選びの相談でたびたび呼び出すが、就職生徒のことは就職係の先生にまかせきりということが多い。ある学校では進学第一主義の先生と、就職する子の面倒もみてやらなくてはいかんと主張する先生とが反目して、顔をあわせてもものもいわない。

文部省は三十七年度から実施する指導要領で、職業・家庭科を技術・家庭科と名前をあらためて充実をはかるとともに、生徒の実力に応じた指導方針をあきらかにしているが、技術・家庭科の設備は、研究指定校でさえ文部省の示す基準に達していない。

中学卒業生の約四割は就職する。就職する子への配慮はどんなに懸命にやってもやり過ぎはないと思われるぐらい。だが現実はどうしても就職生徒は放ったらかしになりがちだ。なんとかして進学する生徒にも、就職する生徒にも、人間育成の場としてのバランスのとれた教育ができないものだろうか。

就職する子ら

職業については、産業との関連を考慮して、仕事の内容、社会的な役割、資格その他の諸条件、就職の機会などについて理解するとともに、上級学校や学校以外の教育施設などについては、将来の職業との関連を中心にして、それらの内容を理解する。
――中学校指導要領・特別教育活動

せまい段々畑が山の中腹までつづく。海も山も、したたるようなみどりだが、名にしおう火山灰地帯。作物はのび切らない。アゼをはだしで通学する生徒もいる九州の南端、鹿児島県大隅半島の中学校をたずねた。卒業生の半分以上が関西、中京へ就職する地帯である。

でき合いの服がブカブカで、ソデロを五センチも折り返し、ビニールのカバンを引きずるようにして乗り込んだ集団就職列車、拡声機から流れる〝ほたるの光〟に涙をいっぱい浮かべて……。この三月たっていったフジオから最近きた手紙には

「先生、高校だけは出ておきたかった」

と結んであった。

かせぎ根性　「すこしはムリをしても高校へやってほしい。ＰＴＡでも、家庭訪問でも親たちに頼

んでいるのですが……」就職に熱心なことは県下でも有名なM中学でも、先生たちはまず「進学」である。高校はM町にこそないが、隣町の県立高校には通える。〝辺地〟ではない。それなのにこの中学では、ことしの進学率は二割ちょっと。近くのT中学は町内に高校があるのに、高校に進んだのは女生徒三人だけ。「貧しいのが原因」と先生たちはいう。しかし、

「ここの親たちには、義務教育がおわれば、もう一家の柱。かせぐのは当然だという考えが強い」

「おくれた社会が進学をはばんでいるのではないか」

という先生もいた。

進学できない以上は、本人の性格に合った職に誇りをもってつかせよう——という方針だ。就職係の先生の予定は——

◇四月　家庭訪問。

◇五月　就業相談室を開設。場所は職員室横。先輩の就職先や会社の案内も備える。

同　就職のための補習授業開始。毎朝、授業前に

どうぞよろしくお願いします　（東京北区赤羽で）

五十分。国語、社会、算数、理科の基礎的なものと面接の仕方など。
◇六月　職業適性検査。
◇七月　親もよんで、職安の係りが求人状況などを説明。
◇九月　親の立ち合いで生徒一人ずつと職業相談。
◇十一月　就職関係の書類を職安へ提出。
◇十二月　求人側と生徒の希望を調整。
◇一月　就職試験。

スケジュールだけではない。「みずから企画し、収益をあげる」つまり一人で生きられる根性をつくるため、いろいろ試みている。

夏休み養蚕。これは休み中の宿題だ。休みにはいる前、町から稚蚕を譲り受けて、これを育て、マユをつくらせる。休みが終わるころ品評会を開く。出品したマユは業者が買い取る。一人平均千七、八百円、中には一万円近くかせぐものもいる。収入はほとんどが学校の「子ども郵便局」の貯金になる。学校では百五十羽の鶏を飼い、年に一万匹ものヒナをかえして、育てて売っている。毎晩、男の生徒が二人ずつ泊まって世話をする。このヒナを毎春三匹ずつ生徒に渡して育てさせる。これも宿題だ。

貯金は卒業するまでには一人平均三千円になる。就職する生徒はその支度金にする。服を買ったり、ふとんを作ったり。「卒業記念」に子ブタを買い、養豚をはじめるものもいる。

自分に適した職と、しっかりした職業観を身につけさせようと、授業にもできるだけ『就職』を関連させる。たとえば二年生の理科「電気メッキ」は教科書では銅メッキが主だが、ここでは亜鉛やスズのメッキから各種のメッキ工場のようす、そこに働く人たちのようすに重点をおいて説明する。ホーム・ルームの時間には卒業した先輩たちの働きぶりや生活が紹介される。就職列車の出発風景から、いま富山の紡績工場でどんなふうに働いているか。先生たちが卒業生の働いている職場を訪問したとき、撮影した八ミリ映画を編集したものだ。

いろいろの職業の実態を解説したスライドもある。こうした時間は三年間で四十時間ぐらい。文部省が来年度から「三年間に四十時間以上を進路指導にあてろ」といっていることを、数年前からやっているのだ。しかし「中卒」というばっかりに大半は富山や名古屋の中小企業に落ちついてしまう。

先生は悩む　好況で、就職先には困らない。先生たちはやれやれといった表情だ。が「生徒たちは勉強しませんね」という。「ここの中学三年生は家事の一部を背負っている。まして一年後には就職するとなれば、体は半分以上学校からはみ出しているのだ。学校教育が学力充実をめざしているのは悪いことではないが、こうした生徒たちにむずかしい数学を教えるより、ちゃんと手紙がかけ、おカネの計算ができれば、あとは独立心を育ててやる方が大切ではないか」と。

先生のところには、五年もまえの卒業生から手紙がくる。結婚の話、同僚や親に対する不満……。遠くへ就職したものには相談相手が少ない。少しでも力づけようと「就職父兄会」もできている。

K先生は卒業生の祝いに招かれた。訪績工場で働いていた娘が四年ぶりに帰郷した。その貯金で、じいさんの代からほしがっていた畑を買うことができた——こういって父親は泣いて喜んでいた。が、近くの中学の卒業生にはこんな例もあったと先生は話した。

「就職した姉妹二人が、映画代もアメ玉を買う金も節約して二十五万円ためた。工場から知らされた親たちは、その半分を送金させて、タイルばりのふろ場をつくった。苦しい家計に回したとばかり思った姉妹は帰郷してひどくおこった。工場へ帰ると残りの貯金は着物を買ったり、遊んだりして使い果たした。あげくは、工場もやめてしまいましたよ」〝美談〟になりかけたところで、親と子の衝突になった例は少なくない。先生は、だから就職がきまると「仕送りはさせんで、貯金をして。親も子もひとり歩きがかんじん……」とまず訴えるのである。

先生の新学期

いくつかの教室で，私たちは子どもたちの姿をみてきた。

当然のことだが，教室の中で，授業の終わったあと，あるいは昼休み，あるいは給食費の金勘定にいそがしい職員室の中で，多くの先生たちとも話し合うことができた。

いろいろな先生がいた。時を忘れ，教育を論じ，子どもを語る先生もいれば，家庭教師のアルバイトのため，さっさと消えてしまう先生もいた。こわい先生もいたし，やさしい言葉づかいの先生もいた。教室でタバコを吸う先生もいたし，血みどろになって子どもとたたかっている，といった感じの，力の入った授業をする先生もいた。

学校には学校の「顔」があり，先生には，それぞれの「顔」があった。そして，先生の「顔」は教室の「顔」だった。のんびりした先生の教室の子は，なんとなくのんびりしており，早口の先生の教室の子には，早口の子が多かった。

先生の性格，教え方が，子どもたちに決定的な影響力をもっている，ということはこわいほどだった。

千差万別の先生のことであるから，新しい指導要領のうけとめ方もまた，さまざまだった。

そういう，私たちが教室で語りあった先生の「顔」の中から，とくに印象に残ったいくつかの顔を，最後に，紹介する。

教師の評判

> 教師は、深い愛情をもって公平に生徒に接し、できるだけ許容的な態度で、気長に生徒の道徳的な自覚を育てる必要がある。しかし、それとともに、生徒が悪や低俗な行為に引きずられ、望ましい転換がなかなか起こらないような場合には、適時に適切な積極的指導を与えることも必要である。
>
> ——中学校指導要領・道徳

小、中学校の教室で、ながめてあきないのは、カベにはってあるスローガンだった。

「建てたときより美しく」「床の光は心の光」という清潔整とん型。

「服装は心の鏡」「ハイということばがつくるよい人間」。これはしつけ教育型。

「姿勢正しく能率あげよ」「日にプラス、日に日にプラス」という進学率向上型。

スローガンのかわりに黒板のうえに日の丸をかかげている学校もあれば、黒板わきのカベに二重橋の遠景とニューヨーク市の夜景をなかよくならべ、国際協調（?）の精神を生徒に養わせている学校もあった。

校長なり担任の先生の考え方しだいで教室の表情はいくらでもかわる。げんにかわりつつある。教育の転機を迎えて先生たちは、いまなにを考え、どんな姿勢で生徒にのぞもうとしているのか――この回からいく人かの校長と先生がたに登壇願おう。

Z旗 勤評で校長先生は、いままでの失地を回復したといわれる。そのせいかどうか、姿勢の高い校長にあちこちでお目にかかった。

高校への合格率がよくて土地の父兄に人気のある東京・下町の中学の校長――

「子どもはブタに似ている。放っておけば好き勝手な方向へいってしまう。オリへいれるには、ゆるぎない統制のもとにおかねばならぬ」

とはばからずにいう。しつけをきびしくすれば、勉強態度がよくなる。学習成績があがる。道徳教育こそ進学への道である、と説いて「信念の人」「実行力のある人だ」と教委にも父兄にも評判がいい。

「なせばなる」というのが校長の主義。努力論の話にアブラがのりすぎて「やるといったらどこまでもやる。それが男の……」と歌の文句みたいなこともいう。この人生劇場派の校長はほかにも多い。みんな、

ヨーイ・ドン（名古屋市千種区東山小学校で）

ちょっと自慢屋で、楽天家で、そして論旨は、まことにいさましかった。

「外国であなたは？　と聞かれて〃国際人だ〃なんて通用しますか」

こう問いかけた校長の部屋には、東郷平八郎書、皇国の興廃、この一戦にあり、のかけじくがさがっていた。

「くるならいらっしゃい。Ｚ旗は、もうあがっている」

といいたげな構えだった。


サラリーマン　勇将のもとに弱卒はないという。校長の姿勢が高ければ、命令一下、先生がたも同じ歩調で動くか、となると話は別だった。教育は、いくさとちがう。職員室は逆に静まりかえっているように見うけた。

「組合から逃げるだけではない。どんな会合にも集会にも顔を出したがらない教師がふえたんです」と組合派の先生たちは訴える。「人に後ろ指さされないよう授業と事務だけは、きちんとやるが、あとのつき合いは、いっさいご免というタイプ。サラリーマンというより銀行員タイプ……」

その〃銀行員〃にもいい分があった。教え方のウデがあがれば、あがるほど、受験屋から執筆を頼まれる。父兄からも家庭教師をせがまれる。校内、校外の生活のけじめをつけなければ、身体がもたない、という。

「銀行員だなんて、ヒガミもあるんですよ」

と笑ったが、ひがませるほど身なりも態度も先生ばなれしている人はおおぜいいた。

先生のサラリーマン精神をいちばんよく物語る例に職員室の証券ブームがある。
「どちらの父兄ですか」と廊下で週番の生徒がたずねたら、
「いいえ、いつもお世話になっている××証券です」
と答えた外交員の話。教室で生徒に試験問題を解かせながら先生は窓にもたれて投資案内によみふけっていた話。中学三年にもなれば、生徒はちゃんと見抜いて「先生、目の色がちがっていたな」とウワサし合うのである。

やれ鉄鋼株だ、セメント株だと、ソロバンはじく手で、いまさら戦争反対、軍事基地反対のプラカードもかつげない。この意味で〃サラリーマン先生〃は文部省派でもあった。

赤シャツ　教師のサラリーマン化——いいじゃないですか。へんに意気ごまれては生徒も先生自身も息が切れてしまう、という見方もある。が、多くの子どもたちにとってサラリーマン先生は不満なのである。

サラリーマン型がうけるのは、教え方がうまく生徒の進学態勢もがっちり固まっている場合に限られる。教え方がヘタで生徒のできがわるいとなると、事情は、だいぶちがってくる。授業だけのつき合いでは、先生と生徒の間のパイプは、ますます通わなくなる。パイプがつまる。破裂する。先生がポカポカなぐられるのは、こんなときだ。

どんな教師が被害者になるのか——授業はいい加減なのに皮肉だけは達者な先生。強きを助け弱きをくじく先生。見えすいたウソをつく先生——要するにキザでペテンでホラ吹きが、ねらわれ易いのは、小説「坊っちゃん」の赤シャツ以来、同じだった。

先生の評判——気にしていたら教師なんかつとまりませんよ、と先生がたはいうだろう。「坊っちゃん」もいっている。

「おれは生来、構わない性分だから、どんなことでも苦しまないできたのだが、ここへ来てからまだ一カ月たつか、たたないうちに（中略）もう五つ六つ、年をとったような気がする」

校長のイス

校長は校務を掌り、所属職員を監督する。教諭は児童の教育を掌る。

——学校教育法

風変わりな卒業式　去る三月、東京・山の手のある中学での話——職員の代表が卒業式の式次第をつくって校長のところへ持って来た。目を通した校長がぎょうてんした。「卒業証書授与」の字がない。

「卒業証書は校長から授与されるものじゃない。生徒がかちとったものですから、先徒の勉強の場である教室でわたします。委員の話し合いで決めました」

という。式場で卒業生の名を読み上げるのも、各クラスの代表がやることになっている。そこで、校長は怒った。

「こんなおかしな式を来賓、父兄の前でできるか」。

だが、職員側もかんたんには引きさがらない。

卒業式の日が来た。卒業生の名は担任の教師が読み上げた。ここは改められていた。つづいて「これから校長先生のおことばがあります」。校長が壇上に立った。講壇の上に全員の卒業証書が積んである。が、生徒の代表は出てゆかない。校長が卒業証書の一枚を手にして読み上げ、それをだまって壇上にもどした。校長の表情は堅く、来賓、父兄が目を見はった。来賓の祝辞がつづく。

巻き紙組はどうにもならない。「ただいま校長先生から卒業証書をいただき……」とそのままよみあげていたが……。

「わたしの前の校長は高血圧で倒れた。わたしも血圧はおかしくなるし、胃腸障害は起きるし、数カ月休んだ。まだアタマがおかしいんです」――この校長は、その後すぐ転任した。

校長は、学校の管理者として、ただ校長のイスにふんぞりかえっているわけではない。校長には校長なりの苦労がある。都教育庁の大森職員課長の話では、学校教育をどうつくり上げるか、職員と一緒になってひたすらこの問題に取り組むのが校長本来の姿だ。また、現実にそういう学校もある。だが、多くの校長は対人関係に苦労している。「ハッキリいえば職員管理。組合の強いところ、弱いところで程度の差はありますが、並みたいていじゃないようですね。校長と話をすると、話題はその問題になりますよ」

〃**議長団**〃　東京・下町のある中学。昨年四月、一見スジ金入りの校長が赴任してきた。校長室に三人の教師があいさつに来た。

「分会長の〇〇です」

「書記長の××です」

「区教組副委員長の△△です」――

校長は直感した。出バナをくじこうというんだナ。職員会議が開かれた。会議は三人の〝議長団〟で運営される。校長も一般教員なみに「議長」といちいち手をあげて発言を求める仕組みだ。

「これが職員会議のあり方ですか。まるで組合の分会会議だ。わたしは職員会議は校長の諮問機関だと考えています」。

校長はもちろんきりこんだ。事実たいていの学校はそうなっている。ここの先生は

「諮問機関だといいますが、それならどこにそう明記されていますか。法的根拠を示していただきたい」

ときりかえして来る。職員会議で決めたことを校長の責任でやらせるだけで、校長の意見は全然通らない。

「職場にたいする権力支配をたちきり、団結して権力にたちむかい……」日教組のスローガンをキナくさい思いで味わいながら、校長はたびたび区教委に通った。ある日、校長は注意された。

「先生、尾行されているのにお気づきですか」

――校長はそこに九カ月、ついに進退うかがいを出した。前任者もじつは投げ出していたのである。

三倍の競争率　苦労するといっても校長は教師にとっては栄進コースの上がりである。二年前から本俸の七％、東京ではまず月三、四千円の管理職手当がつく。校長志願者はあとを断たない。

校長への登竜門に東京では昨年から採用試験をはじめた。まず現職教頭の中から適当なものを区教

委に推薦させる。大体五十歳前後の人たち。競争率は三倍をこえる。はじめに筆記試験。問題は「教育者としての人間形成に役立ったと思われること」とか「学校行事の教育的意味」といったもの。受験態度は模範的で、きめられた時間一ぱい、ねばらぬものとてないそうだ。試験者側も慎重で、十五人の委員が採点する。外部の人もある。その試験官の名は極秘。筆記試験で半分にしぼられ、第一次合格者に面接の呼び出しが来る。最後の合格者は発令をもって発表にかえられる。

面接では「あなたがつかえた校長のなかで、一番敬服している人はだれですか」「学校運営について話して下さい」とか「いま一番困っていることは……」など。やはり職員管理に焦点があわされるのである。

教師の自信

> 学級会は、学級ごとに、全員をもって組織し、学級生活に関する諸問題を話し合い、解決し、さらに学級内の仕事を分担処理するための活動を行なう。
> 学級は学級のすべての児童が、積極的に参加できる活動でなければならない。したがって一部の児童だけが運営に参加していることのないように留意する必要がある。
> ――小学校指導要領・特別教育活動

孤独の秀才　E君の調子がちょっと狂いだしたのは、五年生になったころからだった。Eはよくできる子で、一年からずっと一番で通した。それも勉強一方の秀才ではない。快活で公平。それまではクラスの信望を一身に集めていたのだが……。

女の子に、まずきらわれた。だってずるいんだもの、と敏感な彼女たちはいった。「隣の子が教科書忘れたとき、Eさんは見せてくれなかった。自分が忘れると平気で借りるくせに」

弱いものいじめをする、と男の子もやがて同調した。

クラス担任のQ先生は、もちろん生徒より先に気づいていた。相変わらずよくできる。が、どうも落ち着きがない。時間ばかり気にして、ひとりで先に帰ってしまう。この分だとEは友だちから孤立するだろう。クラス全体としてもそれでは困る。Q先生は、そう考えた。

ジュク本位　Q先生はEの家をたずねた。景気の悪くはなさそうな町工場。Eはそこの長男坊だ。Eが帰りを急ぐのは家庭教師が待っているからだった。ふつうの教科のほかに英語も習っているという。夜は夜でジュクに通う。両親は異常なほど向学心にもえていた。自分は中学にもいけなかった。息子は絶対にT大に入れるつもりだ。なんとか先生も協力してください。だいたい先生の教え方、少しノンキ過ぎるんじゃありませんか。そういって親は逆にQ先生にハッパをかけるのだった。

いまどき別にめずらしい話ではないかもしれない。しかし東京でもQ先生のいる周辺地区では、小学生から英語を習わせる親は異例に属した。教え方がノンキだ、とEの親はいった。なるほどEは、教室で退屈そうにしている。先生の話なんか聞かなくたってわかってる——Eの顔にそういう表情がチラついていた。

だが……ちょっと待ってくれ、とQ先生は反発した。一クラス五十人。できる子もできない子もいる。教師がただ教科に熱を入れるだけではすまない。まず、仲よい学級づくりをやって、できない子でもみんなで助けてやる空気をつくる。そのうえで、はじめて教科も能率的にすべり出すのだ。なにもEひとりのための教師ではない。五十人余りのクラス全体にとって良い教師であること。私じゅくではなくて公立学校の、それが教師の良心というものだ、とQ先生はかたく信じていた。

いざ、開戦　教室でEは試験のときだけ目を輝かせた。成績はいつもトップだった。そして、目にみえてEは孤立していった。試験のときだけ輝くEの目に、Q先生はEの親のあせりを感じた。

六年生になった。EはQ先生を避けるようになっていた。

E君を呼んで、ある日、Q先生はじっくりと話し合った。「不安でたまらないんです」とEは訴えた。家で、両親がQ先生をののしる。学校を変えてしまう、ともいう。そのうちに学校にもおしかけてきて何かいいだすんじゃないか。そう思うとこわくてたまんないんです。Eは泣きだした。

「これは、まずい」。教師への不信はいいが、子どもの前でそれをしゃべるのがいちばんまずい。Q先生は、ふたたびEの家へいった。

数日して、Eの両親からお返しがきた。隣のクラスの父兄がわざわざQ先生をたずねてきて、こういうのだ。Eさんが先生のやり方が気に入らないといって心配してらっしゃいましたよ、と。

Q先生は腹をたてた。いざ、開戦である。クラス全員の父兄に手紙を書いて、ことの経過を説明した。信念は曲げられません。もし私のやり方が受け入れられ

ＰＴＡの席にお掃除報告　（東京港区麻布小学校で）

ないのだったら、私は教師をやめます、とも書いた。それは本心だった。驚いた父兄たちが学校に飛んできた。ほとんど全員がQ先生を支持した。が、騒ぎは大きくなってしまった。

両親の期待　騒ぎをおこしたのは誤りだった、といまQ先生は反省している。騒ぎから五年たつ。教師歴十年になった。信念は変えないが、いまなら、ああはしまい。まるくおさめられる。だいいち腹も立たないだろう。ずるくなったのかな、ともおもう。

Q先生が、このごろよく五年前の騒ぎを思い出すのは、この春から受け持ったクラスにEの弟がいたからだ。三年生でE同様よくできる。快活で公平。クラスの信望を一身に集めている。新学期の父兄会で、Eの両親とも再会した。五年前とは打って変わって、たいへんおとなしい。ニコニコ顔で、向こうから、よろしくと話しかけてきた。

E君はいま都立某高校にいる。騒ぎはあったが、親のねがいがかなって、注文どおりT大への最短コースにいるわけだ。それで、親もQ先生をゆるしたのだろうか。

Eは長男だった。こんどの子は末っ子だ。長男と末っ子とでは親の期待が違う、とでもいうのだろうか。

それともまた、この末っ子が五年生、六年生になるころには、ふたたび親は教師不信の旗をかかげるのだろうか。

テープの声　Q先生、三十四歳。近く結婚する。アパートの本だなを整理していたら、古い録音テープがでてきた。あの騒ぎの寸前、E君と話しあったときの記録だった。回してみる。音はかすれていた。

かすれたテープのEの声を拾いながら、「筑豊の子どもたち」という映画の一カットを思い出していた。教師が飲んだくれの親にぶんなぐられる。そばにいた子がワッと泣き出す。しかし泣きながらその子は「やっぱり先生の方が正しい」といって、教師の腕にとびこんでくるのだ。

Eはどうだったのかな。自信がない。たとえ親がどうであれ、先生が好きだという子に育てられなかったとしたら、私の負けだ。

Q先生は結婚前にいちどEにあっておきたいと思っている。

〃六三っ子〃先生

規則や、自分たちで作るきまりの意義を理解し、進んでこれを守る。

低学年においては、きまりや規則を守ることを指導の中心とし、中学年・高学年においては、規則の意義を知ることや、自分たちできまりを作り、これを守り、さらに改善することなどを加えて内容とすることが望ましい。

――小学校指導要領・道徳

とにかくめんごいしぇんしぇい（先生）だ、こんどの新任さんは、と村ではもっぱらの評判である。で、その「めんごい先生」を、山形県の辺地、牛房野小学校にたずねた。職員室のいろりばたで、教頭さんが先生たちに手紙を配っていた。「はいよ、ラブレター」「ひあー、ワク、ワク」ひどく調子のいい、先生らしからぬ白いトックリ・セーターのお嬢さんがいた。それが、新任の宮下文（ふみ）先生だった。二十三歳。一月前、山形大教育学部を出たばかり。きっすいの六三っ子である。

はじめての日　この「六三っ子先生」、いっこうに先生ぶらない。「先生、ピアノうまくひけないで、わるいな」。音楽の時間、しきりに子どもたちにあやまっていた。そんなところがある。始業式の時なんか、担任の三年生、一人一人と固い握手をかわした。もっとも、都会的エチケットになれぬ山国の子としては、どぎまぎせざるをえない。

「おら、手、きたねえ」てれて、しりごみするむんずり（はんてん）姿の男の子もいた。

「かわいい子ばかり、二十七人。ちょっといいな」と先生は学級日誌の第一ページに書いた。「あすからがたのしみ。ピアノの練習をすること。夜、月がきれい。自炊、これからがたいへんだ」

雪の中を四時間、そりで引っ越し荷物を運んだのである。バスはまだ、通らない。医者のいない山奥の村だ。

いそがしい一日　授業をみた。いそがしい一日である。「春の小川」の合唱指導をしたすぐあと、ドッジボールのまん中に立って、あばれまわる。血のにじんだアカギレの手当てをしてやるかと思うと、国語の時間は「紙芝居屋さん」に早変わり。七変化の活躍ぶりだった。

テレビを知らぬ辺地の子どもたちは、紙芝居に目を輝かす。熱演中の先生、時々チーンとハナをかむ。季節はずれの流感にやられたのだ。が、気どっている余裕なんかない。

「アッ」――突然、先生が悲鳴をあげた。「栄太君、バケツ、持ってきてけろ」。みると、ボロ校舎の天井からポタリ、ポタリ、雨がもりはじめていた。授業が終わると、雑務が先生を待っていた。PTA費、学級費の金勘定。子ども銀行や校外活動の指導。いちばん大切な教材研究は下宿にもちこす。――新任教師としてまず骨身にこたえたのは、先生の忙しさということだった。

授業のやり方には、新しい工夫があった。たとえば、九九の復唱練習。五チームにわけ、競争させる。「ハイ、きょうはがんばったな。がんばり賞です」。Aチーム、98点。点数をプロ野球の成績表みたいに、毎日黒板に書く。一人でも間違えると、チームの点が減る。だから、できる子ができない子に一生懸命教えていた。「自分さえよければ、という子は作りたくない。皆で力をあわせて生きて行ける子を育てたい。チーム別にやるのもそのねらいです」と先生。

解放と規律　いちばんの悩みは、子どもたちが騒ぎすぎること。山の子は無口だ、というが、ここでは逆だった。先生に甘えているのかもしれない。たとえば、カゼで顔も青ざめ、ボサボサ髪のまま教壇に立つ。「はじめはめんごい先生が来たと思ったけげんども（思ってたのに）」――それなのに最近は、と、なまいきなことをいう。口紅をつけて行くと、「やんだな」となかなかうるさい。これらは、まあいい。

困るのは授業中だ。先を争って「おれちゃかけろ（あてろ）」ときかない。うるさすぎて、授業の能率がおちる。

ついに、教頭さんがいった。「少しピシャリとおさえた方がいいんねか」多くの新任教師がぶつかる問題だろう。しかし、解放された教室に育った六三ッ子先生は迷う。

はっきり自分の意見をしゃべれる子を育てたい。だから頭からおしゃべりをおさえたくはない。が、おさえないと、騒がしくて、かえって落ち着きのない子になりはしないか。自主的に規律を守れる子にするにはどうしたらいいか。

「先生がもっとごしゃげばいい（しかればいい）」「んだ、ぶんなぐっちゃえばいいんだ」という強硬意見が学級会で出る。「ほんだなこと、先生、なるべくしたくねな」「じゃ、みんなで静かにすると約束します」。約束はする。が、むろん三年坊主には守れっこない。「まだるっこいやり方ですが、当分話し合いや約束をくりかえさせます。今のやり方、間違ってたら、もようみて改めますが……」と先生はいう。

教室内の「解放」と「規律」をどう調和させるか。新任先生は、迷いつつ、なんとか「新しい教室」を作り出そうとしていた。

先生、がんばれ　辺地一カ月。休みの日、山を下り、一週間分の食料を仕入れてくる生活にもなれた。カゼをおさえての出勤、と知った光也君たちは、作文に書いた。「ぼくたちが大声でさわぐから先生も大声をだし、のどをいため、かぜをひいたのです」。「もうさわがない。だから先生がんばれよね。こっちだってがんばるから」。

来たそうそう、子どもにいきなりいわれた。「先生、すぐ行ぐなだべな（転任しちゃうんだろ）」しかし、辺地にきてよかった、と先生は思う。山の子どもたちはテレビも映画も知らず、ダンプカーにキモをつぶす。が、都会の子のようにコセコセしてはいない。受験地獄にもわずらわされない。親たちは「義務教育だけはしっかり。親よりましな人になれ」と教育には熱心である。先輩の先生は、若いうちは思ったこと、どんどんやれ、と励ましてくれる。——そういうふんいきの中で一年生先生の第一歩をふみ出し得た自分はしあわせだ、と先生はいう。

新任とベテラン

できるだけ児童の自主性を尊重するとともに、また教師の積極的な指導が必要である。
教師は、つねに児童とともに人格の完成を目ざして進むという態度をもつとともに、長い目で児童の変化をみつめ、根気よく指導しなければならない。
――小学校指導要領・道徳

奇声　大阪府豊中市大池小の紅谷裕子先生も〃六三っ子先生〃の一人。この春大阪学芸大学を卒業してこの学校にきた。三年生の担任である。

「さあ、鐘が鳴りましたよ。こんどは算数のお勉強ですね。みんな、こっちを向いて」

先生は〃教える〃前にまず〃静め〃なければならないのは、どこの学校も同じだ。

「一センチメートルは、なんミリメートルですか」と問いかけると、いきなり「ゲ、ゲェー」の奇声。

「それはなんですか」

「先生、アヒルのまねや」

「休みの時間にしてよ、そんなこと」。意表をつかれた新任先生はたまげている。

お行儀しらべ、といって一時間に三回以上注意された子は、うしろの黒板の表に×印をつけることにしているが、とにかくヤンチャ盛り、勉強しなければという自覚もまだない。

「静かに」「こっち向いて」五分間に一、二度は注意をする。風が吹いてくる。窓を閉める。端っこの子が、外光の照りかえしで黒板がみえない、といったかっこうをする。カーテンをひく。

「よろしいか」「わかりましたか」「いいですね」……先生と子どもの根くらべだ。机の間をまわってイタズラっ子の頭をなでてやる。「君のコブ、だいぶ小さくなったね」。時計をみる。もう時間だ。先生があせると子どもまでイライラしてくる。いや気のさしているのが手にとるようにわかる。

西部劇　同じ大池小の二時間目——五年生の国語。休憩時間に校庭を走り回った興奮が、教室に波うっている。「さあ、ぐずぐずしないで。早く教科書を出して」。担任の浅原義夫先生（三四）の声が飛んだ。一瞬、教室がシーンとする。先生の顔色をうかがう子。あわてて本を出す子。「準備が遅いと仕事が進まないよ」と先生がいう。勉強のことを仕事という。先生の口ぐせらしい。子どもたちの気持ちが、その仕事のほうに向かったようだ。「だれか、教科書を読んでもらいます」「ハイ、ハァーイ」

「天草のふかがり……」

浅原先生がこの学校に来て、もうまる十年。旧制の池田師範を出て教員生活にはいったのは十四年前、大池小ではすでに十年選手である。遊びたいさかりの子どもの心を勉強する気分に切りかえさせるのがいちばんむずかしい、という。

「教科書を読んでどんなことが書いてあるかいってごらん」

「わかりません」と、生徒は、しきりに首をひねる。

「わからんことはないだろう。考えもせんでわからんというのはだめだ」。押しだまった生徒にトコトンまで考えさせる。

しかし、めったに子どもをしからない。「子どもを知るということが第一ですよ。子どもを知らずにしかると子どもがゆがむ」という。どの教室にも乱暴な子どもや、おどけてみんなを笑わせる子どもが一人や二人はいるものだ。西部劇の投げナワもどきに腰にベルトをつった子もいる。授業中、しょっちゅうふざける。先生はときには、この子に自由にしゃべらせる。あるときは、みんなの表情を読みとってたしなめる。授業が終わって子どもたちがナワ飛びをひっぱり出した。

「よし、先生もやるかな」

子どもたちがワァーッとわれ先に校庭へ飛び出していった。

対話　放課後の職員室で十年選手の浅原先生に新任の紅谷先生が話しかける。

紅谷　「初めて黒板の前に立ってつらいのは、導入がうまくいかないことです。子どもは、ちっともついてきてくれない。それが痛いほどわかるんです。子どもの目に真剣さがないし、こちらはますますあせるし……」

浅原　「ぼくだって同じだ。せっかく力をいれて教えても、ついてこないことがある。やはりあせりますよ。十年たっても会心の授業は数えるほどしかない。なにしろ相手の子どもはたえず動いているんですから」

紅谷　「初めは教科書に指導案を書いた紙をはさんでおかないと、頼りないような感じがして……」

浅原　「ぼくも、下調べをしてないときは教室へ行く足がおもい。逆に教案がとっくりできている時間は廊下を堂々と胸をはったりしましてね」

紅谷　「ほんとに子どもは思う通りなりませんね。もっという通りにしてくれると考えていたのに。ぜんぜん……」

浅原　「意のままにならないけれど、かわいさが年々増してきますよ。子どもに、おとなよりも人間的なものを感じられるようになったら〝年期〟がはいってきた証拠でしょう」

紅谷　「……」

浅原　「からだとからだで触れあわないと子どもはついてこない。子どもがハダシになれば、先生もハダシになる。とにかく、なん年たっても、まいにちまいにちが新学期です」

先生と子どもの座談会

（司会）	国学院大助教授	太田卓
東京・青山中教諭		渡辺泰敏
東京・南桜小教諭		佐藤徳則
東京・東戸山小教諭		三井冨士子
東京・青山中三年		加藤洋子
〃		松永潤子
川崎市住吉小六年		池田由美子
〃		桜田洋二

自動車で送ってくれて、食事が出るんだといったらね、この座談会にみんなきたがっちゃってさ、しまいにはあみだで決めちゃったんだ、と池田、桜田君。——小、中学生代表四人とベテランの先生たち三人。この読みものの結びとして、子どもへの注文、先生への注文を、あれこれ話し合ってもらった。タグマッチのレフェリー役は太田助教授。

「いい子」とは?——まず、どんな子が「いい子」か、という話題から。

小学(男) 勉強できる人はね、だんだんえばるようになっちゃう。何となくえばってるんだ。だからだんだんきらいになっちゃう。

太田 えばるからいやなの。

小学(男) かげでさ、話し合ってさ。あいつ気にいらねえな、なんていっちゃう。ちょっと頭いいと、みんなよく思ってないらしい。

太田 じゃ、好かれる人は。

小学(男) おもしろいことという子はね、かえってみんなからきらわれちゃってね。気が強くてね、先頭に立つ子がね、人気あるんだ。

太田 気の強い子?

小学(男) うん、この前なんか三階の屋上から飛び降りちゃったの。コンクリートの上にね。六年生でね、高いとこから飛び降りるの、はやってるんだ。

(「三階から」「うん」「先生おこったでしょう」「うん、一応はね」)

太田 そういう子が人気あるの。

小学(女) うん、あるんです。先頭にたってるからさ、好かれちゃう。

太田 遊び仲間の英雄が人気あるんだね。では、中学生は?

中学A 授業中わざと大声出したり、英雄気どりで先生に反発したり、そういう人に男子は喜んでついて行くんですね。人気ある、というのか……。

中学B　できる人でね。皆と遊ぶし冗談もいうし、何でもできる人なんだけど、何となくわざとらしいところのある人、そういう人は皆に好かれない。

太田　「いい子」と「できる子」とは違うわけかな。

小学（男）　頭いい子はね、野球なんかの時先頭にたってやらない。ふだん乱暴な子は先にたってさ、教えてくれる。

中学A　そう、できる人が必ずしもいい子どもじゃない。できる人はいざという時、ひっこんじゃう。どっちつかずでフラフラしてる。

——相手の顔色をよむ？

中学A　ええ、もののみごとによんじゃうんです。

中学B　無鉄砲じゃない程度の実行力のある人。

中学A　明るくあたたかみのある人。いい悪いをはっきりいってくれる子。フラフラする子はだめ。

中学B　そうね、最低の最低。

先生の「いい子」観

太田　みなの考えてる「いい子」とははっきりものをいう、実行力のある子、ということらしいですね。次に先生たちの「いい子」観を。

三井　勉強できる子、模範生タイプは失敗をしたがらないんです。だから自分の行動半径を小さくしている。私が思う「いい子」は、性格のはっきりした子、ひょうきんな子、そのくせ掃除やボールの管理をやらせれば一生懸命やる子。

佐藤　ありのまま自分の気持ちを表現できる子がいい。

渡辺　クラスの中で勇気をもって「いい加減にふざけるのやめようぜ」とズバリいえる子、しかもそれが説得力をもつような子を育てたいと思ってます。

佐藤　自分を主張しつつ、相手の立場もよく考える態度をもつ子がいいですね。

太田　すると、みながいい子になるには、学級の中で話し合い、相談し合う訓練をつむことがなによりも必要ですね。

夢がない――「話し合い教育」の必要性が主張された後、「いい子」といっても、昔と今の子ではだいぶ違う、という話へ。

三井　立身出世主義がなくなりました。今年の卒業生で「ぼくは床屋になる」という子がいたんです。戦争になってもぼうずがり、ＧＩがりで床屋は失業しない。世のためにもなる。金ももうかる。そんなことをおくせずいうんです。今の子の特質でしょうね。

太田　考えが地についてる。半面、夢がないという批判も……。

三井　ええ、夢がないし、夢中になれない。プロ野球に夢中になってる子はまだしあわせで、どうせなにやってもむだ、できないと考える子が多いんですね。

佐藤　話し合いでなにかを決めるのはすごくうまいが、実行がともなわないという面があります。

六年生は「一年生をかわいがる」と決議しながら、運動場では「おい、どけよ」とどなってる。

太田　ガヤガヤ文句ばかりいうと大人たちは不安で仕方がない。が、何とか自主的に考えて行こうというういい方向に向かってるんですから、それに協力してやることが親の責任だと思います。そういう点で、どうですか。君たちの両親は?

親と子の話し合い

小学（男）　世の中のためになる人になれっていう。

小学（女）　そのまんまでいいっていう。自分の望みのままでいいって。

——どういう時にしかられる?

小学（女）　おとうさんのいうこと気にくわないからね、いうことききかないのね。するとおとうさん、すぐおこるの。がみがみ、がみがみいうでしょう。だからきらっちゃう。たいてい、掃除がおそいっておこるの。

小学（男）　ぼくんちはね、小さな池があるんだよね、うちのとうさん花なんかうえてるんだ。そこにちょっとはいるとすんごくおこるの。友だちがはいってもぼくおこられちゃってね、くやしいでしょ。だから妹にさ、罪きせちゃう時あるんだ。

中学A　うちは父も母もすごく甘いんですよ。で、子どもの方がつけあがっちゃってね。あまり頭からおこられません。話せばもう分かるんだから民主的にって父はいうんです。

太田　親と子がゆっくり話し合うということは大切ですね。

小学（男）　でも話してもね、忘れちゃってね。次の日またやっちゃう。

——桜田君たちの天衣無縫ぶりに、諸先生がたもタジタジ、といったところだった。

親は欲ばりすぎる——いい子、わるい子談義のあと話題は「家庭への注文」に移る。

太田　ところで、いい子にするにはどうしたらいいか。家庭ではこうしてほしいという注文がありましたら。

三井　学校は、共同社会ですからね。協力できる子、団体の一員として全力をつくせる子を要求し、そういうしつけを考えています。ところが、おかあさんがたは算数が三十五点だ、読み方が下手だ、というのをいい子、わるい子の基準にする、そこがむずかしいですね。

佐藤　親は子どもに欲ばりすぎるし、学校教育に対しても期待が大きすぎると思います。たとえば、うちの子は好ききらいがはげしいから給食で直してくれ、といいにきます。ご期待にそいたいとは思う。しかし、こっちは五十人も子どもをあずかっている。給食は週に五回しかない。家庭での食事はその何倍かでしょう。なぜ家でしつけられないか、というんです。いや、うちの子はわがままですからついつい、といいますが、学校でいくらしつけても家で努力してくれないと……。

渡辺　そうですね。家庭教育のちゃんとしている子は学校でもりっぱに掃除ができる。しつけのできてない子は、ゾウキン持ってもどうしていいかわからない。ウロウロしているんです。女の子にもいます。そういうしつけは家庭でがっちりひきうけてやらなければ。学校でムリにやればどうしても軍隊的な訓練になってしまう。

こんな先生きらい——父兄への苦言を先生がたがならべているあいだ、子どもたちはだまって耳を傾けていたが、さて「先生への注文」にはいると——。

小学（女）　ヒイキすんのやめてもらいたい。

渡辺　たとえば。

小学（女）　一人の子だけかわいがったり……。

小学（男）　算数なんかでね、ふだんはかんたんな説明しかしてくんないの。なのにさ、好きな子にはヒントなんか教えたり……。女生徒のいたずらはだまって見のがすの。そのくせ男の子だと怒りだしたりさ。まだあるよ。体育の時間、男の子をそっちのけにして女生徒だけ相手にしたり。まったくいやになっちゃう（と首をかしげながら——）その先生ね、相撲やるとぼくたちにかなわないんだ。

太田　中学生はどんな先生がきらい？

中学A　授業中、必要なことしかいわない先生。それから、おもしろくないことをムリにおもしろくしようとする先生。いちばんイヤなのは、いやらしいことをいって笑わす先生。これなんか最低の最低です。

中学B　先生だから怒るときは怒っていいと思う。でも怒ったまま帰ってしまう先生がいるんです。みんなイヤァーな気分になります。なにかつき放されたようで……。

中学A　帰られた先生だって同じ気持ちではないでしょうか。

佐藤　職員室へ帰ってしまうのはよくないなあ。

渡辺　生徒に事情をきかずに教師が勝手に怒っていることがある。ぼくもよくありますよ。生徒は思い当たらないからポカンとした顔できいている。教師はますます怒る。

三井　そんなとき、みんなはどういう気持ち？

中学B　なるほどと思ってききます。（笑い）

中学A　ああいう場合には、ああいう怒りかたをするんだなあ、とカンシンしたりして……。

父兄会のあり方

太田　父兄の一人として私も先生がたに注文があります。多くの親たちは、学校は通信簿をつけてくれるところ、ぐらいにしか考えていない。子どもができないと、父兄会への足もおもい。まるで裁判所へ判決をききにいくようなつもりででかける。これではいけない。

——ここで「ちょっと待った」と佐藤先生。

佐藤　私のほうこそいいたい。父兄会で親は、なんといいます？　口をひらけばきまってでるのが〝先生、うちの子の成績は……〟

太田　ごもっともです。でも、その相互作用を父兄と教師のどちらがさきに打ち切るかが問題じゃないか。まず先生のほうから手をさしのべて、父兄の考え方を改めさせてやるのが順序じゃないか、と思う。

学習上達のコツ

太田　父兄会の話が出たついでに、先生がたにもうひとつうかがいたい。勉強ぎらいな子をかかえ、父兄会にも出たがらない親のために、どうしたら子どもができるようになるか、学習上達のコツといったようなものを。

佐藤 最上のコツは勉強に自信を持たせること——やれ算数だ、国語だとなんでもおしつけるのがいちばんいけない。みんなはどう?

中学A そうなんです。やかましくいわれると、こちらはその気でいても急に気が抜けちゃう。

佐藤 どんな教科でもいい。好きな科目をじっくりやらせる。その教科がますます好きになる。やがてほかの科目まで好きになる。ふしぎなもんですよ。

三井 学習態度がしぜんに身についてくるんでしょうね。

佐藤 それには根気です。好きな教科が生まれるまで親はじっと待ってやることです。

太田 具体的な例でひとつ……。

佐藤 子どもの勉強に親が反応をみせてやるのも一つの方法です。たとえば書き取りを父親もいっしょになってやる。できれば採点をグラフにつけてやる。できなくてもガーンとやらない。このへんですな。肝心なのは。

太田 低学年の場合は好きな科目をみつけてやるのが、だいいち、むずかしいように思うけれど。

佐藤 机に向かうことだけが勉強じゃない。サイコロ遊びだって算数だし……。

三井 テレビをみて親子で感想を話し合うのも学習です。子どもはよろこんでついてくる。なのに、あきてしまうのは、たいてい親のほうです。

校門を出る卒業生　（東京杉並区浜田山小学校で）

佐藤、渡辺　同感だな。

渡辺　〝おとうさんもこれからいっしょに勉強しようね〟なんていっておきながら、あくる晩は千鳥足で帰ってきたりして……

——二人の先生は顔見合わせて笑った。

宿題がすべてか

太田　家へ帰って机に向かうだけが勉強ではない。親の努力しだいで学習上達の方法はみつかる、ということはよくわかったんですが、現実はどうでしょう。学校から宿題をたくさんかかえて帰れば、子どもは結局、机にしがみつかざるをえないんじゃないか。

渡辺　学校によりますよ。そういう学校もある。宿題だけであきたらずにジュク通いをすすめたり。

佐藤　でも、宿題さえやっていれば安心だ、それだけが勉強だ、と心得ている親は多いですね。

三井　こんな例があるんです。恵まれた家庭の子なのに、素行がわるい。授業が終わっても家へ帰らない。調べたら、家庭での学習がたいへんやかましい。やかましすぎるから学校へくると、子どもは解放されてしまう。羽根をのばす。問題行動を起こす。

佐藤　私のほうにも勉強がきらいなのに、ジュク通いだけは熱心な子がいました。聞いたらジュクが好きなのではない。ジュクから帰りさえすれば、いくら遊んでもいい、と親にいわれていた……。

渡辺　子どもには子どもなりの生活があるんですね。家庭でのつめ込み主義は害を招くだけです。

アチーブへの疑問

太田　親にも、しかしいい分はあると思う――アチーブの試験をどうしてくれる。つめ込み主義をやらなければ進学できないではないか、という疑問は残ると思うんです。つめ込み主義に頼らなくても、学力をつける方法はほかにあるのかどうか。

渡辺　ありますよ。年代とか地名、産物だけをたたき込む、いわゆるアチーブ中心の教育では学力はつかない。そこには子どもたちが当然持ってしかるべき〝なぜ〟〝なぜ〟の疑問がでてこないからです。理科でも社会科でも、生徒に進んで調べさせ、考えさせ、話し合わせ、そのうえで結論をひき出させなければ、ほんとうの実力はつきません。生徒に聞いてみれば、わかると思うんです。つめ込みがいかに効果が薄いか。

太田　あなたがたは、いかがですか。

中学A　たとえばね。あした何ページから何ページまで学力テストがある、とするでしょう。今夜、一生けんめい勉強すれば、いい成績をあげることはできます。でも、あさってになると忘れてしまう。

三井　目的感がないからなのね。

中学B　前の晩どこまでおぼえたかの競争みたいなんです。

佐藤　それでも子どもたちはいい成績をとりたい。いい成績をとって、いい学校へ進学したい。親もよろこぶし、先生もよろこぶ。問題はここですよ。つめ込みさえすれば、エスカレーターにのれる仕組みになっている。そういうんじゃなくて、日ごろの勉強の積みかさねが問われるような試験であってほしい。将来どのくらいのびるか、その能力をためすような。

基礎学力が大切

渡辺　文部省も都教委もこの点、だいぶ考えてはいるようですね。高校入試にしてもこのごろは、かなりしっかりした問題を出すようになった。付け焼き刃では役にたたない。日ごろの学力がモノをいうようになった、といえます。

佐藤　どうかな。少なくとも私立の中学入試は、まるで逆ですよ。試験問題は年を追って奇抜になる。今年なんか社会科の地図にでてないような湾の名前がでるしまつです。

三井　あわてるのは親ですね。先生、どうしましょうって泣きついてくる。試験のための特別な準備をしてほしい、といわんばかりです。

渡辺　手前ミソになるが、私たちの学校にいい例がある。六、七年前、アチーブのための補習をさかんにやって、有名高校へ大量に合格した。ところが、うちの卒業生は高校へいってからのびない。自分で考える力を持たないんですね。一流大学へ進むどころか、ノイローゼになったり、グレてしまったりしたのもいた。これじゃいけない、というんでムリな補習をやめて、基礎学力中心の方針に切りかえた。名門高校への合格者は減ったけれど、ほかの都立高校への合格者がふえた。一流大学へ進む生徒もぐんとふえましてね。将来のびる子に、といえば親も納得するもんですよ。おかげでうちの父兄は補習をやってくれなどといいません。

就職組こそ補習を

佐藤 同じ学力でも下町や地方へいけばいろいろ問題がありますね。

渡辺 たとえば就職組ですが、学力を進学組、就職組にわけて考えるのがおかしい。

太田 子どもの能力は、十七、八歳にならなければ、ほんとうのところはわからない。その年になって十分才能をのばせるように準備してやるのが、義務教育の目的だと思うんです。就職組は学校を出たら、機械さえいじればいい、というのは古い。そんな考えでは、複雑な、いまの産業条件に対応できゃしません。産業界にとってもかえってマイナスだと思う。

渡辺 ですから、中学の補習にしても進学するものはどうでもいい。就職する生徒こそ必要なんですね。現状はアベコベだ。

佐藤 クラスの中にはできない子も、家の貧しい子もいる。これを全部、それぞれの目的地までつれていってやるのが教育です。一人の子でもおいてけぼりにしたら教育じゃない。

太田 そのためには？

渡辺 スシ詰め教室をなくすとか、そのほか条件整備の問題がでてくるでしょう。しかしいまのままでも、みんなで研究し合えばできないことはない。教室で生徒の声がきけなければ、ものを書かせるのも一つの方法です。いくらでも工夫のしかたはあると思うんです。それが教師のつとめですよ。

あとがき

子どもの教育に、いまほど、強い関心が持たれているときはないでしょう。家庭の主婦が集まるところ、まず「学校のこと」「進学のこと」が話題となるそうです。私どもへ毎日よせられる投書でも、教育問題は、いつでも、トップを争うテーマのひとつ、になっています。しかし、そのたびに、私たちが首をかしげることは、投書のほとんどが教育の在り方についての「訴え」「疑問」であることです。

正直なところ「新教育」と呼ばれている戦後の教育も、すべてが、すっきりしているとはいえません。私ども新聞記者の立場からみたかぎりでも、ここ十年の教育界は、文部省と日教組の対立に終始してきたともいえそうです。ちかいところでは、例の勤評問題をめぐっての感情的とさえみられる激しい論議や実力行動がなされました。それにもかかわらず、もっとも大事な新教育の問題点は、いま、なお、十分にはときほごされていないように見受けられます。イデオロギー論争だけが栄えて、かんじんの「教育の現場」の実態はほとんど顧みられなかった、ともいえます。こんなところに、親たちの不満がもたれているのでしょう。とくに戦前派の親たちは、新教育のすぐれた面を認めながらも、同時にあきたらない気持ちもぬぐいきれない、というところのようです。こうした教育の本当にあるべき姿への悩み、憤りが投書のうえに現われているのではないでしょうか。

こうした情勢のうちにも、さる四月、小学校教育のもとになる「学習指導要領」が改訂されました。来春四月には中学校の指導要領も変わり、つづいて高校、大学とここ数年間で、戦後の新教育発足以来の大改革が進められるはずです。私どもは、こうした機会に、できるかぎり公平な角度から、新教育のプラスとマイナスの面を見直してみたい、と考えました。そして、朝日新聞社の東京、大阪、名古屋、西部の各本社の記者がいっせいに取材にかかり、連載したのが朝刊社会面の続きもの、「あすへの教育」です。これにこたえて、読者から数多くの反響がよせられ、私どもの励みとなりました。その中には、「まとめて本にしたら……」との言葉もだいぶありましたので、こんど、各本社のものを整理してみました。さて、一冊の本にまとめてみて、あの問題もこの点もという、うらみも少なくありません。が、同時に、これまでの教育関係の本にはない新味も、いささか、あるかとも自負しております。どこへでも、だれにでも、会い、ゆける新聞記者の〝特技〟で、教室の現場へ長い間はいり込み、とけ込んで書いた教育の本は少ないのではないでしょうか。それだけに、広く教師、父兄のかたがたから きたんない意見、批評を熱望しております。

昭和三十六年八月

朝日新聞東京本社
社会部長　田代喜久雄

あすへの教育　　定価 260 円
昭和 36 年 9 月 5 日第 1 刷発行
編　者　朝日新聞社会部
発行者　朝日新聞社　伴　俊彦
印刷所　株式会社精興社
発行所　朝日新聞社　東京有楽町　名古屋広小路
大阪中之島　小　倉　砂　津

あすへの教育　高校篇

あすへの教育

朝日新聞社会部編

高校篇

目次

デザイン　宇野亜喜良（N・D・C）
イラストレーション　毛利　茂（N・D・C）
カット　大川一夫

「高校篇」のはじめに

昭和三十六年春、朝日新聞の社会面に「あすへの教育」と題する続きものが、一カ月余りにわたって連載された。

小学校と中学校、つまり、日本の義務教育が「いま、転換期に立っている」という。そんな話を、学校の先生方や教育学者のあいだでよく聞いた。それは、どういうことなのか。何が、どう変わっていくのか。いろんな問題点を、各学校や教室での実際の教え方をみながら考えてみよう、というのが、その読みもののねらいであった。

ところが、同じように、高等学校の教育が、また、昨今ようやく転機を迎えようとしている、と世間でいう。

小・中学校教育の「転換」の柱となったのは、学習指導要領の改定であり、小学校は三十六年度から、中学校は三十七年度から実施された。続いて、高校の指導要領も改定になり、三十八年春の一年生から、実施にうつされることになっている。それは、小・中学校の場合の、道徳教育とか「君が代・愛国心」論争などのように、派手な話題にはならなかったが、高校指導要領の改定にともなって、やはり、これからの高校生活は、今までとはかなり違ったものになっていくだろう、と予想されている。

それだけではない。戦前の中学校にくらべて、いまの高校の最大の特徴は、生徒の数が多いことだ。戦前、義務教育をおえて中学に進学するものの数は、全国平均が十人のうち二人の割合だった。ところが、いまは十人のうち六人が高校に進学する。むかしは、選ばれた人たちのための教育を考えればよかった。いまは、だんだんに、義務教育に近づく傾向がある。当然、教育内容も変えなくてはならない。これは日本だけでなく、欧米諸国でも共通してみられる傾向であり、教育学者の間で、非常に大きな問題になってきているという。

大学進学の問題もある。「六・三・三・四」の学制がくずれて、近ごろは「六・三・三・四・四」制だ、などという。高校四年生、つまり浪人諸君の数が年々増え、希望する大学に進むためには、一年間浪人するのが、ほとんど当たりまえになってきている。

このほか、就職問題、職業高校、通信教育、政治活動、男女共学、定時制……の諸問題。あれこれを調べて「あすへの教育」第二部とし、三十六年秋、朝日新聞社会面に連載した。こんども私たちは、できるだけたくさんの学校をたずね、先生や生徒の声をきいてあるいた。それは、この企画の、「小・中学校篇」いらいの特色になっている。

高校時代は、人間形成のいちばんたいせつな時期だという。この「高校篇」が、新しい高校教育の理解に、いくらかでも役立てば幸いである。

進学問題

東京の，ある高校教師は，いった。

「昔の学生はマンガにかき易かった。制服にニキビ顔をかけば，中学生だし，高校生はマントに白線帽でよかった。いまの高校生はマンガにならない」——要するに，はっきりしたイメージが浮かばない，というのである。日ごろ，教壇をあずかる先生からしてこうだから，世間で高校生の姿をつかみかねているのは，ムリのないことかもしれない。

高校生は，大人なのか，子どもなのか，旧制中学や旧制高校と，どこがどんなふうにちがうのか——これらの疑問にこたえるために私たちは高校生たちの仲間入りをし，いっしょに授業を聞いたり，生徒総会に出席したりした。廊下で，校庭で，放課後の教室で，なにを話し，なにを悩んでいるかも聞いた。いちばんの悩みは，なんといっても大学受験の心配だった。

そこで私たちは，大学進学の名門校から三流校，予備校を訪ね，受験生の顔をのぞいた。親と教師の嘆きも聞いた。崩れる学区制，共学制——受験の悩みは，新しい高校教育全体が当面する悩みでもあった。

日比谷高校をみる（その1）

身のまわりに起こるできごとに関心を持ち、これに対して自分としての明確な意見をたてこれを表明し、進んで実行していく態度を養う。

東京都立日比谷高校・教育目標

「ただいま朝日新聞社の記者がみえまして、この生徒総会を傍聴したいといっています」。——ガラス窓越しに国会議事堂の見える講堂。壇上には紺の垂れ幕。それを背に三人の議長団が場内を見渡している。生徒総会のある日は授業がない。そのせいか、議場はなごやかな空気に包まれていたが、部外者を迎える議長のマイクの声は意外だった。「この申し出を受ける前に、取材の目的をうかがいたいと思います」——訪れてきた新聞記者をいきなり壇上に上げ、八百人あまりの聴衆の前でモノをしゃべらそうというのだ。助太刀してくれたのは生活指導主任の手塚先生。小走りにマイクの前まで進み、前日のこちらからの話をもとに来校の趣旨をみんなに伝えた。手ぎわよい説明だったが、若い議長は職務に忠実である。

「決をとりたいと思います。質問のある方は前へきて下さい——ありませんか。ないものと認めます。賛成の方、起立願います。起立多数。傍聴を認めることにします」「では、記者の方、どうぞ」と童顔の議長はにっこり笑って着席をうながした。

国会委員会ばり

ちかごろの生徒会の権威のほどは廊下を歩いただけでもうかがわれた。戦前、多くの学校では、職員室前の廊下といえば、学校側の掲示で占められ、生徒の話し声も低くなったものだ。いまは逆だ。生徒会のほうがいばっている。執行部の連絡事項や「米ソの核実験に抗議」「地下鉄の運賃改正反対」といったアピールで満員だった。似たことは「生徒心得」についてもいえる。ここの校内規程は、生徒会と学校側とのいわば合作だから「生徒心得」とはいわない。「生活のしおり」という。すべてが紳士、淑女扱いなのである。

総会での紳士、淑女は、しかし、なんと騒がしいのだろう。決算報告など聞かばこそである。肩を寄せておしゃべりに熱中する女生徒。英字新聞を読み合う男の生徒。なかには大の字に寝そ

「ぼくはこの絵はヘタくそだと思います」――教室でのほがらかな絵画鑑賞会　東京・日比谷高校で

べったり、議案のプリントで紙飛行機をつくり、壇上めがけて飛ばしているのもいる。このざわめきがしずまったのは、議題が一般質問にはいってからだった。生徒の一人が署名運動の許可問題で、学校側にカミついたのだ。

「私たちは、さきの全国高校長協会の申し合わせに反対である。反対署名を集めようとしたら学校側は一方的に禁止を命じた。なぜ禁止しなければならないのか、明確な理由をお聞きしたい」。さきほどの手塚先生が登壇すると、場内は「ご苦労さん」といわんばかりの拍手と歓声。先生の足どりは重い。

「一方的に禁 止を命じたのではありません。署名する以上、問題をもっと検討すべきであります。よく検討しないで署名を集めようとしたから好ましくない、といったまでありまして……」。「そうだッ」「その通り」のヤジは生徒だった。当局派というべきか。答弁は続く。「一方的といいますが、委員の人たちとは十分話し合ったつもりでおります」。答弁を終えて席に戻れば、すかさずこんどは別の生徒が質問に立つ。教師は再び壇上へ。こうして先生をマイクの前に呼び出すこと三回。国会の委員会で役人に質問する代議士のような気取り、ともみうけられた。

大人か子どもか

これでいいのか——などとはいわない。なぜなら午後になって全く趣のちがう光景が目の前に展開されたからだ。総会のあと出欠をとるため、生徒が校庭にならんだときだった。生徒たちは突然、体育の原先生から怒声を浴びたのだ。スパルタ式訓練で知られ、戦前から「スッパちゃん」と呼ばれている原先生。

「きょうの総会のザマは、いったいどうなんだ。ムダ話したり、寝そべったり、飛行機を飛ばしたり。議長の注意を少しも聞こうとしない。だらしないにもほどがある。恥ずかしいと思わんのか」。

壇上の「スッパちゃん」はほんとに怒っていた。肩がふるえている。生徒は黙って聞いている。講堂での意気さかんなおもかげは、もうない。わけても、みじめなのは〝紙飛行機組〟だった。十人ほどいたろうか。現場を押えられたのだからどうしようもない。ひとりひとり、職員室に呼ばれ、立たされ、一列に並ばされたあげく、あらためて原先生に油をしぼられた。怒る教師より、怒られる生徒のほうが背たけははるかに大きい。が、青ざめ、うなだれてお説教に耳傾ける表情は、どうみても子どもだった。

×　×　×

生徒会の議場で教師を攻めたてるのが、いまの高校生のひとつの姿なら、紙飛行機を飛ばして、教師にお目玉をうけるのも、やはり高校生の現実である。高校生は大人なのか、子どもなのか、——扱いかねているのは家庭だけではない。学校の先生がたでさえ、同じであるかのようだった。

日比谷高校をみる（その2）

子どもたちの教育は、先生がたにお願いしなければならないことはもとよりですが（中略）方針なり大綱は、父兄を含めて国民全体が決めることで、教師の独善にゆだねてはならないのです。

文部省「高校の新しい教育」

三階の教室では、三年生の漢文の授業がはじまっていた。教材は朱子学、近思録の一節。「では、××君。読んで下さい」と黒板を背に呼びかけたのは、教師ではなくて生徒だった。「君子ノ学ハ、カナラズ日ニアラタナリ。日ニアラタナル者ハ、日ニ進ムナリ……聖人ノ道ノミハ、進退スル所ナシ……」「はい、結構です」といったのも生徒。先生は窓ぎわに腰かけて、天井をながめている。

教壇の解放

生徒の自主性を尊重するのが建て前だから、いまは授業の進め方からして違う。教師は教壇を独占しない。生徒になるべく発言の機会を与えようとする。したがって、戦前の中学校でみかけた教師熱演型の授業も少なければ、旧制高校のように教師はしゃべり放し、生徒はノートの取り放し、という講義型の授業も少ない。教師は、あくまで助言者にすぎない、というので、生徒が授業し、生徒がたずねる発表授業が盛んだった。たとえば——教壇の生徒に講義をつづけてもらおう。

「日ニアラタナル者ハ、日ニ進ムナリ。数学的なせんさくをしないで下さいよ。素直に読めば、解釈はべつに問題ないと思います」。(ちょっと間をおいて)「むずかしくないでしょ、こんなの」。たずねるのも生徒、たずねられるのも生徒、つまり自分たちの授業だから眠ったり、弁当を食べたりする者はいない。壇上の仲間を意地悪く観察して、ヘマでもやれば、思い切り大きな声で笑う。論旨不明だと「キミは要するにどういうことをいいたいんですか」と切り込んだりする。ものおじしない「六三っ子」のおもかげが、そこにあった。

生徒がこうして考え、意見を出し合うには五十分授業では時間が足りない。理科では落ち着いて実験をやり、英語、国語、社会では長い教材も十分こなせるようにと、ここでは各教科百分間の授業だった。教師も生徒も時間切れの心配をせずにのんびり授業を続ける。

「つぎはどうでしょう。聖人ノ道ノミハ、進退スル所ナシ……」――「調子いいんだな。聖人は」とつぶやく生徒もいれば、「相撲でいえば横綱だな」と笑っているのもいる。教師の目は相変わらず天井である。しかし「しーっ」と生徒のなかから声がかかれば、雑談は消え、授業の歯車は自然にまた動き出す。黒板にはこれも生徒の手で「聖人」「亜聖」「賢人」「凡人」といった文字が書かれ、詳しい文献をもとに講釈がはじまる。内容はともかく、教室のふんいきだけは大学の「ゼミナール」の域に達していた。

先生のかわりに発表授業をする生徒
東京・日比谷高校で

教室は談話室

百分授業が二つ終わると、昼休みである。授業中、盛んに発言した生徒たちも食事の時間だけは、しずまるか、といえば、これがまた違う。いまの教室は生徒の談話室でもある。ショート・ホーム・ルームといって、昼休みこそ本格的なおしゃべりの時間だった。

座席を前後左右にかえ、仲間同士向かい合って弁当の包みをあける。食べながら、しゃべりながら、そのうえさらにトランプをやりながら、というのもいる。生徒の編集したホーム・ルームの手引きによれば「おしゃべりしたほうが消化にいい」んだそうだ。ペチャクチャやってないときは、たいてい一人が立ってみんなになにか話しかけている。先生の伝達事項、生徒会の連絡事項、ときには映画の感想や旅行の印象をテーブル・スピーチ流に話すこともある。が、時間の短いショート・ルームでは、どうしても話に油が乗らない。おしゃべりの本領が聞けたのは、午後のロング・ルームの時間だった。

一年生の教室をのぞくと、男女交際論がたけなわである。しゃべっているのは女生徒。「男の生徒はスゴク意気地がない」という論旨。大勢の男生徒を見回しながら「ヘンだと思うんです。男同士、女同士だけ、仲がいいなんて。中学時代のようにもっと男女がなごやかにできないものでしょうか」(男の子からダイサンセイのヤジ)「理科の実験なんかでは、ことばを交わしながら、そのくせおもてへ出ると男生徒はツンとしてしまう。うわさでもされると思って気にしているのでしょうか」(男生徒側は全く声がない)「同感です」とこれも女生徒。「廊下や道で会ったとき、男子はもっと気軽に声をかけてくれるべきだと思います」――教室は、こうして若い人生談義の場でもあった。

受験の旋風

自由で明るい、この空気も、ちかごろは大学受験の旋風に追い払われて、しだいに暗い教室になりつつあるといわれる。新教育は受験にはマイナス、と考えて授業の姿勢も戦前の型に逆戻りしている学校は多い。とくに日比谷高校といえば、戦前は東京府立一中、都立一中の名で知られ、戦後は東大への進学者がいちばん多い、いわゆる〝名門高校〟だ。受験ムードもひとしおだろう、と世間で想像するのはムリもない。が、ここの教室は例外だった。受験旋風のなかで「日比谷」は、ちょうど台風の中にはいったように静かでのんびりしていたが……

日比谷高校をみる（その3）

清潔で健康な生活をすることに心がけるとともに、進んで心身をきたえ、常に明るく、困難にあたってもくじけない強い態度を身につける。

東京都立日比谷高校・教育目標

どこの学校でも教室や職員室の戸口の上には、部屋の表示板が出ているものだ。が、日比谷高校には一部屋だけ、なにも表示のない教室があった。書庫でもあき部屋でもない。生徒がぎっしりつまっている。ぎっしりいるけれど、よその教室とちがって生徒の声はあまり聞こえない。机もここだけは講堂でみかけるような長い机である。奇妙なことに、満員なのは午前中だけで昼休みすぎると、生徒はあらかたひきあげてしまう。これが補習科と呼ばれる「四年生教室」、つまり浪人の部屋だ、と学校で教えてくれた。

ここの補習科は戦前にもあった。戦後しばらく消えていたが、大学入試がむずかしくなるにつれ、親たちの要望で九年前に復活した。「教科について卒業生から質問があれば母校の教師はこれを拒めない。ひとりひとりに答えてやるより、一堂に集めたほうが能率的」という名目だった。しかし、ちかごろは、卒業生のだれにでも門が開いているわけではない。はいるには試験を受けなければならない。毎春二百人近い浪人が出るのに、補習科教室はいくらつめこんでも百三十人が限度だからだ。試験にしくじれば、町の予備校へ行ってもらう。浪人二年以上は、むろんおことわりである。「表示のない部屋」は、生い立ちからして冷たいところがあった。

独壇場

授業の運びも在校生の教室とは、おどろくほど調子がかわっていた。予備校なみに午前中は英語、数学などの必修科目、午後は選択科目。百分授業は同じだが、生徒はもう教壇を占領しない。生徒同士の論戦もない。論戦どころか、英語の時間をのぞいたら、いきなり書き取りの練習だった。あとは教師がテキストを読み、解釈し、注釈を加えていく。教壇はふたたび教師の独壇場である。女生徒の姿は、めっきり減り、共学のなごやかな空気は見るかげもなく消えた。

殺風景になった教室では、ときには座席の奪い合いという光景も展開する。在校当時とは全く

休み時間に校庭でバレーボールに楽しむ
東京・日比谷高校で

ちがうふんいきだ。生徒たちはどんな気持ちで机に向かっているのだろうか——机に書かれた生徒の落書きに「インウッ」と嘆いているのもある。映画の題名や女性の名前もある。「ブラック・タイツ近く封切り。お見逃がしなく」というのや、英語で「X子さん。愛している。ぼくには君が必要なんだ」という慕情組などは日ごろの欲求不満のあらわれか……。

エスカレーター

この補習科生を加えれば、なにしろ一学年の半数近い百数十人が東大へはいるという名門校だ。地方から〝敵情偵察〟をかねて授業をみにくる先生が多い。「東大大量合格のカラクリでも」と教室をみて回るわけだが、教師と生徒のできのよさに、みんな舌を巻いて帰るのがオチらしい。「まさに東大へのエスカレーター校だ。ああツブぞろいでは、はいるのが当たり前。進学の悩みなんてないんじゃないか」という先生もいた。

が、これらの先生たちも三年生のクラス合同父母の会を見学したら、ちがった印象を抱いたにちがいない。受験生の父母の会は、一流校の、もうひとつ暗い一面をのぞかせていた。

病院の待合室

会場の講堂には二百人ほど集まっていたろうか。議題が模擬試験の成績検討会というので、大半が母親である。担任の先生からわが子の成績票をもらい、演壇の話に耳傾けている。壇上で試験結果を講評するのは進学指導の先生。

「お渡しした成績票は、お子さんたちが、現在どのくらい実力をもっているか知るための、ひとつの目安でして、絶対的なものではありません。悪くても落胆には及びません。入試の成否は、こんごの本人の気力と体力にまつことは、いうまでもないことでありまして……」。先生の話に、いちいちうなずいてみせる母親、わが子の成績票をじっとみつめる母親、かと思えば、買い物メモの余白に話の要点を書きこむ母親。みんなしかし、なにかを思いつめている表情だけは、同じだった。病院の、あの待合室に似た息苦しさである。壇上の教師は、会場の重い空気をほぐさなければならない。

「心配のあまり、おかあさまのほうがノイローゼになって〝元気出しなよ〟などと子どもになぐさめられたりすることのありませんように」「アッハハ」と笑ったひとりの父親の声がひときわ高く聞こえる、それほど場内はしずまりかえっていた。

数日前、同じこの講堂で開かれた生徒総会では、議場いっぱいに生徒のヤジが飛び、紙飛行機が舞った。子弟たちの、あの明るさと親たちの、この暗さはどう結びつけたらよいのか——演壇の先生はつづけていう。

「明るく、暖かく子どもの気持ちを引きたててやって下さい。寝てもさめても生徒の胸は、大学入試からはなれません。おとうさまたちにもお願いです。不用意なことばで刺激しないで下さい。受験生にとって感情のイラ立ちはいちばん禁物。こまかなコゴトをいうかわりに、なんでも聞いてやって下さい」。エスカレーターを上がるにしては、あまりにも憂いの多い、名門校の進学相談風景であった。

旧一中物語

> 都道府県教育委員会は、高等学校の教育の普及およびその機会均等を図るため、所轄の地域に応じて通学区域を定める。
> 地方教育行政の組織及び運営に関する法律・五十条

「昔の一中時代にくらべて」と、同窓会の先輩はいう。——「いまの新制高校には、個性がない。学校が、みんな平均化しちゃいました。まるで、団地のアパートのように」

新学制による高校が発足したのは昭和二十三年だった。そういえば、焼け跡にのっぺらぼうな公営アパートが建ちかけたのも、そのころだろうか。

「昔の一中には……」これまた、おとなが口を開けば、昔は、昔は、である。——「質実剛健の気風があって、たのもしい生徒が多かった。いまの生徒は、ただ勉強のよくできる子。それだけじゃないかなあ」

没落した名門校

各地の旧公立一中をまわったら、新学制への不満と注文と慨嘆のアラシが吹いていた。多少の名門意識から出るのだろうが、まあ、考えてもみてほしい。新制高校が生まれて、いまやっと十三歳。人間だって、個性が育つのは、まだまだこれからという少年期だ。それに、たとえば——男女共学の時代に、質実剛健というのも、どんなものだろう。

「しかし学区制だけは、何とかしてくれないことには」と、これは、どこでもいう。一中時代は全市、全県下、遠く他府県からも秀才が集まった。いまは、学区にしばられて、生徒の質がおちた。……同じ学区制でも、東京のように大きな学区に分けたところは、影響は少ない。それが、洛北高校（旧京都一中）の場合、小学区制といって、区域を極端に細かく切りきざんだ。そのうえ一中時代の教師まで散り散りになった。関西きっての名門校といわれ、ずば抜けていた大学進学率が、戦後はさっぱりだ。「このままでは名門でも秀才校でもなくなる」と、同窓会はふんまんやるかたない。

旧横浜一中、いまの希望ケ丘高も、小学区制による斜陽校のひとつだ、と、先輩はさびしがる。

学区制の賛否

じゃあ、注文どおり「学区制をなんとか」すれば、どういうことになるか。神戸市や愛知、石川、鹿児島各県の教育委員会が近年つぎつぎに小学区制を中学区、あるいは大学区にきりかえた。効能は、たちまち現われる。神戸高（旧神戸一中）、旭丘高（愛知一中）、金沢泉丘高（金沢一中）、鶴丸高（鹿児島一中）、各校どこでも、このごろ有名大学への進学率がだんだんに昔の一中時代に近づいてきたというのである。

校門を出る生徒たち
東京・日比谷高校で

生徒の募集区域をひろげれば、それだけ競争率は激しくなって、成績のよい子が集まる。生徒の粒がそろえば、教室の能率もあがる、ということなのだろう。仙台一高（仙台一中）、岡山朝日高（岡山一中）でも、一部の学区外入学を公認するようになった。同窓会の名士たち、進学熱心な親と教師の後押しも手伝って、昨今、こうした学区制の手直しが、全国的な大勢になっている。

だが、学区制はもともと「教育の民主化と機会均等」をめざす美しい旗じるしでもあった。そうそう、かんたんに旗をおろしていいものか。——そんな反省も、各地の教育委員会にある。「天下の一中」なんていう、昔なつかしい言葉は、もう消えた。北海道高教組によると「名門は反動思想につながるもの」だそうだし、京都府高教組も「名門破壊と平均化」の努力をしてきた。たとえば洛北高校の大学進学率が悪かった年、現場の教師は、それを悲しむどころか、あべこべに「高校平均化運動の成果だ」と「評価」したそうである。

戦後派・名門校

くるくる変わる制度。対立する意識。そのうえ、受験準備という荷物が、めっぽう重い。旧一中にかぎらず、新制高校は、生まれ落ちるより、なんとも多難な十三年だった。

腰のすわらない斜陽高校にとってかわって、戦後ぐっと伸びてきた私立高校の名を、各地できいた。神奈川の栄光学園高、神戸の灘高、広島の修道高、鹿児島のラサール高、受験本位でいえば、地元の旧一中をはるかにひき離した、戦後派の名門高である。ためしに、この項であげた高校の名を、三十六年春の東大合格者数の多い順にならべてみようか。――①灘高②栄光学園高③ラサール高④岡山朝日高⑤神戸高、修道高⑥旭丘高⑦仙台一高⑧鶴丸高⑨希望ヶ丘高。――戦後派の優勢ぶり、ごらんの通りだ。

大学進学率だけで、高校の評価をきめるつもりは、もちろんない。ないが、戦前の名門から戦後の名門へ、各地で目立つ交代のからくりを、もうすこし詳しく、次に調べてみよう。

名門・灘高校

男女は、互に敬重し、協力し合わなければならないものであって、教育上男女の共学は、認められなければならない。

教育基本法・第五条

入試のときから
苦しみが始まる。
入学のときから
悲しみが待っている。
あ——あ
それでもなお

親のために。
たれよりもたれよりも
「灘」をにくむ。
——灘高二年生の歌集「悲しき十七歳」から

進学率・日本一

昭和三十六年三月卒業生大学進学状況。
▽東大　二十三人▽京大　三十四人▽阪大　二十七人▽神戸大　十六人▽……
——灘高・学校要覧

去年、二百十三人の卒業生のうち、国立大学一期校に百三人うかった。現役からの一流大学進学率では、日本一との定評である。名門の誉れ高い、神戸市の私立灘高校をたずねて「日本一」のナゾを解いてみた。

カギは、四つあった。

第一に、私立校であること。だから、学区制にしばられないで、生徒を集めていること。京阪神地区を中心に、東京や九州からも受けにくる。全国よりぬき、粒ぞろいの秀才学校といえる。

選択……」

東大まいり

きょうも数学の大学入試問題ととりくむ。半数近くがめがねをかけている。神戸市灘高校三年の教室で

第二に、併設中学があること。中学、高校あわせて六年間、長期計画で一貫した受験準備ができる。公立の中、高校で六年かかってやる教科を、ここでは五年間、つまり高校二年まであげてしまい、高校三年はみっちり一年間、受験態勢をかためる。

三年の数学の時間をのぞく。分厚いプリントと取り組んでいた。「過去十二年間大学別入試問題集——灘高数学科編」との表題。巻頭に「最近進学状況一覧」そして問題一題ごとに「注」がついている。たとえば——、

「三十三年阪大。時間、文科系百二十分。理科系百八十分。配点、文科系五百五十点中百点。理科系六百点中百五十点。備考、文科系は共通問題中一科目

ブザーが鳴る。

ぴたり休み時間の騒ぎがやんだと思ったら、もう授業がはじまっていた。「みごとでしょう」と梶校長。――「授業時間五十分を、一分のムダもなく。これが本校の主義でして。よそに行ってごらんなさい。がっちりやるところで四十七分。標準はまあ四十五分ぐらいかな」

なかには休み時間の終わりごろから教室の入口に立ち、ブザーと同時に登壇する教師もいる。

日本一、第三のカギは、徹底した能率主義とみた。講演会などめったにない。たいていは秋にやる文化祭も、ここでは五月、連休を利用する。受験追い込みの、秋のペースを乱さないために。

灘高に女子ははいれない。共学は能率が悪い。むろん就職組もない。学校じゅう、すべて進学一本。中学三年のときの関東地方修学旅行には、東大見学がコースの中に組み込まれる。安田講堂や赤門にお参りして「三年後、きっと……」とちかう。

第四のカギ。文部省の学習指導要領にしばられないこと。灘中の教科課程には「選択科目」がない。「理科」のかわりに「物理」「化学」「生物」。戦前なみの科目のたて方だ。「社会」のほかに一年で「国史」二年で「東洋史」三年で「西洋史」。英語、数学、国語の基礎三科目は中、高六年を通じて週六時間（高三は英語七時間）ずつをあてて優遇し、かわりに、受験と縁の薄い音楽、美術を切りつめる。

満たされた親

「日本一」のナゾ。要約すると、こういうことになる。——学区制だの、共学だの、グループ学習だの、新しい学制でいろいろ面倒になった公立高校を、すべて裏返しにした高校、灘。あるいは——公立中学や公立高校に対して、進学一辺倒の親がいだく不平不満の一切を解消してくれる名門、灘。

おそらく灘高だけではないだろう。有名な私立高校ならどこでも、いま数えた四つのカギのどれかが、いや多分、四つが四つとも通用するはずである。

ここで、生徒たちが学校をどう思っているのか、ちょっとふれておこう。灘高校新聞がこの七月、校内アンケートをやった。「学校の教育方針に賛成か、どうか」賛成一七%、不賛成三七%、わからない四六%、学年別にみると、高学年になるほど不賛成が多くなり、高校三年では六八%、不賛成の理由は「受験一本で、人間をつくる教育にかける」「スパルタ式」など。同時に、賛成と答えた生徒も、その理由に「受験本位」を挙げているのだが……。

三流校の声

生徒の能力、適性、進路等に応じてそれぞれ適切な教育をほどこすため、原則として、教育課程の類型を設け、そのいずれかの類型を選択して履修させるようにすること。
改定・高校指導要領・総則

「二流校だなんて、とんでもない。三流校ですよ、ウチは……」と、校長さん、べつに、ふてくされたふうでもない。ある大都会の公立高校、校長室で。

――「いや、学校の名前、書いても構いませんよ。それはもう、厳然たる区別があるんだから。タイやマグロは、みんな一流校、二流校にとられてしまう。ウチの学校には、サンマかイワシか、あてがわれないようになっている」マグロ、サンマは生徒のことであるらしい。おもしろいたとえですね、と感心したら「ええ、品物でいえば割安品、ヤマなら貧鉱ですわ」

高校ランク表

「ほら、これが証拠書類です」校長さんは戸だなから、秘密らしいパンフレットを出してきた。表紙に「高校への進路指針」とあり、六十ページほどの全ページに、その都市の公立高校の名と、細かな数字、中学校教師のための説明書きがぎっしりつまっている。校長さんは赤鉛筆をにぎり、めがねをおでこにひきあげた。

――「わかりますか。本校は第×学区。点数をみて下さい。中学から高校に進むとき、一斉学力テストをやる。九百点満点で、何点をとった生徒が、どの高校に入っているか……それが一覧表になってるんです。ごらんなさい、A高校。男子の九五％が八百点以上でしょう。一流校です」校長さんは、ぐいと赤線をひいた。

「二流校は、B高、C高、そうだな、D高も最近はいいですよ。ほとんどの生徒が、ね、七百五十点以上とってる。残りの七、八校が三流です」校長さんは、赤鉛筆をポイと投げた。「ウチの学校」のランクをみると、七百五十点以上の生徒が五五％。あとは七百点、六百五十点に散っている。B、C、D高との差は、さほどとも見えない。が、なるほどA高との開きは大きかった。

教え方の優劣

補習，灯のともるまで
東京のある都立高校で

「この学力差というやつは」と、校長さんは続けた。「わたしの経験では、中学三年ごろまでで、だいたい、イワシかタイか、どっちかに決まってしまうもんです。なかには、そりゃ、高校にはいってから急にのびる子がいる。しかし、全体をみると、高校にはいって差がひらくことはあっても、ちぢまることは、まあ、ない」

――「だからA校からは毎年何十人かが、ごっそり東大にはいる。ウチからは、よくて一人、二人です。……ここんとこを世間じゃ誤解して、一流校はなんか特別の教え方でもしてると思ってるらしいがなに、勝負は教室にはいる前に決まってる。特別なのは、教え方じゃなくて、はいってくる生徒の学力なんですよ」

——「早い話、学校の施設や教師の指導力なら、一流校にヒケをとらない。かえってウチの学校の方が優秀なんじゃないかな、いや、ほんとに。……だいいち、教員の平均年齢が若い。これが、決定的ですね。若くて、研究熱心で、教え方がうまい。生徒の気持ちもわかる。一流校の教師は、参考書をかいたりして、受験指導のベテランかもしれないけど、五十歳の老教師ばかりじゃね。教え方は古いし、生徒がかわいそうです」

特別課外補習

「しかしね、あんた」と、校長さんは、やや訴え調になって、続けた。——「いくら誤解だ、偏見だと力んでみても、世間の評価は、結局は大学進学率できまるんです。評価があらたまらなくては、いつまでたっても、サンマとイワシしかまわってこない。やはり三流校は三流校なりに、生きる道は進学指導しかない、とね。こう思うんですよ」

——「就職希望の生徒にとっても、進学指導を強化すること、かならずしもマイナスじゃない。世間の評価を高めないと、一流会社からの求人申し込みが、なかなか来ないんですから」

——「教育課程の立て方も、ウチは進学コース一本にして、簿記、ソロバンはやらない。……

で、なるべくなら、大学進学希望者だけをよこしてほしい、と学区の中学校長や中学校のPTAにも出かけていって、お願いしてるんです」

——「そのかわり、ウチの学校にはいった子は、きたえられますよ。教師が若いから、がむしゃらにいじめる。二年生からやる特別課外補習なんか、春から夏までで、半分は脱落するほどです」

——「そのせいか、近ごろ変なうわさが飛びましてね。あの学校に女子を入れると殺される……フフフ。いいじゃないか。本校の努力が、こうやって、だんだん世間に認められてきたんだから。そういって、わたし、いつも教員をはげましてるんだ」

×　×　×

敬意を表して、校長室を出た。校庭で、女子生徒がバレーボールの試合をやっていた。「ホイホイ」と、男の子のように元気のよいかけ声だ。すらっと、よくのびた手足が美しい。ピチピチしていて、とても「殺され」そうなイワシ、サンマたちとはみえなかった。

東京の予備校

欠席がちの場合または不勉強、不品行等の場合は父兄に即時通告する。
東京某予備校・生徒心得

午前六時　東京の国電御茶ノ水駅は、まいにち予備校の生徒とともに朝を迎える。橋のたもとに、まだ街灯のついている朝六時すぎ、改札口からはき出された高校生風あるいは大学生風の無帽、無記章の生徒が七、八人。

これらの生徒たちといっしょに駿河台のカドを曲がったら、スマートな鉄筋ビルの予備校の校門には、すでに二、三十人の生徒が先着順にならんでいた。七時の開門まで、あと四十分。授業開始に先立つこと、じつに二時間。みんないい席をとりたい一心からの、あかつきの登校である。

昔とちがって、いまは予備校へはいるにも選抜試験がある。とくに一流大学への進学者が多くて有名なこの予備校では、その成績と模擬試験の結果などで「よくできる組」「できる組」「まあまあの組」に分けてしまう。

いい席をとりたいという願いは、できのよいクラスほど激しい。生徒同士でも「朝八時にくる者より七時のほうが東大合格率が高く、七時より六時のほうが、もっと確実に栄冠を保証される」という定評だけに、早出組の大半は一流大学志願者。地方大学の在校生もまじっていた。

五分間の争奪戦

午前七時　いよいよ開門。校門のまわりにつめかけた生徒は、ざっと百人。「もしもし、あなた。どかないとあぶないですよ」。すぐうしろの生徒に注意されたときは、もう遅かった。試験地獄は通勤地獄に似ている。「それッ」「行くぞッ」という背中のかけ声とともに浪人のウズに押され、もまれ、身体はひとりでに階段をのぼって教室へ。朝の戦いはさらにつづく。戸口からでは、もどかしいと、窓からはいるもの。遠くからノートやカバンを座席に投げるもの。恥も、ていさいも忘れて先着の権利を競い合う姿は、たて混んだ朝のラッシュアワーの国電風景そっくりだった。

休み時間。デラックスな校舎の廊下には「×組×番××さんお電話です」といった呼び出し放送も流れる。東京・駿河台の予備校で

混戦五分、座席の争奪戦は終わった。どの教室も教壇前のまんなか、四、五列までは、すでにふさがり、そのまわりには、マジック・インキで「予約席」「御予約」などと書かれた仲間のノートの切れっぱしがならぶ。教室の予約席はそのまま大学への「予約席」でもあるのか……

落ちつきを取り戻した教室では、ノートが開かれ、エンピツがけずられる。天井のマイクのスピーカーをながめながらタバコをふかす受験生もいる。暗さはない。一流大学へパスするためには、みんな浪人ぐらい当たり前、といった表情である。が、教室の無線マイクといい、表面が凹《おう》型の光らない黒板といい、設備は一流大学のレベルを抜いていた。

チョークの授業

午前八時　最後列の片すみに二、三の空席を残すだけで、広い教室は生徒たちでうずまった。授業開始の同二十分。チャイムの柔らかい音にかわって、鳴りわたったのは、昔なつかしいベルのひびき。「ジーン」と鳴ると、なんとなく部屋中に緊張感がただよう。二百人の受験生を収容した大教室は長髪、坊主刈り、ジャンパー、つめえり、背広……。が、せきばらいひとつ聞こえない。生徒たちの熱意にこたえて教壇の講師のお手なみもみごたえがあった。

浪人二年の経歴を持つ、ある東大生の話では「予備校の授業には独得の調子があって、それも〃浪花節型〃〃落語型〃〃修身型〃の三つに分けられる」そうである。名調子にみずから酔いながらしゃべるのが「浪花節型」。爆笑のツボを心得て話すのが「落語型」。話の語尾をかならず「ねばならぬ」「してはいけない」で結ぶのが「修身型」――とすれば、壇上に姿をみせた英作文の先生は修身型か。

例題を前に開口一番「こんな単語を間違えては命取りですよ」とおどかしながら「こう訳してはいけない」「こういいかえなければならない」。黒板には訳例がさかんに書かれ、徹頭徹尾チョークと黒板ふきの授業だ。生徒は黒板とノートをかわるがわるみつめる。授業にリズムを持たせるために、チョークで黒板を機関銃のようにたたく講師もいた。

午前十一時　生徒が勉強しているのは教室だけではない。三時間目の授業が終わると、屋上の食堂兼用の学生ホールは参考書をかかえた生徒でいっぱいになる。ちかごろのドライな浪人気質の一面をのぞかせてくれたのは、この学生ホールだった。

大勢の自習組のなかで、派手な声を出して世界史のゼミナールを開いているのは、東京の高校出身グループ。ゼミナールがはずみすぎて「ことしのストーブ・リーグはどうかな」といったときだ。「うるさいやないか」と、鋭い声は関西弁の生徒だった。「しずかに勉強できんかい」といわれて東京勢はだまっていない。「なにッ」と立ちかけたが、そこは新教育を受けた青年である。

「うるさいといわれたが、この部屋がなんだか知ってますか」

「自習室や」

「じょうだんじゃない、ホールです」

「ホールかしらんが、みんな勉強したはる。子供みたいなこといわんとけ」

口返答するかわりに、ゼミナール組は「あの男、見込みあるな」と大声で笑ってケンカは終わった。

聞けば東京勢は二浪だという。二浪の顔も、関西弁の顔もゆがんではいない。世間でいう灰色の感傷はなかった。

大阪の予備校

高等学校の修業年限は、三年とする。
学校教育法・高校の修業年限

一時間目――「つぎに、国公立で日本一はいり易い大学はどこか？　ＫＴ大学であります。今年の春できたばかりだからまだみんなよく知らない。つぎに易しいのはＴＧ大。この春もうちの受験生のうち二人が落ちた。二人も落ちるんだから、なかなかの難関であります……」

「校長講話」なんて、勉強に忙しい受験生がきくのか、と思っていた。ところが二百人ほどはいる教室は満員。メガネの奥で目をキラキラさせて聞きいっている。

――「ことし、本校からＨ大に合格した人と、落ちた人の各科目の点を調べ、それを模擬試験の得点と比較検討してみると……」

大きなグラフを示す。この結論はなかなか興味深い。数学は、入試当日の問題の出方によって点数に大きな変動がある。

これに対して理科と社会は、だいたい平常の実力通りの結果がでる。だから数学が得意なものも、数学で点をかせごうと頼ることは危険で、理科、社会で安全圏にすべり込み、数学の点はプラスアルファだと思え、というのである。そういえば階段の下にはり紙がでていた。

――「告示四号、収穫の秋だ。重点を理、社に移すこと。これからは焦るものの負け。正月を入試日と仮定して、ゆうゆう堂々、歩を進めよ　校長」

①入試の合・不合格者の分析　②後期の勉強計画　③志望校を早く決める方がよいか――校長は一時間半しゃべりまくった。

この校長さんは、もと府立高校の教諭。受持の生徒がどっと大学に落ちて、寺子屋みたいなところで世話をみているうちに、予備校にふくれあがってしまったという。講話は徹底した〝受験戦術論〟。きいているうち、おれもどこかへはいれるな、という気になる。いねむりは、普通の授業よりうんと少なかった。

名物教諭

入試はファイトで……と昼休みに校長さんの指揮で旧制高校の寮歌を合唱　大阪市天王寺区の予備校で

二時間目――〝本校の名物教諭〟の世界史の講義をきく。八十三歳、戦前に旧制高校教授を定年で退官したという大先生である。

――「このあと、欧州の一角に強烈な絶対主義の信奉者が現われる。だれかな？ そう、ロシアのピーター大帝じゃ。ピーター大帝はバルチック海の海上権をにぎるのに二十年かかった。諸君、一年や二年の浪人がなんですかい。最後までがんばりなさいよ――」

大先生にしてみれば、生徒は孫より若い。講義と激励と人生訓がかわりばんこにでてくる。それにしても、なんとまあたくさんのことを覚えねばいけないことか。ネルチンクス条約、キプチャック汗国、フィリップ二世……大先生が六十年もかかって蓄えたウンチクを、生徒たちはどうしても来年三月までに覚えねばならないのだ。

寮歌演習

昼休み――生徒たちはぞろぞろ学校の前の小公園に出る。ワイシャツの腕をまくった校長が飛び出してきた。――三高の〝紅もゆる〟はもう歌えるね。きょうは大高の〝雲むらさきに〟をやろう。アインツバイドライ！　旧制高校の〝寮歌演習〟である。校長の言によると、入試はファイトである。ファイトを燃やし、あわせて浪人生活のモヤモヤを吹き飛ばすには、寮歌を高唱するのが最上である、と。東京の予備校では授業をはじめる前に、

「ああ　東大に　早慶に
校歌をうたう　日も近し
風雪いかに荒くとも
……………………」

という校歌をマイクで流すところもある。が、大阪の、この予備校でもっともファイトに満ちた歌声は校長先生だった。生徒諸君はモグモグと意気はなはだ上がらず。模擬試験の点数と席次がすべての浪人生活。どうも旧制高校のバンカラ寮歌とはそぐわない。

しかし、この学校は〝異色ある〟予備校、といえそうだ。校長は「予備校の第一の役目は、浪

人生活のお守り。勉強は自分でやるのだからノイローゼを防いでやればいい。第二の役目が受験校を決めてやること」といい、寮歌演習のほか、夏休みの座禅、合宿勉強、県人会、ゼミナールなど、いろいろ〝ノイローゼ防ぎ〟を試みている。

ところが、京都のある予備校では、四百人もはいる教室にぎっしり詰め込んで、マイクで講義していた。そして、文字通りただ講義があるだけ。事務室では「マスプロですな。だって、今の大学がみんなマスプロじゃないですか」といい放ち、その威勢にこちらがたじたじした。

ハナ息の荒いのは、東京の予備校も同じだった。試験地獄がいよいよ深刻になったせいか、予備校の株も戦前に比べて段違いに高い。一流の予備校には、私大のほうから役員がきて、「来春、おたくの生徒を送ってくれませんか」と頼むそうだし、地方の高校教師で上京のついでに予備校を訪れる先生も多い。教え子たちをはげますかたわら「よろしくお願いします」と校長に頭を下げていくという。

その一流予備校の校長先生はいった。「受験生を食いものにしている、と世間はいうが、食いものにしている学校は、つぎつぎにつぶれていいます。予備校を批判する前に高校教育の現状をよくみて下さい。早い話がいまの秀才たちで〝太平洋〟と〝大西洋〟、〝後醍醐天皇〟といった名詞を正確に書けるのは何人いますか。学習の基礎がまるでできていない。すべて高校教師の仕事ですよ」――「予備校は、高校の学力低下のしりぬぐい」という論旨であった。

進学という壁（その1）

敬遠される公立

「大学へ行くなら、まず私立中、高校へ」——が高知県では進学術のＡＢＣである。勤評騒動いらい、公立高校は父兄のウケが悪い。全国でただひとつという「全員入学制」も敬遠されている。公立高校はさる二十五年から、中学からの進学希望者を原則として全員、受け入れている。教委公選時代の置きみやげで「高校教育準義務化」が旗じるしなのだが、おかげで高校進学率は高まった半面、学力のレベルが落ちた——と県教委はなげく。

大学の入試合格者は減る一方。地元高知大学でさえ県外高校出身者に大勢を占められるありさまだ。いきおい県下の大学志望者は私立へ殺到する。だが、その私立も女子高校をのぞくと三校（どれも男女共学、中学併設）だけ。しかも全部、高知市にある。南国土佐では〝大学への道〟はせまいだけではない。一部の人には、遠く、そして金を食うものなのである。

下宿して〝遊学〟

午後五時というのに私立高知学芸高校の食堂は大にぎわい。ケイ光灯に照らされて、数十人の生徒がカレーライスをパクついている。みんな親もとを離れて下宿ずまいの身の上。ざっと百人のこれら〝遊学組〟のために学校は栄養士をやとい、朝、昼、晩三食をまかなっている。そっくり一人前、フロシキに包んでいる女の子がいた。「同じ下宿の友だちが病気じゃき、持って帰っちゃる」という。だが、カレーライスは病人向きのメニューではない。食べざかりのはずなのに半分残して席を立つ純朴そうな子もいる。味がハイカラ過ぎるのか？

学校の近くには寮もある。「青雲寮」の標札をかかげた新築の木造二階、アパート風。三畳間ばかりの個室に十八人のサムライが〝青雲の志〟を抱いてガン張っている。中学一年のS君は汽車とバスで六時間、中村市の出身。本ダナに家族の写真。おかあさんが面会に来て二、三日泊まって行ったばかり。その隣室の同級生は足摺岬に家がある。「さびしいかね」ときくと、みな「う

高校時代も下宿生活。食事も学校食堂でしなければならない　高知市・高知学芸高校で

うん」と頭を横に振る。だが、ポツネンとツクエに向かったイガグリ頭。その後ろ姿は、ちょっと痛ましい。

ここばかりではない。私立は土佐高校も高知学園もそれぞれ二百人近い〝下宿通学者〟を抱えている。春、新学期。高知市のあちこちで、小さな生徒が遠い故郷をしのんで涙ぐんでいる姿がみられるそうだ。

子も大変だが、親も苦労する。土佐高校に通うわが子のため、学校近くにわざわざ別宅を新築した高岡郡のお医者さん。もっとも、これは恵まれた部類だ。授業料、寄付金に下宿代——遊学組は月一万円以上、大学なみの出費である。貧しい家には重い負担だ。

学校つくる親心

高校一年P君はグルタミン酸ソーダ（調味料）をモリモリ食う。いや「脳が強くなる」食物なら、きらいでも鼻をつまんで飲みこむ。この夏休み、しぶる医師を説きふせて蓄のう症の手術を受けた。むろん「頭をよくするため」に。暑さにうだるP君の病床をおかあさんが見舞ってはウチワでパタパタあおいだという話。高くつく私立を選んだのだから、大学は安くてすむ〝官立〟へ——というのが母子の悲願だそうだ。

高知学芸高校後援会の副会長さんを訪ねた。高知市の目抜き通りの商店。一人息子は高校二年に在学中だ。

「なぜ学芸を選んだんです」

ときくと、帳場の柱を指さした。高知県立高校の大学進学状況を報じた新聞の切り抜きがはってある。東大以下、一流大学の欄は0がほとんど。

「親としては悲観せざるをえんではないですか」

わが子は高知大学付属中学校に入れた。だが、問題は高校だ。公立は困る。高知の親ごころは同じらしい。

「いっそ自分らで新しい学校を」

と三十二年、付属中の父兄を中心に高知学芸高校ができたのだという。資金は一口一万円の学校債でまかなった。みんなが引き受けた。だから同校は父兄のひとりひとりが「創設者」である。

したがって校風も父兄の願いを反映したものとみてよいだろう。

「学校案内」はつぎのように書いている。

「本気で勉強しようとする生徒の集まりですから、気分はまじめで、すなおです」

三十五年から中学校も併設された。モダンで明るい校舎はすみずみまで親ごころのカタマリというものだろう。だから生徒は窓ガラスなど、めったに割らない。高校にはいると専用のツクエをあてがわれる。これを三年間使う。卒業するとき、自分でニスを塗りかえて新入生に引き渡すのだそうだ。

進学という壁（その2）

〝女学校〟復活

「エエ、もちろん本校のたてまえは男女共学なんでして。けんど男子がこんですからナ……」

教頭の針本先生は、ね、しかたがないでしょう、とみずから慰めるように笑ってみせた。鳥取県倉吉西高校。れっきとした県立の普通高校なのに、九百六十四人の生徒はオール女子である。

学校のご自慢は一階がカッポウ室、二階がミシン、裁断室の堂々たる家庭館。女の教室らしく、きれいに掃き清められていた。旧校舎のそばに、五人並べるだけのちっぽけな男子便所。これだけが、かつてこの学校にもオノコありき、との名残りだ。戦後の学制改革で中学校と女学校がいったん倉吉高校に統合されたが、二十八年、東高と西高に分かれると、男子の希望はもと中学校の東高に集中して、西校にきた男子は三学年で計四十三人だけ。この生徒たちが卒業してしまうと、そのあと男子の入学希望者はゼロ。昔どおり〝女学校〟に逆戻りしてしまった。

かわいそうな男子

隣のまち、米子。東高は野球が強く、甲子園へよく出てくる。西校には野球部がない。千百四十三人の生徒のうち、男子は百十六人。十人のうち九人まで女子である。軟式で辛抱するから野球部をつくろう、と声があがったが、ボールがオンナの子に当たってあぶない、と、学校から許しがおりなかった。教室をのぞくと、これではオトコの子がかわいそう、と思わずにはいられない。各学年六クラスのうち男子は一年は一クラス、二、三年は二クラスに固めて、あとは女子ばかりのクラスを編成しているが、それでも〝少数派〟の男子は教室のすみっこに小さくなっている。ここも前身は女学校。男子の希望はもと中学の東高へ集まる。

「学校としては、むしろ女ばかりにすっきりした方が悩みは少ないんです。しかし、いちど〝女学校〟になっちまったら健全な共学制に戻せないので……」

と、ここでも樋口教頭はみずから慰めるように笑ってみせた。

バスのなかでも女子生徒たちは〝多数〟の威力で元気なおしゃべり。男子はうしろの方でひっそりしている　米子西高の遠足風景

スポーツ振興へ努力

――「西高の男子よ、制帽をかむり、胸をはって歩こう」

米子西高新聞に、こんな呼びかけがのっていた。これを裏返すと数のうえで劣勢の男子は、どうしても校章の輝く帽子に誇りをもたず、肩身の狭いおもいをしている、ということになる。

学校側はオトコの子がいじけないように、と気を使ってスポーツを振興しようとするが、それにしても人数が少なすぎる。

「生徒会やクラブで、活躍できる男子もいいが、クラブも男がはいれるのは少ないし、ほとんどの男子は授業がすめば帰るだけ。学校にいるより町に出た方が元気がいい男子もある」

と、前生徒会長の原忠信君もいう。

倉吉西高で強調されたのは就職の不利だ。こんなにはっきりもと中学、女学校に分かれてしまうと、もと女学校は先輩に恵まれない。おなじ女子でも、共学の学校の女子より就職の立場は悪くなる。「ことしのように好況ならいいが先輩を頼って就職先を開拓しなければならぬ年には、はっきり学校差がでてくる」と先生。この学校では三十六年春から五分間だった休み時間を十分間にして、五十分間の授業をみっちりできるようにし、主要学科については、毎週一回のテストをはじめた。まず学力向上、そして勉強と進学の意欲を燃えあがらせて、なんとか男子にもきてもらおう――というわけである。が、男子がきてくれるかどうか。「それは、中学の進学指導いかんです。むこうがふり向けてこなければどうにもならんのですから」と、心もとない。

形式的な学制改革

どうしてこんなことになったのか。まず、その出発点。もとの女学校のままの設備、ロクに便所もグラウンドもない学校に、学制改革を形式的にのっけただけの無責任さ。男子が入学を希望しなくなるのは当然だ。これに拍車をかけたのが〝進学〟というやっかいなものである。大学をめざす男生徒が程度の高い一流校に殺到するために女子ははねのけられ、女子は入学試験のやさしい高校に固まってくる。鳥取県ほどひどくはないにしても、これは全国的にみられる傾向だ。

しかし倉吉、米子両市をたずねてフシギでならなかったのは、だれが考えてもおかしな形なのに、県教委も地域の父兄たちも、いったい健全な男女共学制に戻す気があるのかどうか、さっぱりわからないことである。米子西高PTA副会長の野々村伊波さんは「ここのオトナたちのなかには、男は男の学校で、女は女の学校でいい、と考えている人がまだまだ多い。だから自然の流れにまかすだけで、なんの策もない県教委にこんどの方針を問いただしたこともない。どこから声をあげたらいいんでしょう」と首をかしげていた。ただ、米子西高の新聞部の生徒たちが「東高では受験勉強でガッガッしている感じだ。その意味ではボクらの方が人間的に、豊かな高校生活をしている」といった発言は耳に残った。

自学自習

高等学校は、中学校における教育の基礎の上に、心身の発達に応じて、高等普通教育及び専門教育を施すことを目的とする——。

学校教育法・四十一条

「君は何時間寝ているか」——受験高校生にとっては深刻な問題だ。〃四当五落〃という言葉さえある。四時間睡眠なら大学にパスするが、五時間では眠りすぎ……ということらしい。

福岡県立修猷館高校（福岡市西新町）で、生徒の睡眠時間を調べた数字がある。一学期のことだが、三年生は平均六・八時間。午前零時に寝て、朝七時前に起きる、というのが一番多い。〃四当五落〃からすれば意外だが「何時間勉強するか」の問いには、十一・五時間とある。一日の半分は勉強だ。学校の正課五・一時間、補習一・九時間、自宅自習四・五時間。

〝娯楽休養〟にいたっては、二時間しかない。やはり猛烈に勉強々々なのである。三年生の男子四百人のうち、就職希望者はたった一人、あとは全部進学だ。

「もうかり」

その一人、A君に登場願おう。

彼は毎朝七時に起き、七時半には学校につく。七時四十分から補習だ。国語、数学、英語のどれかが一時間。もちろん受験本位のテキストばかりで、数学などは練習問題のオンパレード。八時四十分からは普通の授業だが、午後の放課後にはまた一時間、理科や社会の補習がある。

わが家に帰るのは午後三時—四時。晩めしまでの復習。その後夜十一時まで〝受験問題中心〟に勉強をする。補習は修猷館に入学したときから。一年生のときは夏休みの午前中、毎日学校にかよった。もっともこのときは受験準備というより学力補充程度のものだったが、一年を終わった春休み、本格的な補習となった。毎日午前中、国語、数学、英語。二年になって、一学期は朝の始業前だけ一時間。夏休みは十五日間午前中。二学期には放課後の一時間も加わった。三年になると午後の補習は毎日となったし、夏休みは三十日近くも続いた。「高校時代の春休み、夏休みのすべては補習でした」

きょうは〝もうかり〟はないらしい
福岡市修猷館高校で

「もうかり」という、修猷館独得の風習がある。あまり大っぴらにはできないことらしいが、先生が出張や病気で休んでその授業がなくなることを「もうかり」という。おまけに、それが午後の五時間目で、つぎの六時間目まで一時間待たねばならないようなときは、六時間目も「もうからせてくれ」と先生に交渉に行く。OKなら午前中で家に帰られることになるのだ。「もうからせずんば教師にあらず」といったプラカードが文化祭には飛び出す。

修猷館には、戦後ずっと修学旅行がない。一週間つぶして、集団で東京や関西に行ってもおもしろいことはない、将来いつだって行けるじゃないか、ということらしい。「それよりも、自分の時間で学力を身につける方がずっと魅力だ」とここの生徒たちは思う。やはり〝勉学第一〟なのである。「もうかり」で早く家に帰れても自分で手綱をしめて、自学自習だ。

思い思い

この九月、小倉高校から転校したばかりの三年生B君は、両校のあまりの違いに驚いた。

「小倉高校は朝から夕方まで先生から〝受験々々〟といわれた。みんなビリビリしていた。先生が休めばその時間は厳格な自習時間となる。ところが修猷館では、先生もそんなにやかましくいわない。それどころか〝もうかり〟なんかで、サッサと学校から帰ってしまう。これでいいのだろうかと思った」

模擬試験の成績も、小倉高校は自宅に郵送する。それも生徒が自宅にいる日曜日には届かぬように。それが修猷館は学校の壁に張り出すだけだ。つまり、修猷館ではあまり先生が生徒にかまわない。B君の母親も「どちらがいいかわかりませんが、親からみると、なんだか心配ですワ」という。学校の休憩時間さえも単語帳をにらむ生徒は、こちらではまだ見たことがない――とB君。

なるほど修猷館の生徒は、学校ではノンビリしている。「だけど実力は小倉高校とそう違わない」とB君もいうからには、決してノンビリしていないのである。夕食後、各自思い思いに家庭教師を見つけては、せっせとかよう生徒が多い。修猷館の先生、九大の先生、九大の学生……のところへ。板付基地の通訳の家に出かけて英語を習っているという二年生もいた。

天明四年（一七八四年）黒田藩学問所として出発して八十年近く緒方竹虎、田中耕太郎ら幾多の偉才を生んだ玄関ポーチの上には尚書〝微子之命〟から「厥《そ》の猷《みち》を践《ふ》み脩《おさ》め」を抜き出した「践脩厥猷」の四文字が輝いていた。

自学自習をほこるのはよい。だが「一年生の部員は三人しかいないんです。部にしばられ、過激な練習で疲れるのは真っ平だというのか、年々部員は減るばかり」となげくラグビー部の主将である。

重藤校長も十河教頭もいう。

「先輩たちから、修猷館は予備校と変わらない……とよくしかられる。しかし決して修猷館の罪ではない。わずか三年の高校、そしていまの大学入試ではどうしようもない」と。

大学入試問題を採点する

出題にあたっては、高校の教育課程を検討し、高校教育の正常な発展に障害とならないよう極力注意するものとする。

文部省大学学術局長通達
（37年度大学入試要項）

「すべて国民は、個人として尊重される」と憲法三条にあるが、その意味を説明せよ。

——36年・社会科社会

某大学が出した、この問題、なんだか変だ。調べてみたら、憲法三条とあるのが、十三条のまちがいだった。

三十六年春の大学入試は、問題のミス、おかしな事故の当たり年だった。国立大学だけでも九大学十一件が文部省に報告されている。不注意だろうが、傷つきやすい受験生の身にもなってみてほしい。「すべて」受験生も、また「尊重される」べきだ——と高校教師は皮肉をいう。

問題作成の手引

□内に適当な文字を記入せよ。

昭和10年の調査では日本人の平均余命は男47歳、女50歳であったが、昭和27年には、いずれも約□歳の延長が見られる。

——35年・社会

文部省に大学入試研究協議会というのがある。そこで、毎年、全国の大学から入試問題を集め、出題者側の大学教授、受験者側の高校教師、各教科数人ずつの専門家が、良い問題、悪い問題を批評する。例えば、この問題については「機械的記憶を強いる例」そして「何年も前の男女平均余命を確実に記憶にとめられるものが果たして何人あるだろうか」と厳しい。

批評を集めて「入試問題作成の手引」というパンフレットを作り、年ごとに各大学に送っている。おかげで年々改善されてきてはいる。が、何回注意しても改めず、人口問題なら人口問題だけ同傾向の出題をくりかえす大学がある、という。

次の国家は、西暦何年に、だれに滅ぼされたか。

後漢。西ローマ帝国。インカ帝国。アケメネス朝ペルシア。東ローマ帝国。

——**34年・世界史**

教科書をこなすだけでもたいへんなのに，教科書にない問題が出るなんて……東京・某都立高校で

これも暗記もの。ひとつには、機械的な暗記ものであればあるほど、答案の優劣を採点しやすい、という安易な考え方——クイズ番組と同じ手である。記憶偏重が、高校生の思考力を減退させるという弊害などは、出題者の頭にない。

高校教育の程度をこえた問題、どの教科書にも載っていない出題、ひねくれた難問、なども多い。

次の事項につき説明し、かつ年代順に番号をつけよ。

一条鞭法。西安事件。改土帰流。猛安・謀克。五斗米道。

——**30年・世界史**

「手引」によると、とくに後半の三項が「難解すぎる」し、そのうえ「年代順をきめるのは、いよいよ難しい」とある。

出題者側に、いい分もある。入試は、ふるい落とし試験だ。教科書どおりの、すなおな問題を出してたら、みんな百点とるから、意味がない。……だが「実際は、大学側が高校教育の中身を知らなさすぎるのが原因だ」と、高校教師は怒っている。「出題する教授連で高校の指導要領を一度でも読んでくれた人が、果たして何人あるだろうか」

難問をこなすためには、特別な勉強をしなくてはならない。その結果、高校教育が混乱する。また、出題された新事項を書き加えるので、年々、高校の教科書が厚くなる傾向がある。それがまた、高校生の負担を重くする。なかには、自分が書いた歴史教科書にしか載っていない事項を、わざわざ選んで毎年のように出題する有名大学の教授もあるという。

大学の権威なのか

善とはなんぞや。

――27年・社会

「手引」の評――「客観的基準がどこにあり、どう採点するつもりか。いたずらに受験生を迷わせる出題」。

日本の文化につきのべよ。

この種の、ばく然とした論文テストは、試験官の主観によって、採点が不公平になることを「手引」は心配する。経験者の話では、一人で採点していても朝と晩とで、あるいは、その日、採点室で出た弁当の味によっても、点が甘くなったり辛くなったりする。「それが自分でわかるから、ますます、こわいですよ」という。

「どうでしょう。大学の権威にかけて」と、長年「手引」の委員をやってきた、高校教師はいった。――「問題だけでなく、模範解答もいっしょに発表してくれたら……」。受験生が、まず助かるし、おまけに、あいまいな出題がなくなるだろう、というのだ。

しかし、現実には、解答はおろか、いくらたのんでも、問題さえ送ってよこさないところがある。また「手引」で問題を批評した文章を、そっくりそのまま翌年の出題に使った大学さえあった。「われわれへの、あてこすりのつもりでしょうが、あわれなのは受験生だ。こんな、批判をゆるさないやり方が、大学の権威なのだろうか」

「手引」が称賛している良い問題の数も多い。それを紹介できないのは残念だ。が、せっかく育ちかけた高校教育を、教育者がみずからぶちこわそうとしている試験地獄の一面が、ここにもある。

大学入試必勝法

社会について、広く深い理解と健全な批判力を養い、個性の確立に努めること。
学校教育法・高校教育の目標

試験にて苦しむさまをありありと年老いて夢に見るはかなしも
――歌人、斎藤茂吉の歌

若い日の試験の責め苦は、いつの世も同じだけれど、いまはいまなりに、また違った姿がある。

入試必勝をめざす現代受験生の〝七つの秘策〟は――

〝成田山のお守り〟を手放すな

お守りフダのことではない。それさえ、しっかりやっておけば、どこの入試を受けても大けがを免れるもの、つまり英語と数学。

東京・山手の、ある都立高校。社会科の時間になっても、生徒たちの机のうえには、いつも英語と数学の参考書がならんでいる。ある日、社会科教師はいった。

「その参考書はなんだい。成田山のお守りかね」。皮肉をいわれて手放すようでは、信心のカイがない。英、数の参考書をハダ身放さぬ高校三年生の姿には、なにかいじらしいものがあったという。

教科書を信じて頼まず　決闘に乗りこむに当たって「神を信じて頼まず」といったのは、宮本武蔵だそうである。入試に当たって高校生が信じて頼まないのは、教科書だ。「教科書を勉強しなければ、基礎学力はつかない」「教科書さえ、みっちりやれば、入試は恐れるに足りない」――先生が口ぐせのようにいうこのセリフ。信じてはいるが、二学期も、十一月の声を聞くと、三年生の多くは参考書と問題集に追われて学校へ顔出ししなくなる。
進学態勢のできてない学校では、教師までができる生徒をつかまえて「予備校の午後のクラスへ通ったらどうかね」とすすめたりする。「六―三―三制でも六―三―四制でもない。ほんとうは六―三―二・五制なんですよ」と教えてくれた先生がいた。

予備校の休み時間。カベ一面にはられた模擬試験の成績表，模範解答をみつめる生徒たち　東京の某予備校で

日本の新聞を読まない　先生たちの話では、高校生が教室で時事問題や国際問題をさかんに討議したのは、過去の話。いまの生徒はほとんど関心が薄い。きいてみると新聞も読んでいない。英字新聞は読むけれど、これは語学が目的である。日本の新聞で目を通すのは、スポーツとマンガ。だから社会科の先生は、生徒にまた皮肉をいわなければならない――「キミたち、しばらく前の総理大臣に似ているね」

本塁打よりも打率　初冬の午後。東京・御茶ノ水駅前の喫茶店。私大の学生Aとその友人らしい予備校生B。

A　芥川龍之介は。

B　あれは秀才だから、だいじょうぶだよ。

A　太宰治は。

B　ちょっとむずかしいな。

なんの話かと思ったら大学入試の配点のことだった。戦前に比べていまは試験科目がやたらに多い。文科志望は理科系の教科にも、理科は文科系にも秀でなければならぬ。とくに東大は十科目近いすべての学科をソツなくムラなく六割五分以上かせがないと入学はおぼつかない。「芥川みたいな秀才はいい。が、太宰のような天才タイプはダメなんだ」と受験生が答えたのは、その意味である。

B　一科目ぐらい場外ホーマーをとばしてもイミないんだ。打率で手がたくいかなくては。

A　平均打率六割五分か。とてもじゃないな。

B　いいさ、来年また落ちたら、オレはよくよく天才だとあきらめるよ。

上を向いて歩こう　ある教師の話――三十五年、安保闘争たけなわのころ、高校二年の左翼活動家がいた。毎日国会へ通って赤旗をふった。右翼の攻撃にもたじろがなかった。それが、ある日彼は突如として赤旗を捨てた。左も右もふりむかずに歩く少年になった。この夏などは、参考書をかかえて信州の寺にとじこもった。「人生の空白期間を設定するんだ」と、なんの未練もない。「それはもう、あっという間の転身ぶりでした」と先生は驚くのである。

ほしがりません勝つまでは　この四月、東京の予備校の校長に卒業生から送られてきた手紙の一節——となりのクラスにいた女性についてお願いがあるのです。苗字は××さんという女生徒です。在校中、ぼくは彼女にひそかに思いを寄せていました。が、おたがいに浪人の身。合格の日までは、と名も告げませんでした。天下晴れて東京大学にはいりましたいま、ぼくの心のすべてを彼女に打け明けたいと思います。彼女の住所氏名、つきましては、どこへ進学したかもお知らせ下さい。

「で、どうしました」ときいたら校長さん、ヨコに手をふって「取り合いません。本校は大学入試の予備校でして、恋愛の〝予備校〟ではございませんから……」。

テレビのアンテナをはずせ　昔は試験場での父兄同伴風景といえば、中学と女学校に限られていた。いまは幼稚園から大学入試まで親が付き添う。試験場でこの調子だから、日ごろの勉強への思いやりも、なみなみならぬものがある。「うちじゃ、テレビのアンテナをはずしました」と受験生を持つ父親がいった。親、兄弟もテレビをみない。家ぐるみの受験態勢である。「美談ですね」といったら「常識ですよ。息子のクラスでは」ということだった。

就職問題

人手不足で，大学も高校も売手市場だという。一見景気のいい話だが，就職問題の内幕は，表向きの景気だけではかれない。それに高校生の就職は，大学卒とはちがった問題をかかえている。

まず大学卒と高校卒では，就職してから歩む道がちがってくる。そのため普通高校にたいして職業高校が設けられている。が、普通高校のなかにも，「進学組」と「就職組」がある。「進学組」にたいする「就職組」の悩みといきどおり。

とくに女子の場合，大半は就職をめざしている。普通高校でも，女生徒の就職は，毎年先生の悩みのタネだときいた。

高校の就職問題は，進学・受験問題のかげにかくれて，とかく忘れられ勝ちだ。しかし高校卒の「就職組」は，社会の中堅になる人たちである。ここでは，高校生の就職問題のアウト・ラインをとりあげる。

女生徒の就職条件

雇用者側では、かならずしも就職しなければならない生徒だけをとるのではなくて、むしろ、家庭条件がある程度よくて、勤めなくてもいいような人を採用するという傾向があります。学校側でぜひ就職させたいと思う生徒が就職できない場合もあります。

全国高校教育セミナー報告書

工場も会社も商店も、人手不足で困っている。生徒の売れ行きは、どこでも上々という。この回から、職業高校と就職問題にはいろう。気の重い進学組とはちがって、さぞ景気のいい話がきけるだろう。そんな期待をもって、東京のある都立高校をたずねた。

旧女学校から新制高校になった学校で、就職組約二百人の、ほとんどが女子生徒だ。たしかに景気はよい。が、どういうのか。就職指導の教師たち、あんがい、晴ればれとはしていなかった。重い口をひらいていう。第一に、採用試験期日の協定が破られたための心労。第二に、もっと憂うつなことには――「どんなに成績のよい子でも、器量がよくないと、なかなか採用にならない。とくに身長一四五センチ以下だと絶望的ですね。容姿さえよければ、たとえ成績けビリでも、それに少しぐらい家庭の環境が悪くっても、まっさきにきまっちゃう。一、容姿。二、家庭。三、学力……まったく、ひどいことになりました」と。

教師は推理する

求人者側の多少の器量ごのみは、いまにはじまったことではない。それが強くなったのは、ここ二、三年前からだ、という。事務の機械化が進むにつれ、女子社員の仕事が単純になり、とくに成績優秀な子だけを集める必要が薄れたこと。また、大口求人の場合、一般公募でなく、学校を指定して推薦を求める。そして学校の指定には、受験組のとき紹介した「高校ランク表」を使う。都立のあの高校の生徒なら、たとえ成績順は悪くても、水準以上には違いない。安心して求人者は、器量で選ぶ。

もうひとつ「女子職員の勤務年限を短くするためではないか」と、高校教師は推理する。高校卒でも近ごろはかなりの高賃金だし、作業は単純。なるべく回転を早くした方が、会社はトクだ。「三、四年もしたら、さっさとお嫁にいってほしい。それには器量が大事、というわけでしょう」

学力テストの朝
（東京のある就職試験場で）

また、三十六年、とくに容姿本位の傾向が強かったのは、協定破りの余波だ、という。学力テスト、つまり筆記試験は、協定どおり十一月一日以降に一斉にやった。が、大半の一流会社は、その前に非公式の面接試験をし、かんたんな面接だけで採否を事実上きめている。面接テストに強いもの――やっぱり容姿である。

特別の講座も

だが、さて、器量とは、いったいなんだろう。――大勢の女子生徒をあずかった就職指導教師の苦労が、ここからはじまる。顔だち。もちろん、これがすべてではない。感じがいい子。健康美。内面的な知性美というのもある。だが、冷たくなく、愛きょうよく、だが、下品でなく……。

就職組にも補習がある。簿記、そろばん、タイプ、ペン習字。ほかに、この高校では、女子だけを残して特別な講座をひらいた。話し方。言葉つき。態度。目の玉の動かし方。笑い方。服装。髪とはだの手入れ。一年前からやると、たしかに効果がある、という。よくなったら「感じいいぞ」とほめてやる。「人間努力すれば変わる」と教える。「毎日、鏡を見ろ」とくりかえす。個人指導も続けた。メガネの型とフチの色を工夫させる。斜視や出っ歯は整形させる。劣等感のぬけない子には「トランジスター美人もあれば、ファニーフェースもある」とはげます。ツンとした子を、時にはひっぱたいてでも、気持ちを変えさせた、という。男教師だけのいささか乱暴なチャーム・スクールである。

進路指導の反省

ためしに、いくつかの会社にたずねてみた。いや、器量偏重の事実はないと、どこでも否定する。「学校側の思いすごしでしょう」ということだった。そう伝えると「だから、ますます残酷なんです」と、学校側はきりかえした。「私たちだって、器量で落ちた、とは生徒にいえない。禁句です。しかし、それは、落ちた生徒が、いちばんよく知っている……」

対抗上、この学校では、推薦前の校内選考で、女子生徒の容姿も採点した。学力や家庭環境の評点と同じように、容姿を５４３２１に分類し、個人カードに記入する。まちがっても容姿５と容姿1とを並べて、同じ会社に推薦しないために……。容姿5と1とでは、1の子が絶対に損するからだ。

もっとも、全部が全部そんなふうではない。こんども公平に、かけ値なし、人材と学力本位で採った会社がある。都心ビル街の本社は器量ごのみでも、工場事務室の方は、たいてい能力次第だ。中以下の企業なら、問題はない。「……ですから、ほんとうは、私たちの進路指導のやり方にも、間違いがあったかもしれない」と、教師たちは、こんな反省をつけ加えた。「景気がいいもんで、生徒の方も別の意味の器量ごのみになっちゃった。ビル街の一流会社だけが良い会社だと思っている。――それはちがう。おもてから容姿だけ見てても、人間はわからない。会社だってそうだよ――。来年からは、こういって指導しようと思う」

協定やぶり

高校卒業予定者の就職のための選考開始の時期は十一月一日以降とします。（中略）これは、高校生に対し、修学期間中はできるだけ長く安定した状態のもとに勉学に専念できる期間を与え、進路に対する適切な指導を行ない、もって就職者の質の向上と、的確な就職の実現を期することを目的としたものであります。

文部省から全国主要事業主への協力依頼状

A銀行。去年は九人推薦して八人はいった。今年も九人推薦した。ところが、採用は二人。B証券。去年は推薦した十四人が十四人ともはいり、追加して二人とってくれた。今年の推薦は十六人とした。が、採用は一人だけだった。

こんな例が、三十六年はいくつもあった。最初は驚いた。コンチキショウと思った。「しかし、だんだん腹も立たなくなりました」と、就職指導の教師はいった。前回と同じ、東京、旧女子系の公立高校で――。

会社説明会

A銀行の場合はこうだ。九月はじめ、銀行側から申し入れがあって、学校で会社説明会をひらいた。百五十人あまりの女子生徒が、人事部長さんの話をきいた。部長のほか二人が来校した。終わって、学校側との懇談会。「おたくは、いい生徒がいますね」と部長さんはいった。「最前列にいた、あの子」「すみっこにいた、大柄な生徒さん」と、ほかの二人の人事部員たちも二、三の生徒を指定した。「さすがに、目が高い。あの子は優秀ですよ」と、学校側。なごやかに会は終わった。「さっそく、推薦手続きを」との注文だった。

九月末、書類をA銀行に送った。成績証明。戸籍謄本。履歴書。写真。おりかえし、学校に電話があった。「こないだの、あの生徒さん、よこしていただけませんでしたねえ」また「もっといい子がいたはずでしたがねえ」ともいった。ていねいだが、調子は冷たかった。まもなく、九人のうち七人の書類が送りかえされてきた。

このごろ、女子生徒の間では、前ほどの人気が銀行には集まらない。優秀な生徒ほど生産会社にいきたがる。A銀行ご指名の生徒も、銀行を希望しなかったのだ。しかし、学校としては良心的な推薦をしたつもりである。去年はいった八人とくらべて、少しも劣らない生徒をえらんで、それが、ごっそり落ちた。「部長さんの心証を害したんでしょうが……」協定を破ってまで協力したのに、面白くない、と教師はいう。

会社見学

B証券の場合。六月はじめから、電話でやいやい、いってきた。

エンピツ持つ指にも力がはいっている。協定は守られていた　東京の某社の試験場で

というのだ。生徒を見学によこしてほしい「何人でもいいから」「書類はかんたんで結構」いちいち、学校側はていねいにことわった。証券会社を見学すること、それ自体、拒否する理由はない。ないが、この場合「会社見学」という名目で、事実上の採用試験をすることは明らかだった。試験は十一月一日以降という協定がある。だいいち、校長さんが、書類にハンコをつかない。「ハンコはなくてもよい」

「正直ものはバカをみますよ」「おたくだけですよ、まだ推薦がない学校は」七月になると電話の声が「おどし」めいてきた。八月。生徒が心配をはじめた。よその高校生のウワサが耳にはいるからだ。父兄も、担任教師も、やきもきする。九月。校長さんにはないしょで、十六人を「見学」にやった。四人ひと組で、ひと組五分ずつの面接テスト。あとで先輩社員が案内して社内を「見学」させてくれた。十月。一人だけの内定通知があった。

「生徒や父兄に、すっかりうらまれちゃいました。だいたい、今年の証券会社はね、株が暴落したでしょう。あれで、途中から急に求人のワクを削られたのが痛かったな」と、正直ものの就職指導教師は頭をかく。

今年はどうなる

内定したA銀行の二人、B証券の一人は、十一月一日以降、あらためて正式の採用試験をうけた。この試験は、内定者だけを集めて行なわれる。だから、落ちる心配はない。「いちおう協定のカオも立てておこう、ということですかな」と、教師はわらう。「結婚式みたいなもんです。いつまでも内縁関係ではまずいから、けじめをつけようという……」

「協定」は三十四年は八月十五日だった。夏休み中だし、早すぎて教育上まずい、というので三十五年から十一月一日になった。ところが三十五年、協定どおりやった正直ものの会社がバカをみた。三十六年は、正直ものの高校側がバカをみることになった。三十五年にこりた会社が、どんどん協定やぶりをやったからだ。今年は――「ウチの学校だって、もう協定は守っていられなくなるでしょう。校長には目をつむっててもらいます」と、教師はいう。

× × ×

ここで、この高校の就職状況をまとめておこう。(三十六年十一月十日現在)

▽就職組男子、二十六人。求人二百五十人(九・六倍)。採用決定二十六人(一〇〇%)。

▽同女子、百六十九人。求人九百五人(五・三倍)。決定百三十一人(七七%)

いろいろ「バカをみた」はずの学校で、この成績だ。たしかに、景気はいい。よすぎた結果が、強引な協定やぶりとなった。また、その余波で器量本位の選考がはやった話は、前回かいた。「高度成長」の足もとには、高校生の、こんな問題もある。

工業高校をみる（その1）

現在までの工業高校の設置状況をみると、産業界の要求にこたえるだけの十分な拡充が行なわれていない。
文部省「進みゆく社会の青少年教育」

工業高校はいま、とにかくたいへんな好況で、求人界の花形だという。

そこで秋田工高をみる。京浜工業地帯から六百キロも離れたここも、やはり、空前の求人ブームにわいていた。

スカウト合戦

門をはいる。ラグビー選手の銅像。廊下を歩く。ラグビー・チームの賞状。校長室にはいる。ラグビーの優勝旗。全国大会優勝11回、国体優勝9回「日本一のラグビー高校」だけに、話は、その自慢ばなしになりがちだった。

選手たちが、大手筋の会社から指名でスカウトされて行く、という話。大学のラグビー部と会社とで、激しい奪い合いをする、という話。「みな、最優秀の会社にひっぱられます。H製作所、F製鉄、Y電機、Tレーヨン……」

花形はしかし、ラグビー部だけではない。「夏休み前にもう、八割は内定しちゃいました。現在はすでに全員就職確定です」と和田校長。まったく今年は異常でした、夢みたいでした、という。

「採用試験は十一月一日以後」の協定なんか、ほご同然だった。協定日の半年も前、五月末にはもう、京浜、阪神地帯から、大手筋の人事課長らが、ぞくぞく来校してきた。申し込み会社数は千を越えた。推薦、面接、内定、アッという間にことは運んだ。こんなことは、かつてなかった。

四、五年前は、工高の先生たち、秋田名物をぶらさげ、「会社まいり」に明け暮れたものだ。求人開拓に頭を下げっぱなしだった。深刻な技術者不足のため、次第に求人は好転した。しかし三十五年も「会社まいり」はかかさなかった。それが、三十六年はあべこべである。会社側の集中攻撃に、学校側はキリキリ舞をさせられた。

機械科の求人、実に十倍、電気科五・六倍、工業化学科五・四倍……戦前、戦後の最高記録、ことわるのに一苦労だった、という。まったくみょうりにつきた話である。

「機械科一クラス四十五人を、クラスごと全員採用したい」とか「優秀な生徒なら、昼間の大学に通わせてやってもいい」とか……そして「再来春の卒業生(今の二年生)もよろしく」と念をおして行く。希望者があれば、二年生に奨学金を出そう、と申し出る会社もあった。——近ごろの不況風は、まだいっこうに響いていない。

古めかしい旋盤で実習
秋田工高で

深刻な先生不足

生徒の九割が県外、とくに京浜地帯へ就職する。地元の中小企業の初任給、一万円以下。京浜地区では、平均一万二、三千円。その差の魅力だ。

「先生の初任給より、生徒の初任給の方が高い、という皮肉な時代になりました」。先生たちは苦笑する。そしてときに、先生たちも民間企業にスカウトされてしまう。給料に一万円から二万円の差があるんだという。いちど、先生の欠員ができると、その補充は「ほとんど不可能に近い」。

「建築科の先生を補充するのに、一年半かかりました。前の校長は先生さがしに千葉の大学に三年通いつめたそうです。これからはもっとむずかしいでしょう」と、これは能代工高の校長さんの話。県の高校教師採用試験に、工業関係の応募者はほとんどない、という――深刻な先生不足、それは工業高校の大きな悩みの一つだ。

古めかしい旋盤

花形の悩みは、まだある。実習設備の不足、基礎学力の不足。

たとえば、実習工場では、機械科の生徒が、大正時代の古めかしいベルトがけ旋盤を操作していた。よほど小さな町工場でも、めったにおめにかかれぬしろもの。

産業教育振興法によって、かなり新しい実習設備がはいった。が、文部省の「工高実習実験設備基準」にくらべると、まだはるかに低い。「お恥ずかしいが、うちの設備は基準の四〇％以下なんですよ」と能代工高の校長さん。「技術革新にともなった新しい設備、オートメーション化された機械がどうしても必要なのですが……」。雨もりする校舎をみつめながら、うらめしげだった。

生徒の学力も、問題になっている。あんまり就職に恵まれすぎて、実は困っているんです、と先生たちは口をそろえる。三年になったとたん就職が決まる。つい気がゆるむ。勉強がおろそかになる。とくに国語や社会科の勉強をしなくなります、と文科系の先生がこぼす。ただでさえ、工高の一般教養科目の単位数は普通高校よりはるかに少ない。このままでは、基礎学力の差が開きすぎる。子どもたちの将来が心配だ、という。

大企業では、ベルトがけ旋盤を上手にこなせる生徒よりも、外国の新しい学術文献を上手に読みこなせる生徒をほしがる。時代の要求にこたえた中堅技術者を育成するためには、もっと一般教養科目に重点をおくべきだ、という反省が、工高の内部から出てきているのである。

大企業の急速な体質改善に、学校教育が追いついていけない、といった姿が、いたるところにあった。

工業高校をみる（その2）

社会において果たさなければならない使命の自覚にもとづき、個性に応じて将来の進路を決定させ、一般的な教養を高め、専門的な技能に習熟させること。

学校教育法四二条学校教育の日標の二

朝八時すぎ佐世保線有田駅に着く汽車から黒い制服制帽がゾロゾロと降りた。黒い帯が流れるように、有田工業高校までの道を数分ばかり歩く。

「汽車通学は、全校六百人のうち七割くらい」一人に聞いたら、こんな返事だった。彼の家は農業で、三男坊。「農家の次、三男ていうのは多かですよ。自分で技術を身につけて外に出てかんと食えませんもん。ハハハ……」えらく朗らかで明るい。

就職は――「もう決まりました。東京です。電機メーカーです」なるほど明るいはず。「有田の人は一割くらいでしょう。家が焼きものやってるのは、三年じゃ四人かな」

たまたま工業高校が有田にあるから来ているまでのこと、焼きものには関係ないさ、そんな口ぶりにも聞こえた。

朝礼が始まった。中庭に集まった全校生を前に、松本清校長の訓辞。

「……えー、わが校とアメリカのロサンゼルスのハイスクールと〝姉妹学校〟になろうという話が持ち上がっております。実業高校では語学が軽く見られがちでしたが、諸君は、これから社会に出て外人に接する機会も多い。大いに英語の力をつけないといけなくなっておる」「えー、近いうちに佐世保のアメリカ人が学校に来て英会話を教えてくれることになっております。アメリカの学校と〝姉妹学校〟になりますれば、当然文通ということにもなります。英会話を習おうという、われと思わん人は、ひとつ、どしどし担任の先生に申し出てください……」シンとしていた中庭に待ちかねたようなザワメキ。うしろには、小高い山がせまり、有田のシンボル実習用のカマの煙突。どうも〝世界的視野〟とは勝手の違ったたたずまいだった……。

明治十四年、有田でロクロを回す家の子弟たちに焼きものの技術を教えようと、地元有志の手で「勉修学舎」という学校ができた。それが明治三十六年に佐賀県立有田工業となった。図案科、陶画科、模型科、陶業科の四つがあり、焼きものの勉学に全国各地から人材が集まった。いまの有田の中堅幹部はどこのカマも有工出身である。

「造型」の時間

窯業科の生徒は〝造型〟の実習中だった
佐賀県有田工高で

図案科の実習教室——二年生四十人がそれぞれ広い机に向かって、黒板を見たり、天井を仰いだり、沈思黙考の構え。

「観光ポスターのアイディアを練っているんです、ハイ」

とチョウネクタイの若い教師。教室の壁には、北海道や阿蘇のポスター、商品の宣伝ポスターの見本が、いっぱいだ。

「最初の時間はこの発想で、つぎの時間に素描、三時間目に仕上げ……というコースになります、ハイ」

むかしの図案科の学生はサラ（皿）絵の模様を考え、ツボの形を考えた。いまは商業デザイン、インダストリアル・デザイン、ポスター、装飾……。

窯業科の実習室に行ったら「造型」の時間だ。ラグビーのボールのような格好をした土のかたまりを、思い思いにナイフで削り、アブストラクト風な彫刻を仕上げていた。

「焼きものと何か関係あるか」

とたずねたら、

「さあ、別に……。まあ、形を考えるから、焼きものに関係がないこともありませんが……」

と一人の生徒。なるほどロクロ室も練土室も窯場もある。だが、地元有田の陶器に直結する設備ではなさそうだ。この春できたという「電気トンネルガマ」も。

ことしも就職率は百％、わが世の春をうたうような工業高校生である。窯業科、図案科、電気科、工業化学科……東京へ四割、大阪、名古屋へ四割、九州地区に二割と、巣立ってゆく。だが地元の百余の窯業者は「おれたちはどうしてくれる」とでもいいたげである。ことしも二十人ほど求人したのに、二百人近い三年生のなかで、地元に残るのはたったの四人か五人。「育てた娘が家出してしまうようなもんですバイ。今の生徒はサラ絵の線一本も描けん」と、有田では大きいメーカーの老幹部はなげくのである。「有田のカマを継ぐものが絶えたらどうなることか」

「いや、地元の産業を忘れちゃならんことは、よく生徒に教えていますよ、ええ。しかし生徒に就職先を押しつけることはできません。伝統のカラの中だけにとじこもってもおられませんし……。全国的な、いや世界的な視野に立たんと……。ね、そうでしょう」

こう力説するのは校長先生。産業教育と、地方産業を育てることとは、どう結びつくのだろうか。生徒たちは、何よりもこういうのである。「有田の陶器会社は給料が安いが、それより、未知の大都会、大会社でうんと働いてみたいんです」

長崎工業高校（長崎市家野町）の電子工学科の通信機実験室をのぞいたら古ぼけた電話交換台があった。時代の先端をゆく新しい教室の中で、ちょっと異様な感じだが、隣に並ぶ電話交換機、ときどきチャチャッと音を立てて自動的に動く。「校内の各科教室や実験室をつなぐ三十の電話がこれで通ずるんです」と、教頭の江島勝一先生が説明してくれた。この春、市内の三菱造船が新しいのと取り替えたとき、お古を交換台もろともそっくりもらったんだそうだ。〃廃物利用〃による能率化は大歓迎だが、それ以外――たとえば電子工学科にできた「自動制御モデルプラント」というオートメ研究装置（三百六十万円）は国費、県費による設備である。

卒業生の就職も、地元の〃ヒモ付き〃はない。卒業予定の二百七十一人のうち長崎県下に留まるのは一割ちょっと。四割―五割が東京、二割―三割は大阪、名古屋に行ってしまう。「全面的な〃産学共同〃はできないだろう。あまり共同するとむかしの〃職工〃のようになってしまう。大企業だって、そんなものを期待しちゃいませんよ」ここの清田校長も割り切った答えだった。

就職のみち（その1）

明るい学園生活

「さあ、なにをしたらいいかな。就職はきまったし、学期試験は終わったし……」

滋賀県立八幡商業高校のある三年生。にこにこと、栄養のよさそうな顔だ。来春卒業するのが二百四十二人。このうち大学へ進みたい者十人、家業を手伝おうとする者九人。残り二百二十三人が就職を望んでいる。そこへ八百六十余社から求人があった。入社試験は十一月からのはずだが、七月ごろからポチポチ決まり出した。十月末には、もう六〇％以上が売り切れ。年内に全員決定は確実だという。おかげで校内は、天下太平のムードでいっぱい、とみた。

大学への受験準備がなかったら、高校がどのくらい明るくなるか、ここはその見本みたいだ。大学へ進まないことに、生徒たちがヒケ目を感じているのではないか、といった心配は、こっちの思いすごしのようだ。

「がつがつ試験勉強ばかりさせられて、普通高校の連中はかわいそうや、と思いますワ。こっちは三年間、スポーツもしたい放題やったし、思いのこすこと、ありませんなあ」

そういう声をそのままに、放課後のグラウンドで、生徒たちは思い思いに走り回っている。野球、バレー、陸上競技……。前庭には、自動車を乗り回している一団があった。課外講座という名前の運転練習で、講師は免許をもった教諭十二人。三年生の六〇%までがハンドルを握っているそうだ。はじめたのは三年前だそうで、歴史も古い。それに使っている二台の中古車は、生徒が運営している校内の売店のモウケを注ぎ込んで買ったよし。あっぱれ、近江商人のタマゴではないか。

急にふえた女生徒

ちかごろ女生徒が急にふえてきた。三年生の中には、たった二十八人しかいないのに、二年生には四十七人、一年生には六十一人。女性倍増だ。この傾向、八幡商高だけのことではないらしい。商業高校がなぜそんなに女子にモテはじめたのか。大阪市立扇町商高のある先生は、こう答えた。

第一。お嫁入りまでは会社に勤め、アワよくばその後も共かせぎ。それが当たり前みたいになった。その技術を身につけるためには普通高校より商業高校のほうがいい。

第二。普通高校は進学、それも男子の入試でアタマがいっぱい。授業も生活も、完全にそっちへ向いているから、普通の女子には不必要だったり、レベルが高すぎたりしがちだ。そこで……。

トイレットはなんとか間に合うらしい。頭の痛いのは、女子生徒に人気のある和文タイプライターの機械ですよ、と八幡商高の先生はいう。二年生から授業で使うのだが、二十台しかない。そのうち三台は故障中だから、生徒二人で一台につくことも多い。始業前や日曜にも「先生、タイプ室のカギを貸して」とケナゲな申し出になる。「産業教育振興法」によると、和文タイプは三十台なくてはいけないのだが、台風だ、火事だ、で県費

就職決定―三年生の60％までが自動車のおけいこ
八幡商高で

が回ってこないらしい。だいいち、この法そのものが、まだ技術革新、事務機械化の影もなかった昭和二十六、七年ごろのものだ。設備に関しては、とても世間についてゆけぬ。最新の化学製品を並べたはずの商品陳列室も、むかしはこんなものを使ってたという博物館になりそうだ、と先生たちは苦笑いなのである。

だが、問題は設備だけではなさそうだ。たとえば――生徒会。デモやストをしたことがない、という〝輝かしい〟伝統をもつ。その考えかたを知るには、一昨年の安保さわぎにふれた次の文章（八幡商高新聞社説）が便利だろう。

――外は激しいアラシが吹き狂っているが、われわれは学園という暖かい温室の中にある。……いったん学園を飛び出した者（注、デモ参加者をさすらしい）はみじめである。彼らは特攻隊的勇気をもって奮闘し、えらい気になる。……彼らは我慢が足りなかったのである。彼らは未完成であり、現在準備過程にあることを忘れてしまったのである。

実用本位の教育へ

政治にほとんど無関心――これも、いまの商業高校に共通しているようだ。八幡商高には〝ともにたちあがろう〟などとよびかけに行ってもムダだと、ちかくの普通高自治会はサジを投げているらしい。

八幡商高で〝好きな作家〟を調べたとき、トップ石坂洋次郎氏にわずかな差で、源氏鶏太氏が二位にはいったのも、根は同じように見える。折りから全国商業高校長会は、次のような教育改善案をねらっている最中だ。

――いよいよ複雑多岐になる社会の要請にこたえるためには、今までのような総花式でなく、職能的に集中した教育をするべきだ。つまり販売、経営といった目標へ向かって科目をしぼろう。英語も実用本位へ、カリキュラムも男女別へ、普通科目は〝精選〟して……。

それでは、企業のためにすぐ役立つ徒弟養成ではないか、というカゲの声は、太平ムードへの注意信号といえそうである。

就職のみち（その2）

デラックスな環境

みがきたてたリノタイルの床はハダシでも歩けそうだった。ワイドスクリーン、皮張りのドア、完全防音、一流映画館を思わせる「視聴覚特別教室」から展示用ウインドーのある物理準備室へ。それから恒温恒湿室、防振構造測定台つきの精密測定実験室。無響室、遮蔽《しゃへい》室をそなえた高周波実験室を通って電子回路実験室へ……。どこも明るく機能的で、最新の設備でいっぱい。さる三十四年、店びらきをした大阪市城東区の大阪府立成城工業高校である。ここにはこれまでの工業高校につきまとう町工場的なイメージはあとかたもない。どこか大企業の研究所といった感じである。

「この万能研削盤は国際見本市に出品されました」「この旋盤をみて京大工学部の学生がタメ息をつきました。これがあったら、もっとよい卒論が書けたでしょうと」そこらじゅう〝本校自慢の〟ものだらけ、スペースはゆったり、何百万円もする機械だが、これを囲む生徒の数は少ない。まず結構ずくめの環境である。

「もっと技術者を！」の声にこたえて大阪府教委はさる三十二年「工業技術教育調査委員会」をつくった。財界、教育界から選ばれた委員が十数回の会合を重ねた結論はまず工業高校の増設。その一番バッターとして「成城」がさっそうと登場した。四億円に近い建設費、超デラックスな設備。中堅技術者のタマゴに寄せる世の期待は大きい。設置課程は「機械工学」と「電子工業」の二つだけ。「機械科」でもなければ「電気科」でもない。技術革新の時代に正面から即応した構えである。新しい時代には工業高校生の理想像も塗りかえられねばならない。「ものをつくる」だけの職人でなく、オートメーション化した設備を工夫、改善できる人間を――というわけで、ここでは校訓のひとつに「自発創成」を掲げている。そして授業の指導方針は「理論と実際の統一」

工場の中に教室

機械工場では一年生が実習の最中だった。ウナリをあげる精密旋盤やフライス盤の間に黒板、イス、ツクエが置かれ、十人ほどが先生の講義をノートしている。「これまでの学校は座学と実験、実習がバラバラ。本校ではこの間に有機的な連絡をつけます。工場のなかに教室を進出させたのもその一例……」と中野校長。機械工学科ではとくに機械工作の理論を掘り下げる。鋳造実習にも砂質実験を加えている。手仕上げ、機械仕上げなど「つくる」技術は一年でさっと通過。二年で熱処理、精密測定実験が入り、三年では自動制御、放射線実習と取り組む。

三年生のテレビ調整実習。ととのった設備のなかで実習は四時間つづく　大阪府立成城工業高校高周波実験室

電子工業科三年の授業。テーマは「テレビ調整とマイクロウエーブ実験」テレビはメロドラマを受像中だ。スクリーンに時おり美人の顔がクローズアップされるが、だれもよろめかない。みなシンクロスコープに走る線とにらめっこ。回路をいじって首をひねったり、相談したり、行きづまると「先生!」と救いを求める。このクラス、開校と同時に入学し

た一回生。学ぶのはほとんど新設科目、先生にとっては毎時間が〝処女講義〟だ。でき合いの教科書などない。手製のガリ版が手引きである。「電子応用」などでは大学出たての先生が、しばしば立ち往生「諸君、いっしょに考えようじゃないか」と呼びかける。「なんだか、たよりないと思うことがありますわ」と、ある三年生は打ち明けた。

人間教育にも力

工業技術のめまぐるしい進歩を追いかけるのもひと苦労だ。計測機器の展示会などがあると先生はいう。「見に行こう。僕の話をきくより、よっぽどいいよ」師弟ともども貸し切りバスで会場へかけつける。「自動制御」でも電機メーカーから集めてきたパンフレットが教材になったりする。

全体の五%ほどだが、学力の上で〝適応不能〟な生徒がいるそうだ。「理数科に弱い子は授業について行けません。ただ機械いじりが好きだから工業高校へ——という時代は過ぎました」と学校の話。技術者はとかく〝ものいわぬ人間〟になりがちだというので人間教育にも力を入れている。一年生から毎週、作文を書かせる。土曜には視聴覚特別教室で劇映画もやる。名づけて「成城劇場」このあと討論会で感想を発表しあう。この夏休み、三年生の国語の宿題はオー・ヘンリー「最後の一葉」について。四百字詰め原稿用紙二十枚以上という条件をつけたら、みんな苦吟した。できたのをみると、さし絵を入れたり「……」を数十行つづけたり、だいぶカンニングがあった。「アイデアはよいが、これはどうも」と先生はにが笑い。

就職はごたぶんにもれず引っ張りダコ。ことしは百八十人の生徒に二千人を越える求人申しこみだった。ほとんどが大企業へ決まった。「工業高校生は中小企業で新天地を開く方が産業界にも本人にもプラスなのだが……」という批判的な声に対して、ある生徒はこんなことをいった。「学校の機械はすばらしい。僕の行く職場には旧式のしかない。僕はやって行けるだろうか」大企業は基礎的学力を求め、中小企業はすぐ役に立つ人間をほしがっているという。ここでも〝二重構造〟が……。高校教育の現場ではその解答がまだ出ていない。

就職のみち（その3）

募集もストップ

「センセイ！　歩くだけでくたびれるウ」——山のてっぺんの果樹園で園芸科の女生徒が訴えた。午後の実習は始まったばかり。「無理ないです。教室からここまで急な坂道を三十分も登るんですから。三時間の実習といっても一時間は往復に歩いているだけで……。だけんど僕らの時代ときたら……」といったのは三十四年の卒業生で母校に実習助手としてつとめる青年。目の下にひろがるナシの段々畑を指さした。「五年前はササ山でした。僕らの実習は三年間ほとんど開墾だけ。一メートルも掘り返しました。ここを山陰の園芸研究センターに仕立てるんだとガン張ったですが、工業高校になってしまえば畑はどうなります?」

鳥取県倉吉市、県立河北農業高校は近ごろ意気があがらない。毎年、定員すれすれの志望者しかない農業科は三十六年、とうとう募集停止。古ぼけた木造校舎の一角から「農業科一年」の木札が消えた。だいたい一時は学校ごと消えるところだったのだ。

工業課程へ転進

「時代の進展に即応した」高校再編成案を県教委が公表したのは三十五年十月。多すぎる農業課程を縮小し、商、工業課程を拡充する——ということで、まず「河北」を工業高校へ〝発展的に解消〟させることがひとつの柱だった。だが、六十年の伝統ある母校はつぶせぬと同窓会、PTA有志が立ち上がった。何十回も集まり、県庁へ押しかけた。四百五十人の在校生はひとりひとり陳情書を書いた。

「卒業して〝あなたの出身校は?〟ときかれたら、なんと答えればよいのです」

「工業がどんなに発展しても日本から農業はなくならないと思います」

——胸がいっぱいになりましたわいと教頭先生。地元選出の県議も動いて、ひとまず農業科だけの募集停止でケリがついた。

だが同じ県立の岩美、法勝寺の両農高は昨年四月から看板を普通高校に塗りかえた。農業課程の縮小は着々進行中だ。河北も今年はどうなるか。県教委は〝全面転換〟をあきらめたわけではないのである。

「農業曲がりかど」論がやかましいなかで，きょうもだまって土と取りくむ　鳥取県立河北農業高校で

浮き足立つ先生

「生徒たち、いったいなにをしに学校へ来てるんだろうかと思うことがあるんです。そしてわたしたちはなにを教えたらよいのかと……」農場で若い先生はいった。同校の進路調査によると、農家の跡取り養成コースとされている農業科三年で自営志望二十二人、就職組二十三人。半分以上が田を離れてサラリーマンを目指している。行くさきは阪神地区を中心に「××製鋼」「○○アルミ」「▽▽エアブレーキ」など、およそ在学中の勉強が役立ちそうもない職場が目立つ。求人難を反映して昨年もスカウトの来校が目立った。「農業高校の生徒はねばり強くて不平をいわないから評判がいい

んですよ」と進路指導係の先生はいう。近代農業のにない手を育てるべき学校が、近代工業の従順な労働者を大量に送り出しているのだ。

「先生は就職の世話ばかり。わしらの授業にも身を入れて」

と熱心な〝自営志望組〟から苦情が出たこともあったとか。

山ひとつへだてた南の倉吉農業高校を訪ねた。明治十四年創立、農学校では全国で三番目に古い。

「勇士は落ち着け、とわたしはふだんから生徒にいっておるのでして……」

と土師先生は名門校の校長らしくいい放った。これからの農業は少ない労力で高い生産をあげなければ……と今年度、トラクターを買い入れる準備も進めている。高麗《こうらい》芝や輸出用グラジオラスの栽培など、園芸科では近代経営の研究もさかんだ。

だが、ここでも若い先生は懐疑的だった。「倉農新聞」には横文字見出しのコラムがある。THE NEWS FROM AMERICA——つまり移民した生徒の〝海外だより〟である。「海外移住研究同好会」というのもあって二十人近い会員が南米、東南アジアの国情や渡航手続きを勉強している。移住ムードはそれほど高くないが、鳥取県はじめての「学徒移民」として南米へ渡った生徒は二人とも長男だった。

なやみは深刻

「むろん、おやじの跡はつぎます。だけどこれから農業はどうなるか。そんなことを考えるとやはり就職しといた方がいいんではないかと思うんです。少なくともおやじの元気な間は」——倉吉農と肩をならべる農業高校のシニセ、石川県立松任農でも、ある生徒はこう打ち明けた。ここでも長男族の間に卒業後、証券会社やオートバイメーカーのセールスマンなどをやることがはやっているという。「むろん農業高校の使命は農家の跡とりの養成だけではない。だが、校門から自信に満ちて自分の家へ帰って行く農業経営の担い手が、なかなか出ないということ、これが大きな悩みなのです」と吉野校長は深刻な表情だった。

就職のみち（その4）

八ミリでオジギの仕方

波に千鳥、うえに「高」の字。淡路島かよふ千鳥のなく声に……の歌を、そのまま校章にあらわした兵庫県立津名高校。

うそ寒い講堂で、カタカタ……と八ミリ映写機がまわりだした。

――一、基本動作。男子の礼は三十度ぐらいが適当でしょう。女子は男子よりやや深めがいいと思いますが、ていねいすぎてもかえってよい印象を与えません。壁に線をひいて日ごろから練習をしておきましょう……。

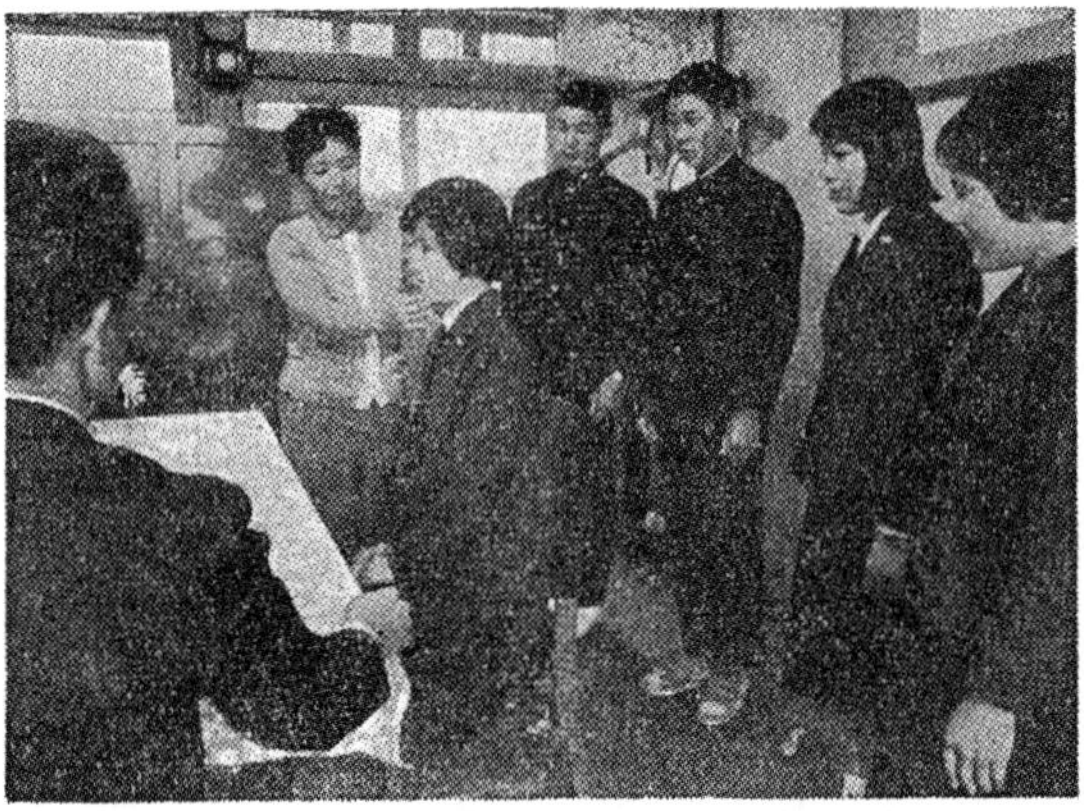

目は相手のネクタイの結び目を見ればよろしい……と，
面接試験のエチケットを練習　兵庫県津名高校で

アナウンスは放送部員。画面では制服の男女高校生がオジギの模範型を演じてみせる。この映画「面接試験の実際」は、淡路島にある六つの高校（普通高校三、実業高校二、私立の女子高校一）の職業指導の先生たちと、職業安定所の係員が協力してつくりあげた。映写時間およそ三十分。オジギの仕方から、ドアをノック、イスは左側からうしろへ引いて……と面接試験のエチケットを〝視聴覚教育〟し、応用編では控え室でのこころの落ち着け方、会社側はなにをみているかの説明があって、洲本港から級友たちのテープに送られて社会人第一歩へ〝希望の船出〟するところがラストシーン。

津名高校のことしの三年生は普通科、家庭科あわせて二百五十一人。うち六十五人が進学、百六十六人が就職する。就職を希望する生徒たちはこの映画をみて、実地練習もする。

「夏休みにノックして部屋へはいるけいこをしましてね、ひとクラスに教えたらここが赤くはれあがりました」

と、職業指導の東英男先生は、ゲンコツの関節のところをおさえてみせた。

進学組に劣らず勉強

就職する生徒はそんなに勉強しなくてもいいのか、と思っていたのは大変なまちがいだった。この学校では、三年になると主要学科の模擬テストを四回くりかえし、平常の成績との平均点をだして、いい順番に〝いい会社〟へ推薦される。就職組の生徒たちは「就職試験の傾向と問題」というぶあつな問題集を買って、放課後まいにち一時間、補習をうける。

「進学組と就職組と、どっちがよう勉強しとんのかわからん」

と、生徒も苦笑していた。この空気、都会の普通高校にはちょっとない。〝島〟の条件が、そうさせているようだ。

島には大企業がない。高校卒業生の職場としては地方銀行か郵便局ぐらい。生徒たちは海を渡って、都会の青年との競争に勝たねばならない。

とくに女子の場合、大会社のBGにはかならず〝通勤〟という条件がつく。女子寮はほとんどない。下宿は認められない。親類や兄弟の家に寄宿先を求めるわけだが、船で行けば大阪・神戸

就職試験をうける女子高校生
東京の某社採用試験

へわずか二時間の距離なのに〝島〟のハンディキャップは大きい。それを埋めるために、学校側は学科試験にいい点を――と躍起になるのである。

ところが、先生が大阪までいって、会社はどんな人間を望むか、と各社の人事担当者の声をテープにおさめてくると、あるデパートの人事課長さんはこういった。

「端的に申せば、ベッピンさんで、感じのいい人ならいい。デパートのことですから、頭が切れすぎてお客さんにくってかかるなんてのは困るんです」

先生は、

「いい会社へはいろうと思えば英語と数学をやれ」

といいきっていた手前「このテープ切るべきか聞かすべきか」と担任会議を開いたそうだ。相手がデパートなら女生徒たちも割り切っているだろう、とテープはカットされなかったが……。

面接の答え方を編集

映画をつくったのと同じグループが、いま「面接試験の問題と答え方」という本を編集中で、その草稿をみせてもらった。三十六年の面接試験に出た質問と、受験生たちが実際に答えた例を並べてある。

——キミはすこし細いようだが。

「夏やせです。細くても病気したことはありません」

——入社して最初の給料はどうしますか。

「必需品を買って残りは貯金し、袋は記念にとっておきます」

というぐあい。これを模範と心得て覚えろという意味はないそうだが、つぎの項はちょっと気になった。

——あなたの人生観は？

「ただ平凡な生活を送りたいと思っています」

「平凡で、たのしい生活がいちばんです」

「自分の環境のなかでせいいっぱい生きたいと考えています」

あげられた三つの答えが、ひとつのタイプにはまっている。

生徒たちと話してみた。信用金庫に採用が内定した男生徒。

「テニスが好きだけどもうやめる。就職すると忙しくてそんな余裕はないでしょう。いま、金融機関の本店、支店のありかを調べるのがたのしみ」

べつの男生徒。

「自分をのばす職業を選べといっても求人がこなければ仕方がない。男子なら名の通った大会社、女子なら仕事のきれいな事務、求人がきたなかから初任給の高い順に受けてみる」

みごとな分別！ うんうん、それはその通りだが……というほか、こちらに言葉がなかった。

学科試験の補習をうけ、面接試験の実習をし、そして平凡な人生を——使う側にとっては、じつにあぶなげのない人間像には違いないが、これが〝青年〟というものなのだろうか。

熱心な〝職業教育〟のかいあって、三十六年も津名高校の就職率は一〇〇%である。「……邪道、と考えるときもあります。だが、なにより就職試験にパスさせることが先決問題。父兄も生徒もそれを望んでいるんだから」

もうどの会社でも、受付を通さず人事課長のデスクへすっとはいれるという東先生は、なにか孤独な顔をした。

職業高校いろいろ

文部省の新しい教育課程では，普通科コースと職業科コースとが，さらにはっきりわかれる。
「生徒の能力・適性・進路に応じた教育を適切に行なう」ことが、改定の基本方針の一つだった。

職業科では，職業に関する専門科目が 30 単位から 35 単位にふえる。このため，一般教養の科目が圧迫されるのではないか、という批判が一部にはある。

最近めっきりふえた「企業内高校」，斜陽の農業高校など，職業高校はまた，それぞれの悩みをいっぱいかかえていた。

工場のなかの学校

> 定時制の課程における各学年の授業日数の季節的配分または週もしくは一日当たりの授業時数については、生徒の勤労状況と地域社会の諸事情を考慮して、適切に配当するようにすること。
>
> 改定・高校指導要領、教育課程編成上の留意事項

終業のベルがなる。機械がとまる。工場から作業服の娘さんたちの群れが、いそぎ足で出てくる。仕事をすませて、ほっとした顔だ。みんな、その足で隣むねの建物に吸いこまれていく。入り口の大きな表札には「××会社高等学校」の文字——こういう、工場のなかの学校が、あちこちにできた。「社立学校」とか「企業内高校」ともいう。

家・職場・学校

滋賀県、鐘紡長浜工場のなかにある高校「鐘紡長浜高等学校」をたずねた。中学を出て入社した女子工員は、全員がここに入学する。定時制だから、修業年限は四年。生徒六百二十人、みんな工場の寄宿舎に住んでいる。家と職場と学校と、すべてが、ひとつの囲いのなかだ。

ある生徒の一日——朝四時すぎ起床。五時から昼一時半まで工場。ひと休みして、夕五時十五分から八時十分まで学校。——次の週は、朝九時から昼までが授業で、午後一時半から夜十時まで工場。ちょっとみたところ、八時間勤務のほかの、不規則な授業開始時間で、たいへんなようにも思うが、通勤通学の苦労や、学校と会社との間のミゾ、そういった定時制高校につきものの悩みが、ここにはない。

おもてからみると、このほか、いろいろ風変わりなところがある。が、内容は、おもての高校と少しもかわらない。レッキとした私立高校で、四年後には高校卒の資格がとれる。能力と希望次第で、進学の道だって開かれている。働く青少年にとっては、たいへんな魅力だ。

「中学校側でも、仕事と勉強を両方ともやり通せるような、意志の強い子を送ってくれますよ」と校長さんの古橋和夫工場長は、生徒の質のよさが、何よりのごじまんである。

便利さ不便さ

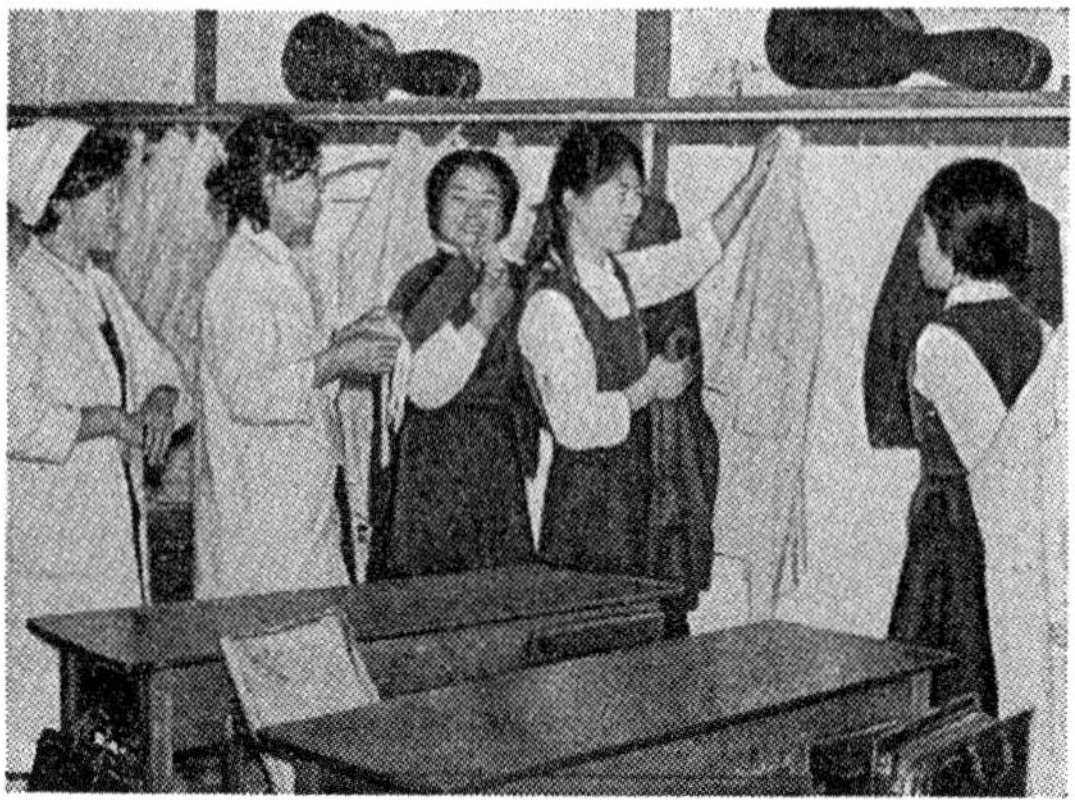
仕事がすんで作業着をぬぐとかわいいジャンパー・スカートが現われる　近江兄弟　高校定時制部で

「私たち、ずいぶん恵まれてるほうだと思うんです」と、四年生のひとりはいった。「だけど、なんだか気が晴れない。こうして工場と学校と寮の間だけを往復してたら、世の中のことがまるでわからなくなってしまうんじゃないかしら……」

家と職場と学校が、ひとつ囲いのなかにある便利さが、同時にまた、狭いところに押しこめられているようにも、生徒には感じられるのだろう。「おもての高校と大いに交歓したい」という声もきいた。「先生も、ちゃんと背広を着て、先生らしくして下さい」との意見が、生徒会で出たことがある。ここでは、工場長が校長さんで、部課長が先生だ。つい、作業服のままで教壇に立つ。しかし、いったん教室にはいったら「完全な高校生になりたい」と、少女たちは思うのだ。それに、できたら専任の教師がほしい。教室で課長さんの先生から悪い点をもらうと、工場でもなんとなく気がひける。

先生の問題は、企業内高校に共通する悩みのひとつだ。部課長さんといっても一流大学出。資格にはことかかない。が、なんといっても教育はシロウトである。「社会科の授業をもて、といわれましてね。これから勉強のし直しですよ」と、転任してきたばかりの課長さん、頭をかいていた。

「鐘高新聞」をみた。生徒会が編集している新聞だ。「悲劇的内容・圧倒的」という見出しがあった。さる九月ひらかれた校内弁論大会の記事。たとえば——鐘高がまだ世間によく理解されていない。そのため、町で、よその高校生にプライドを傷つけられた経験談など。当日の弁論の内容に「悲劇的」なものが非常に多かった、というのだ。

生徒会では「鐘紡長浜高校」という校名から「鐘紡」の二字を削ってほしい、との希望まで出ているそうである。

社員訓練との違い

学校である以上は、職場と切りはなされた自由な空気を、生徒は求める。不満のいくつかを、ここに並べてみた。企業内高校のプラス面とマイナス面。工場のなかの学校の、どうにもならない限界でもある。

しかし、また、こうもいえるだろう。——生徒会や新聞で、生徒は、どんどん意見をいう。不満や希望を、かくさない。弁論大会で「プライドを傷つけられた」とのべた四年生が、二十一人の弁士のなかで、二等賞にはいっている。ここに、ふつうの社員訓練との大きな違いがある。いきなり「社訓」をたれたり、「愛社精神」をたたきこまれたりするのではない。また、紡績工場に多い「いけ花」や「洋裁」講座からも数歩前進している。

「いろいろ問題は多いが、おもての高校も協力して、この新しい型の高校をなんとか伸ばしていきたい」と、教育関係者は願っている。

消えゆく？　農業高校（その1）

最近における就業構造の変化の傾向等にかんがみ、将来農業就業人口の減少が予想されるが、生産性の高い近代化された農業を営むためには、今後農業従事者の資質は少なくとも、高校卒業程度に高める必要がある。

中央産業教育審議会の建議

「午後二時から実習工場建設の地鎮祭をはじめます。代表の生徒はお集まり下さい」――スピーカーから女子生徒の声が流れてくる。「お、いけねえ、もうはじまるのか」。カーキ色の作業ズボンをはいた農業科の先生が腰を浮かせたが「イヤ、いいんだ。僕の方は……農業科には用がないんだ」。職員室のイロリのイスに再び腰をおろした。――菜園の方から神主の読みあげるノリトが聞こえてきた。三十六年、まず菜園をつぶして三百五十平方メートルほどの工場をつくる。三年がかりで五千万円、約千三百平方メートルのスマートな機械科教場が出来上がる予定だ。

「菜園の場合はいいが、隣の果樹園のリンゴの木を切るときは、さびしいでしょうな。まあ、ちょっとした『桜の園』で……」。そのころには、この先生も、この学校にはいないかもしれない。

この学校――県立中野実業は長野市から電車で約三十分、スキーで名高い志賀高原の山ぞいにある。生徒数七百八十四人、一昨年春までは商業科と農業科とがあり、両科とも毎年百人ずつ生徒をとっていた。ところが三十六年の春から、農業科生徒の募集をとりやめて、機械科に切りかえられた。地元の中野市が工場誘致を旗じるしにかかげ、県内三市でセリ合ったあげく、まず、工業課程をつくることに成功したのだが、おかげで農業科の生徒はいま、二年生と三年生だけしかいない。

反対はしているが

「それは反対していますよ」農業科がツブされることに対して、君たちはどう思ってるの、と生徒たちにたずねた――「僕たちの農業科が、この学校からなくなるのは実にさびしい。卒業した後で、相談に来れねもんな。PTAも同窓会も、みんな存続してくれっていってる。けんど産業のやり方が変われば、農業学校減らすのも仕方ないじゃねえだんかい」。先生たちの間でもアキラメの空気は強いようだ。「時代の波には勝てませんしねえ」

福岡県のある農業高校では卒業生の六割が工場に集団就職している。畑のまん中の、この学校すら、卒業生の半分しか自営農家には残らない。この傾向は全国どこでも同じだ。そこで県によっては「農業学校が多すぎる。足りない工業科に切りかえてしまえ」となる。長野、静岡、鳥取の各県などはこういう動きにもっともさきんじた地方である。

長野には八十一の高校があるが、そのうち農業科を置いた学校が二十六校。これを県の産業教育審議会では、八年後に半分に減らしてしまおうという案も出ている。

残った学校は思いきり立派にして、うんと近代化しよう、というのだが、現場の先生のいうのには「実際に、若いもんが魅力をもつような農業をやってみせなきゃダメですよ」と断ずる。「第一、農家には嫁さんも来たがらない……」

ブタの飼育も授業のうち，よごれるけれどもやりがいがあるという　長野県中野実業高で

嫁のなりてはある

これを聞いた十七、八歳、三年生の男子たちは一せいに口をとがらした。「クラスの女子たちに聞いたこたないが、そんなこたねえと思います。いままでは悪かったが、僕たちの手で魅力ある農業経営をやればいいんだと思います」「サラリーマンってのは、女子にうけるかも知れねえが子供が二、三人できると、へえもう、食べれんというじゃないだんかい。農家にはそういう心配はないです」「奥さんと一緒に働けるし、よう」「ダンナさえしっかりしとりゃあ、シュウトとけんかするこたあり得んで……」「共同経営で機械化してゆけば、帳面つけるとか、女子に向いた仕事もあると思います」

「四輪車だってよ。運ぶにいるもん。農家の方が先に自家用もつんでないだんか」「僕らは経営者になるが、先生もいっとったです。一生、人に雇われて、サラリーマンはもうらしい（かわいそうだ）なあと」。そばで聞いている女子生徒も、男子生徒の活発な発言に、まんざらでもなさそうな笑顔である。

工業科転換の悩み

こういう生徒もあった。「農業学校に人気がないのは、かえって都合がいいです。僕らの学校がツブされるのはちょっと困るけど、減らすこと自体は反対しない。競争相手が少なくなりますから。ただ、次男や三男はほかの学校を出て、ほかの職業についてもらわんと困るのです」

兼業農家のふえてゆくのも歓迎だ。かれらはいつか脱落する。そうすれば、自分たちの耕作面積もふえてゆき、大規模な農業経営がきっとできる日が来るだろう、という。親の跡をつぐ長男の生徒たちには、明るい希望と自信がみちていた。

迷っているのは、先生たちだった。「芝刈り、ナワないという意味ではないが、農業経営の先覚として、人間の理想像に二宮先生を置いてきました。福沢先生もえらい。しかし工業の方面では、人格からみて理想の人は少ないのじゃないか。湯川さんが、本当に原爆実験をとめるような業績でも残されれば別ですけれど……」。そして「これは私だけの悩みですが」と語った。「工業が進歩しても、いまのように人類が破滅にひんするような方向へゆくなら、私は工業に希望がもてない。農業の世の中にも闘争はあるが、少なくとも人類が破滅するような教育はしなかった」

消えゆく？　農業高校（その2）

年々減る志願者

「お恥ずかしい話ですが、毎年新学期前になると、中学校へ、うちの学校へ入学をすすめてほしいと頼んで歩くのです。それでも、三十六年など定員の半分しかなくて……」三十六年春建ったばかりという鉄筋三階建の明るい校舎、そのなかの広々とした校長室でこう語る校長さんは、まったく浮かぬ顔つきだ。

名古屋から東へ車で三十分、本地ヶ原と呼ばれる広大な開拓村のまん中にある愛知県立長久手高校は、家庭と農業の二課程あるが、農業科は年々志望者が減る一方。三十二年には四十四人あった入学者が、三十六年は半分以下の二十一人になった。「それがあなた、全部農家の子ならまだいいですよ。なかには農家とは縁もゆかりもないサラリーマン家庭で、成績が悪くて普通高校へは行けない生徒らが来るんですからね」——校長さんにしてみれば、高校生の急増で〝中学浪人〟が出るかも知れないと大騒ぎをしている大都会の学校がうらやましくもなるわけだ。

同校の農業科の卒業生で、農業に従事しているのはわずか一七％、今春卒業する三年生三十人のうち農業志望がたった二人という現状では、校長が嘆くのも無理はない。

〝これでは、とても独立校としての体面を保てない〟とさる八月、関係市町村長や中学校長、PTA会長の連名で、「普通課程の新設を認めてほしい」という異例の陳情書を県教委と県議会に出した。名古屋や瀬戸という工業都市を間近にひかえたここ愛知郡長久手村では、農業高校生どころか、農業人口そのものが減ってきている。はじめ農業科の誘致に熱心だった村の人たちも、いまでは施設充実のためにPTAの寄付を……といわれても、みんな、しりごみする始末。陳情書には「地域社会の事情が一変して、学校は孤立離反するばかり」とまで訴えており、なんとかこの急場を普通課程の募集で切り抜けようというわけだ。

「この陳情書をつくるについても、校長会では、ずいぶん白眼視されたものですよ。きみんところだけいい子になろうとして……なんて批判されますしね」板ばさみのつらさだ。校長の話では農業高校の校長会は、それこそ悲壮な空気に包まれているという。

実習農場で茶つみ
長久手高校で

工業科へ転換も

静岡県では、三十七年度から始まる高校生急増対策の一つとして、今春から修善寺農業を工業高校に切り替える。「愛知県は、いったいどうなるんでしょうね。県はいま以上農業科を減らさないといっているが……」長久手高校の職員室でも、先生たちは寄るとさわるとこの話。農業科廃止の幻影におびえているといったら、いいすぎだろうか。

日本の農業教育は、いま曲がりかどに来ている。農業の技術が進歩し、農業高校に昔ほどの期待をかけなくなった。三十三年間、農業教員ひとすじの道を歩いてきた長久手高校の校長は「私らの若いころ、農学校の先生といえば、まるで神様扱いだった」と述懐する。だが、いまは違う。学校と農家の技術レベルにあまり差がなくなった。だから現場の先生は「実際に若いもんが魅力をもつような農業をやってみせなきゃダメですよ」と強調する。農家が求めているのは、トラクターなどを使った機械化農業をどう進めるかということだ。それがためにはいまの実習農場ではせますぎる。もっと拡張し、機械もふやさなければならない。農業科の整理や統合など、とんでもないというわけだ。

だが現実はどうか。求人難を反映して、卒業生はどんどん会社や工場へ就職してゆく。

「すでに就職のきまった生徒は、農業の時間に、ほかの本を読んでいる。全然関心がないんですね」

若い先生がはき出すようにいった。

農業科でもいい、高校さえ出ていればいいというのだろうか。でも、みんながそうではあるまい。卒業したら両親といっしょに農業をやるという三年生の一人は、きっぱりとこういいきった。

「中学校の同級生でも、百姓になるというのはほとんどいません。でも、人がどう思おうと、やっぱり私は私の道を進みます」

水産高校の一日

職業教育を主とする学科のうちのおもなもの
①農業＝農業、園芸、畜産、蚕業、農産製造、農業土木、林業、造園、生活。
②工業＝機械、自動車、造船、電気、電子、建築、土木、工業化学、化学工学、窯業、色染化学、紡織、採鉱、や金、金属工業、工芸、デザイン。
③商業＝商業。
④水産＝漁業、水産製造、水産増殖、水産経営、機関、無線通信、水産。
改定・高校指導要領、総則

「おはよう」とあいさつする者は一人もいない。先生だろうが、上級生だろうが「おっす」「おっす」のかけ声と〝帝国海軍〟ばりのきびきびした敬礼。ジャバラでふちどった、紺色のスマートな制服をまっ白な作業服に着かえる。

日本海の荒波が足元を洗う仙崎湾の奥深く、中国山脈のモミジにはえるクリーム色の学校——山口県立水産高校の一日がはじまった。

実習室でキビキビ

漁業製造科実習室。生ぐさい魚のにおいがぷうんと鼻をつく。作業服の二十人がぱっと散って流れ作業がはじまる。「わしは実習が一番好きだ。サカナのつまみぐいができるけえ」脱水機から取り出した魚肉のかたまりをミンチにかけていたニキビの三年生が笑わせた。ウスに入れてつぶしにかけるもの、味付けするもの、成型機に入れるもの、蒸しにかけるもの、みんなかいがいしく立ち回る。約五十分。ホカホカしたまっ白なカマボコがカマから取り出された。「できはどうだい」「最高ね」どっと歓声が上がる。「名物仙崎カマボコっていうけど、ぼくらがつくるのは鮮度もいいし、まざりっけなし、日本一うまいんじゃ」一人が誇らしげにいう。実習室のタナには「山口水高製」のレッテル付きのカンづめやソーセージなどがずらりと並んでいた。

機関科実習室で――。「ブルブル」「ドドー」部屋全体がゆれていた。小型底引き船についているのと同じ百六十馬力のディーゼルエンジンで、二年生が組み立て、分解、始動の勉強だ。「君たちがしっかりせんと、船は沈むぞ」先生のかけ声。機械の先端に神経を集中してくい入るように見つめる目……。となりの電気実習室で配電盤をいじくっていた一人がいった。「ぼくたちはほかに鍛造の実習あり、製図ありで、よほど頭がチミツでないとつとまらんです」

〝日本一おいしいぞ〟とカンづめづくりに精出す生徒たち
山口県立水産高校で

職員室をのぞくと「天文」「航海」「海事法規」「水産微生物」……普通高校では見かけられない変わった科目が黒板の時間表を埋めていた。「はいります」威勢のいい数人の生徒がどやどやと先生をかこんで「船はいまどの辺ですか」「もうシンガポールを過ぎたころだろう」「先生、半分くらいはホームシックですかね」「A君は船に弱いからいまごろ泣いてるぜ」漁業科の三年生二十五人を乗せて南太平洋へマグロ漁の実習に出かけた練習船長芳丸（二六七トン）のことが気になって仕方がないといった表情。サイレンが鳴ると「つぎは網の実習だぞ」元気よく校庭にすっとんでいった。

海をかけ回る誇り

学校から国定公園北長門海岸の中心、青海島にある寮までの四十分間、道案内の一年生は、上級生に敬礼するのに右手をあげっ放し。「大変だね」と話しかけると「いや平気です。なれていますから」この一年生、寮舎に向かって直立不動「ただいま帰りました」とまた敬礼した。

普通高校の生徒を見てどう思う――

「勉強だけして自分だけえらくなろうという生徒が多い。ぼくたちは海洋実習なんかで徹底的にきたえられているので、どこへ出ても、どんなことがあっても、屈しない強さがあるけど……」

よく漁業は行きづまりと聞くのだけれど――

「卒業したら、大型船に乗って南極海や南太平洋など世界の海をかけ回るつもりだから、日本の近海など問題にしていません」と胸を張る。「そりゃ少しは気になりますが……」一人が横から口をはさんだ。

李ラインは――

「海にカキ根をつくる気持ちなんてわからないね」「不愉快だ」「政府はなにしているんかのう」。一年生が「韓国警備艇など沈めてしまえ」といったら「やはり平和的に解決せんといけん」みんなにたしなめられた。

卒業したら――

「一生けんめい働いて、甲種船長か甲種機関長になるんだ」

「ほかの人にはぴんとこないかもしれないが、船乗りにとっては大臣になったのと同じです」

大会社に全員就職

あつまってくれた寮生に「この中で家の仕事が漁業の人は?」とたずねたら、一人もいなかった。学校要覧に「本校保護者五百十四人の職業調べ」という表がのっていた。「農業二三%、漁業一八%、商工業一六%、公務員一三%、会社勤務一二%……」とある。「むかしは漁業が半数近くいたのですが……。それに近ごろはたとえ家が漁業でも、卒業したらみんな大会社に就職します。零細漁業に見切りをつけてね」説明してくれた先生が「なかにはこんな生徒もいることはいるんですが……」と見せてくれた作文。――父は子を漁船員にしたいと思わず、娘は漁師に嫁ごうともしない。これでは日本の内海は死んでしまったも同然ではないか。みんないまこそ漁村へ帰ろう――

「結局、この生徒も家には帰らず、いまは大会社のマグロ漁船に乗っています」昨春の卒業生も、進学した十人を除き、あとは大洋漁業などに全員就職した。昨秋も求人は約三倍。「これではいくら漁船の中堅になってくれと頼んだってダメです」先生たちは苦笑した。

校門のそばに「白花塔」と書いた石碑があった。裏に「佐川洋君三十六年二月二十六日夕、マグロ漁船で委託実習中、八丈島東方海上で遭難」ときざまれていた。

五年制高専のヒナ型

ドイツ語も熱心に

甘ずっぱいモクセイのにおいが中庭からただよう一年機械科の教室――。黒板を背に若い先生のメガネがキラリと光る。

「ではつぎ……」

教科書を手に立った丸坊主が、

「アムネヒステン　ドナスターク　ハーベン　ビール　アイン　エクサーメン　イン　エングリッシ」（つぎの木曜日には英語の試験があります）

たどたどしいが、一語、一語はっきりしたドイツ語だ。途中「エグザーメン」といい違えたのを先生が訂正して読みなおさせる。

「この比較級の形はわかったね」

さらさらと黒板にチョークが走り、生徒たちはいっせいにメモ。

運動場では四十人の生徒が三組に分かれ、野球とテニスとピンポンを楽しんでいた。一年工業化学科の体育の時間だ。運動場といっても、正式なのは小さな野球場とテニスコートだけで、あとは草ぼうぼう。体育館のペンキは半分塗りかけ。外野の生徒は草っ原にすわり込んで、

「おーい、あんまりかっ飛ばすなよ。ハラがへるぞ」

久留米市内を流れる筑後川のほとり、国立久留米工業短大付属工業高校は全国で初めての五年制「工業高等専門学校」の〝ヒナ型〟として三十六年春うまれた。高専は高校から一貫した五年教育をして大学卒に劣らない専門技術者を送り出そうと、文部省が三十七年度からスタートをもくろんでいるものだ。久留米では一足早く、三十六年から短大の付属という形で電気、機械、工業化学の三科（計百二十人）が発足した。一年生は「高専制度」への切りかえとともにこのエスカレーターに乗るはずである。

なんのかざりもない職員室の壁に、ペタリと三科の時間割りがはってある。

電気科をみる。

月曜日――一時間目人文、あと世界史、国語、数学一、ドイツ語、化学、英語と七時間授業。

三科ともこの調子で毎日七時間。

土曜は昼までだが、午後ホームルームが一時間ある。週四十時間（機械科は三十九時間）のつめこみ〝強行軍〟だ。普通高校より五、六時間も多い。とくに多いのが数学（七時間）と英語、ドイツ語（各六時間）。同校は二学期制だが「社会」は前期に六時間もあったのが、十月の後期入りとともに姿を消した。国語は今は四時間だが、これも二年まで。高校教頭格の石原赳夫短大教授（九大助教授兼任）の話では、

「三年になると〝高専カラー〟をぐっと強め、週四十時間のうち二十一時間までを専門科目で埋める。機械科なら応用物理、同実験、工業力学、電気工学、機械工作、工作実習、機械製図といったぐあいになる」

そうだ。

ドイツ語の勉強にも熱が入る
久留米工業短大付属工高で

短大生より好成績

九月の学期末試験でドイツ語の平均が六十五点、おなじ校舎に学ぶ短大一年生より二十点も上だった。「中学を出たばかりで、英語の基礎もかたまっていないのに……」という学校側の不安は、いっぺんでけし飛んだという。英語、数学なども予想以上の成績。もっとも国語では「利用」を「理用」と書いたり「博識」の意味がわからなかったり、先生泣かせの答案が目立った。「もともと文科系に弱い生徒が多いので……」それなら、専門教育のつめこみで生徒の人間像はいっそういびつになりはしないか。

学校が頭を悩ませているのも実はここだ。月に一回くらい校長の和栗短大学長(九大教授兼任)が全生徒を集めて講義をする。「エンジニアの心得」「処世訓」などというのがならんでいる。だが居眠りでもしようものなら大変。講義のあと、その要旨を全生徒に書かせ、一人、一人に朱を入れて返すからだ。

「先生、ここどうもわからないんです。教えてください」

「なんかね」

とスタンドの横にすわり込んだ先生はたんぜん姿。

「こいつ、おれの出した宿題じゃないか。自分でやれよ」といいながらも、めがねをかけ直して
「どれどれ」
十一月初め新しい二階建の寄宿舎ができてからこんな風景もみられるようになった。十二室（十畳）に県外出身生など四十八人がはいっている。社会訓練と、教師との人間的なふれ合いがねらいだ。毎晩、先生が交代で舎監がわりに泊まっている。今年秋までには残る二むねも改造して、定員二百人の本格施設に仕上げ、市内に住むもの以外は全員収容というのが学校側の計画だ。市内の親たちからも「うちの子も入れて、うんと仕込んでほしい」という声もきいた。

現場のインテリに

父母にはスパルタ教育大うけ、というところだが、週四十時間の授業は生徒にとって大きな負担である。単位制でなく、学年制なので、落第のにらみもきいている。宿題に追われ、毎日帰宅してから三、四時間勉強という生徒はザラだ。石原教授はこういう。

「とにかくスパルタだの、つめこみだの、他から批判されますが、大学受験本位のくだらないつめこみとは、わけが違う。ほんとに身につくものばかりです。現在の高校、大学制度にはムダがあるし、会社でも技術者と工員の間に大きな断層がある。だから社会の要求に応じてこのすき間

を埋める存在、つまり現場で工員といっしょになって働き、考える力強いインテリを――というのがわれわれの念願なのです」

先徒のひとりに登場ねがおう。電気科一年、三波共守君。二十八歳。最年長者だ。近眼鏡の目を細めて「毎日、勉強は四時間ちかくやるかな。でも楽しくてたまりません。今はクラスで十二番だが、うんと上がって見せますよ」久留米市郊外の牛乳屋の長男。二十六年に普通高校の定時制を出て家業の手伝い十年間。無線技師になろうと思いたち入学した。毎朝五時に起き牛乳配達をすまして登校するそうだ。ほかに高校卒が四人。中退組を含めると四十五人で、全員の三分の一強。だから意見や批判も二派に分かれる。

「ドイツ語がちょっときつい」「体育の時間が少ない」「クラブ活動を認めてほしい」――これは中学からの〝直線コース組〟。〝浪人組〟は授業内容には別に注文はつけなかった代わりに「アルバイトできるようにしてほしい」という声が強かった。

×　×　×

ここの生徒には授業中にあくびをしないという美徳? がある。先生は午後の六、七時間目になれば「エチケットをはずさない程度」の条件つきで、あくびをおおいに奨励しているが、見た先生はまだ一人もいないそうだ。

養成工の場合

当社の従業員としての精神を堅持し、職場の中堅作業員として精励する、職種別に多能工の素地をもった有能な作業員の養成を目的とする。

トヨタ自動車工業技能者養成教育の目的

「トヨタ自動車前」とかいた名鉄電車の駅から工場へと出勤者の続くラッシュ時、その中にまじって学生帽、詰めえり、金ボタンの〝高校生〟も工場へ急ぐ。この生徒たちも、他の工員なみになれた手つきでタイム・レコーダーをガチャン。れっきとした社員なのだ。月給もボーナスも、額は少ないが、ちゃんといただいている。正式にいえば、技能養成工。定時制高校に通っているわけではないが、高校生と寸分変わりない服装が制服である。

一年生から三年生までいる。工場内の教育会館前で朝礼。やがて教室から、がなりたてるように、クラスの全員の読む英語の声。発音のきれいな、若い女の先生について「レッタス・ビジット・モダン・スチールワークス（近代的な製鋼所をたずねてみよう）……」工業英語の教科書である。隣の教室で使っていたのは〝高等国語巻一の下〟。先生の朗読を聞いているイガグリ頭。工場構内とはとても思えない。時間割りには、さらに代数・幾何・物理・化学・社会・教養・体育・ホームルーム……とならんでいて、工業高校にひけ目はない。

貫く〝企業の精神〟

センセイと呼ばれてはいるが教壇に立つのは「指導員」。校長先生もおらず、いうなれば教育訓練課長さんがその格だ。社内から教員資格のある人をひっぱってきて指導員にしているから八十人がみんなそれぞれの職場に〝本職〟を持っている。若い女の先生も例外でない。職場の方は手をとられるのだからいい顔はしない。

専任教員をいれたらどうだろう？

「そこですよ問題は。われわれは指導員の人格から〝企業の精神〟を教え伝えていきたいんですよ」

学校教育ではない職場教育なのだという太い筋が貫いている。だから特別にSTR（Society

member's and Toyota-man's Research）という時間が三時間どっさり組み込まれている。英語の頭文字をとったのだが〝トヨタ社員としてのしつけと心構え〟そんな意味だ。「本社製の車に乗りましょう」の愛社心から「能率意識」「上役のよび方」「職場のエチケット」「信頼と協力」と人間関係、チームワークの重大さを徹底的にたたき込む。

「近ごろの若いモン」は車内でも席を譲らないし万事態度が大きい、社会訓練がなってない、というのは大方の定評だ。ここの課長さんは「あれは学校で教えないからですよ。やるべきことを知らないんですよ」という。つまりそれをしつけて〝社会人〟にしようというわけだ。新入生は全員養成工課程に入れられ、四月いっぱいは「右向ケ右ッ」「分隊、前エー進メッ」の〝教練〟を受ける。これも同じ方針からである。

会社自慢の実習室での「教育訓練」
トヨタ自動車豊田工場で

○・八人前の戦力

一年生は週六日のうち教室と職場の実習が三日ずつ。二年生は実習が四日にふえ、三年になると教室は一日だけとなる。近くの工業高校と比べてみたら、夏休み、春休みがなかったが、授業の単位は三年間でほぼ高校の二年どまりだった。そのかわり実習の方は、三年間で基本六百時間、応用三千二百八十時間とケタはずれに多い。

機械工コースの一年生は、機械の分解説明、分解手順を教わって、いざ復習ということになっても、指導員がつきっきりで手とり足とりせねばならない。二年生は、要点を説明して監督していればどうやらやる。だが右ネジを間違えて左ネジに削ったり、内径と外径をカン違いして棒がアナをすとんと落ちていったり、頭をかいたり赤くなったりしているうちに三年生。作業帽の白線が三本にふえると失敗の方は逆にぐんぐんと減ってくる。もう図面をみせるだけで、作りあげてくる。〇・八人前だが、配置工場の立派な戦力である。

養成課程を卒業すると、経験七年が受検資格の技能検定も、三時間を四時間にのばせばなんとか合格水準だ。しつけといい、腕前といい、高校をノホホンと過ごしてきた同窓生とは、面構えからして引きしまっている。現場も事務もいっしょの大食堂前で、昼休みの養成工にきいてみた。「日曜に高校へいった友人と話すことがあるけれどこっちの方が全然内容があっていいな」進学しなかったというコンプレックスなどみじんもない。中学でもあるレベルまでの子が、試験で入社してきたのだから、それなりの誇りもある。養成教育をもう少し補強して高校卒の資格がとれるということになったらどうする？「学歴が上がってどうっていうことはないと思うけれど、ないよりはあった方がいいからとります」〝心構え〟はカラリとしたものだ。

コンベア・ベルト

工業高校に対して、大企業からは「微分方程式の解き方や工業英語も、ある程度のレベルまでやっておいてくれ」と注文が出る。小企業からは「その日から使いたいのだ。ヤスリのかけ方も十分でないというのは困る」学校ではとても両方をきいてはいられない。いわば精々、切るのはノコギリで、削るのはカンナで、と教える段階だ。ケバ立てずに削る呼吸や、ノコの引き方までは及ばない。〝腕〟をつけるには早いにこしたことはない。中学卒を採用しよう。だが技術革新で、現場作業陣にも幅広い基礎をみっちりと、ということになれば、少なくとも高校卒なみの知識が欲しい。ところで、高校出は作業職をきらってとかく事務、技術系へゆきたがる。〝産業協同〟などとあちこちに掛け声はきこえてくるがその目的をつきつめて会社が本当に欲しい人材を育てようと本腰を入れてかかれば、企業の中に「学校」を作るより手がないのではあるまいか。〝現場〟と〝教育〟とのギャップを訴える声は高い。

トヨタの場合、養成工一人に教育費だけでも三年間で五十五万円近くつぎ込んでいる。三十五年度の総額は三千六百万円。三十六年は養成工の数も倍増で、今年はまたはるかにふえそうだ。鋳物工場の砂ホコリの向こう側、工機工場の旋盤の陰、組み立て工場のコンベア・ベルトの回りなどに見えかくれする作業帽。白線二本のから、三本まいて汚れているもの、さらに白線をはずした〝卒業生〟それからあれが組長、と目で追っているうちに……これも一つのコンベア・ベルトじゃないか。名門校の門にあらそい、一流大学へとひた押しに上っていくエスカレーター。どことなく似通ったところがありはしないだろうか。

定時制と通信教室

こんど，いくつかの定時制高校を訪れた時，生徒たちからきびしい訴えを，私たちはきいた。

「定時制」と「全日制」の間によこたわる壁は，予想以上に固いものがあった。中学時代の「就職組」は，ここでもまた，さまざまな差別を味わわされるのである。たとえば学内設備の差，授業内容の差，さらにひどいのは，就職試験の時の差別，など。

しかし，夜，暗い照明灯の中で，スポーツに興ずる生徒たちの姿は，意外に明るかった。その明るさは，いまの十代にしっかりと根をおろしたいい意味での楽天性，といったものからだろうか。進学問題に追われる全日制の生徒よりも，はっきりした自分の生活と意見をもった生徒も少なくなかった。

ここではまた，通信教育の問題にもふれる。通信教育の課程には、約六万五千人もの生徒がいるのである。

定時制おことわり

文部省で実施している学力調査によりますと、全日制の生徒が数学について平均36点となっていますが、定時制では平均13点という状況です。これは必ずしも定時制の生徒が能力がないというわけではなく、非常にすぐれた能力をもっている生徒もいるのですが、勉強の時間が少ないことが……大きな原因と思われます。

文部省「高等学校の新しい教育」から

パン屋の住み込み店員もいれば、看護婦さんもいる。十代から四十代まで、さまざまな年齢と境遇の、定時制課程の生徒たち。全国で約四十七万人（三十六年五月現在）、高校生全体の六分の一近い数だという。数も多いが深刻な問題も少なくない。

自殺したある少女

いくぶん、甘ったれたところのある娘だった。器量は、お世辞にもいいとはいえなかったが、よく笑う子だった。

昼はオモチャ工場で働き、夜は、東京都立のある定時制高校に通っていた。工場の終業時間が遅いので、よく遅刻した。授業中の居眠りも得意だった。が、これは彼女だけの「特技」ではない。夜の教室の名物でもある。

成績は平均よりちょっぴり上、まあ、ごくあたりまえの、定時制高校生の一人だった。

卒業の年、少女はデパートに勤めたい、といい出した。担任のK先生は困った。たいていのデパートは、定時制の卒業生を採用してくれない。「むりだな」とはじめはとめた。『それに、君はデパート向きじゃない」といいたかったが、それはひかえた。

すると、どこからか、ある二流のデパートの勤め口を捜してきた。そして会社に出す成績証明書をごまかしてほしいという。「第四学年」の成績、と書くところを「最高学年」とぼかしてほしい、という談判だった。

ふつうの高校（全日制）は三年制、定時制は四年修了だ。だから四学年と書かれると、すぐ定時制だとばれてしまう。ばれれば試験も受けられない。そういうちゃっかりした相談をもちかけてくるのは、たいてい女生徒である。ほめた話ではないが、うそを書くわけじゃない。先生はたいてい、目をつぶってしまう。この場合、それが不幸を生んだ。

授業一時間目，生徒たちは勤め先からかけつけるが，空席がまだ目立つある東京都立高校の定時制で

少女は合格した。卒業後、油にまみれた作業服がこぎれいなユニホームに変わった。給料だって、町工場よりずっとよかった。

しかし、定時制出身者だったことはすぐ会社に知れた。デパートに勤めたのは、ほんのわずかの間だった。ある日、少女が家出をした、といううわさを先生はきいた。恋人とでも……とのんきなことを考えていたのは、うかつだった。おっかけるように電話があった。

少女の死体が、湘南の海岸で発見された、という。松林の中で睡眠薬を飲み、自殺した、という知らせだった。

デパートをクビになった、という話を先生はあとで知った。営業不振を理由に、何人かが整理された。定時制出身の彼女は、定時制だという理由で、まっさきにその対象になった、というのである。自殺は解雇の直後だった。べらぼうな話だ、と先生は思った。腹も立った。

むごい符号の行列

全日制と定時制の間にある、かたい壁。まったくそれは、奇妙な差別というほかはない。〝マル否〟というのがある。マルの中の「否」というただそれだけの文字だが、これほどドライに、むごく、全日制と定時制とをわけへだてる符号は、ほかにない。

各職安から高校に「求人一覧表」がまわってくる。求人ブームの年だけに、一流メーカー、銀行、デパート……大企業からの求人がひしめきあっている。「ここんところをよくみて下さい」と先生が指さす。求人欄の横に「否」という文字が無造作に書きこまれている。つまりこれが「定時制おことわり」の符号なのである。

否、否、否……九割までが〝マル否〟の行列だ。たまに「可」がある。仏にあった思いでみると、生徒には魅力のなさそうな小さな事業場ばかりだった。あとは官庁とわりあい開放的な、ごく少数の大企業。

今年はたぶん、求人がだぶついているはずだ、この機会になんとか定時制の生徒を、と就職係の先生が会社をたずねてまわった。「いや、それならけっこうです」。どこでも、丁重にことわられた。「なぜ、だめなんです」。若い先生は開きなおった。「職場ずれしてますからね」。求人側はにべもなかった。もっと正直な会社もあった。「なにぶん、うちでは家庭状況を重視しますから……」。

「私も定時制の教師をしたことがあるんですが……」と、ある私鉄系の会社の人事課員がすまなそうにいった。「だから、なんとか定時制から採用するよう内部で働きかけてみました。やはりむずかしいんです」——〝マル否〟の壁はそれほど、かたかった。

この差別を撤廃せよ、というテーマが定時制高校の全国主事総会では、毎年きまって議題になる。今年も、文部省に強い要望書がくりかえされた。——「せめて同じ土俵にあげさせてほしい」というのが、先生たちの訴えである。

しかし生徒たちの気持ちは、すこし違っていた。同じ高校卒なのに差別するのは、たしかにけしからんと思う、と何人かの生徒は口をそろえた。が、激しくいきどおる、という口調はなかった。「それはやけっぱちになることだってありますよ。ばからしいから学校やめちゃおうか、と何回も思った。でも、なぜ差別するんだ、といくらわめいたってどうにもなりはしないでしょう。仕方ないんだ、とあきらめてます」——案外、さばさばした調子だった。

「今の世の中、実力だけじゃだめなんでしょう。学歴やコネがものをいうんだ。ぼくらには両方ともないけどさ」——自動車修理工場で働くというある生徒は、そういって、ひどく大人っぽく笑った。

定時制かたぎ

定時制では働きながら学ぶ青少年に、高校教育の機会を広く与えるということに主眼をおいて、しかもその場合あまり無理のないようにかつ指導したことはじゅうぶん身につくようにすることが大切になるわけです。

文部省「高等学校の新しい教育」から

「苦学生」といった感じは、あまりない。べたつかず、カラッと明るい。いまの定時制の生徒、昔の「夜学生かたぎ」とはずいぶん違います、というのが先生たちの総評だった。

教室にリュックの山

授業料を滞納しても、山登りの費用はがっちりためる、という生徒がふえた。シーズンだと、土曜の夜、教室のうしろにリュックが山と積まれる、という。こんな風景、数年前にはなかった。授業が終わると、「おれたちゃまちには住めないからに」――合唱しつつ、さっそうと夜行列車にかけつける。

ついこの前までは、トランジスターラジオのナイター放送が、しばしば授業中の先生を悩ませた。

金曜の夜、きまって二割ほどの生徒が早退する。この夜、テレビのプロレス放送があるからだと先生たちは知っている。「職場では下積みの連中ばかりです。いつも痛めつけられてる。だからプロレスの、あのパッと投げつけるところ、あれが痛快なんだな」。東京の定時制、大山高校の先生の話。

「ちょっと意味が違うけど、定時制生徒に創価学会の信者が多いのも、環境の影響でしょうね、きっと。生徒に折伏されそうになった先生もいます」

たとえば大山高のM君。岩手県出身。法律事務所の給仕さん。月収一万円。へや代三千三百円。授業料、諸経費を除き、一日の外食費百円以内の予定である。

朝食はぬき。昼食は勤め先の食堂を利用し、四十円であげる。夜、学校の食堂で三十円のどんぶり飯。帰途、ラーメンを食べたり、食べなかったり。一日二食が原則。このごろ、学校でミルクの給食をはじめた。大助かりだが、やはり腹はすく――新聞で、ある十代歌手が「忙しくって飯を食べるひまがない」とこぼすのを読んだ。かわいそうだな、と同情したけど、よく考えたらばかばかしくなっちゃった、と M君。どこの食堂では何が安くてうまい、というのをよく研究してます。食通ですよ、と存外明るい笑い声だった。

あだなのない先生

給食にくつろぐひととき
東京都立紅葉川高校で

定時制と全日制の生徒と、一番違うところはどこか。「先生にあだなをつけないことかな」。しばらく考えてから、そう答えた先生がいた。どこの定時制でも、ふしぎにそうだという。「昼間の学生より、こなまいきでない証拠かな」「いや、サラリーマン先生が多く、生徒たちとの距離が遠いからだ」といった議論が続いた。

なぜか、と東京・両国高校定時制の

先生が、教室の生徒にたずねてみた。みんなニヤニヤ笑った。ズバリ、いいましょうか——一人が立ちあがった。「先生に関心がないんですよ、ぼくら。忙しくって、先生のことなんか、かまってるひまがないんです」。先生の悪口を楽しむゆとりがない、という。あだなというもの、やはり「小人閑居」の産物らしい。

大山高、四年生へのアンケートから。「卒業して最初にやりたいこと」▽あきるほど眠りたい▽のんびり休養したい▽のんびり旅をしたい▽ねて、あそぶこと。

金属工場に勤めるN君。朝七時起床。九時間労働。昼休みはない。仲間に気がねしつつ、早目に仕事を抜け、学校へ。夜九時すぎまで授業、十時前に帰宅。勉強、読書。十二時に寝る。残業、日曜出勤もある。炉の側の重労働だから、一、二年生のころはまいった。三年のいまでさえ、授業中、眠い。「あきるほど眠りたい」というのは、実感であろう。それでもN君は月々貯金をし大学に進む準備を進めている。

N君だけではない。大学受験組は、意外に多い。

たとえば両国高校定時制、六割が大学を受け、三割が合格。「昨年は東大、早大、都立大、千葉大……かなりの成績でした」と先生は指をおる。なぜ進学組が多いのか。前回のべた大企業の「定時制しめ出し」がその一つの理由だ、という説明である。

「できるだけ大学へ行け、と生徒にすすめています。定時制を出ただけでは、全日制の高校卒と同じに扱ってくれない。どんな優秀な子でも差別される。よしそれなら大学へ行け。アルバイトや奨学金で何とかなる。君たち、谷間から脱出したければ大学へ行くんだ、といってやります」

勉強時間のハンディにかかわらず、かなりの進学成績をあげているのは「実力のある子が多い証拠」だという。

しかし、大学になんか行かなくても、という生徒もむろん多い。ふたたび大山高のアンケート。

「将来、こんな人間になりたい」

▽平凡な人間▽母によしよしといわれる人▽平凡な家庭を営める人間に▽誠実で思いやりのある人間。

異常なほど、だれもが「平凡さ」を強調する。立身出世主義はない。

さきほどのM君——「大学を出れば学歴がものいうこと、分かってます。しかし親のすねかじってるいかれた大学生みると、なんだと思う。学歴をぶらさげてる人より、町工場で一生懸命働く平凡な人の方がよっぽどえらいんじゃないか、と思います」

下積みでもいい、人間的に成長することの方が大切だ、といいきってから、M君はつけたした。

「そりゃ、ぼくだって大学へ行きたいですよ。でも、昼間の人にはかなわない。なかばあきらめてます。ぼくの下積み論、仲間と話し合った末の結論なんだけど、これ、決して逃避じゃないつもりです」

大阪の定時制

国及び地方公共団体は、能力があるにもかかわらず、経済的理由によって修学困難な者に対して、奨金の方法を講じなければならない
教育基本法第三条の2

午後五時半。夜の高校の始業時刻だ。出席簿と教科書をつかんで、先生たちが教員室を出てゆく。教室には、ぽつん、ぽつんとしか生徒がいない。講義は遠慮なくはじまった。古今和歌集序文である。

「いにしえよりかく伝わるうちにも（がた、がたと音を立てて生徒ひとりはいってくる）奈良の御時よりぞ広まりにける。（がた、がたとまた一人）かの御世や、歌のこころを（がた、がた）しろしめしたりけむ（がた、がた）かのおん時に……」

大阪府立市岡高校定時制。はじめ十人ほどだったのが、六時ちかく、やっと三十人になった。クラスの四分の三ほどだ。

気がねしながら

「はじめに出席をとるのが原則でしょうが、私は最後にとることにしています。職場から全力でかけつけても、どうしても間に合わぬ子もいますしね」と戸川芳郎教諭。大阪でも、ここは特に遅刻が多い。交通ラッシュももちろんある。だが、勤めさきに中小企業が多く、仕事がキチンと終わらないことが、大きい。といっても、始業をくりさげたら、終業がそれだけのびるし、職場でもっと長く働かされる恐れがある。

「まわりが働いてる中を抜けてくるのが気がねで……。決してイヤな顔されるわけじゃないけど、それだけ余計にね。その点、ぱあっと終わって帰れるお役所づとめはいいですねえ」

——町工場で働く子だった。

一年から三年まで、ABCと三組ずつあるのに、四年生は二組しかない。あわせて百五人。入学のとき百六十人いたのに、三分の一がやめてしまった。この傾向、どの学校でもほぼ同じだ。なぜだろう。自治会室で話しあった。

授業は始まったが，生徒はなかなかそろわない
大阪府立のある定時制で午後五時三十分写す

——やっぱり、疲れですね。学校から帰ると、がたんと寝てしまう。授業に時々ついてゆけなくなる。残業で休むと、もっとつらい。それからズルズルということになる……。

——病気も多い。月五百円の月謝が払いきれん者も出てくる。

——いまどき高校くらい出ていなかったら相手にされない。といって、自分が働かなけりゃ家が食えない。よし、働きながらでも、とはじめるんですけどね。

大阪府の場合、三〇％ちかくが他府県から働きに来た子だ。両親か片親のない者が三三％もいる。たいてい八、九千円の月収から千円くらい郷里へ送金しているようだ。

タコツボ人事

生徒が代わりばんこに、教員室をのぞきにくる。これも大阪のある府立定時制。めあては、黒板に書かれた「きょうの時間割り」だ。

——また休みか、よう休むなあ。

——数学がくりあげやて……。

主事さんは、にが笑いしながらいった。「どうしても非常勤講師は休みが多くなる。なに、専任の先生は、実に精励なんですがね」

大阪の「高校一覧」をみると、全日制の方は、教諭という肩書きがずらっと並び、終わりの二、三人が講師だ。ところが、定時制になると、半々ちかい学校もある。この学校でも、専任を各科三人ずつ、と望んでいるが、数学はやっと二人だけだ。一昨年は一人だった時期さえある。その分は、昼の先生を講師にたのんでうめあわせる。

「定時制の専任は、家庭生活を犠牲にせねばならぬ。健康もそこねやすい。講師だと毎週一時間ずつなら月に手取り七百三十六円。ふつう週四時間はもつが、それでまあ三千円でしょ。その時間、家庭教師をやったら、七千円はかたい。それに夕食つきですからねえ」

夜の先生の多くが、昼にかわりたがっている。昼から夜へ、という希望はゼロに近い。そこで〝タコツボ人事〟という言葉が生まれた。いっぺん夜の先生になったら、ちょっとやそっとでは、昼へ出られない、というのである。

そのなかで、定時制と真剣に取っくんでいる先生たち。授業だけでなく、就職や家庭の問題までクビをつっ込む。疲れた子に身銭でビタミン剤をのます。日曜もいっしょにハイキングにゆく。そういう先生のひとりがつぶやいた。

――急に休みだした子の家を訪れて、そのみじめさに思わず立ちすくんでしまった。生徒をとりまく問題は、私たちの手に余るものがじつに多い。どうにもしてやれぬという無力感に襲われるのですよ。せいぜい、がんばれ、元気を出せよ、というばかりで……。

運動場では、トレパン姿が動き回っていた。体育の時間。校舎のてっぺんから照明灯がのぞき込んでいるのだが、目をこらさぬと、ボールが夜霧にとけ込んでしまう。

大阪の府立定時制の運動場の明るさ、平均二・二六ルクス。この学校から、ナンバの大阪球場までは、そう遠くない。その球場のバッテリー間は千二百ルクス、中堅手あたりでも六百ルクス……。

「ソフトボールの速球を受けるには最低十六、七ルクスいるんです。せめてそれくらい、と思うんですがねえ」

昼間の学校なら、たちまちPTAがたちあがるだろう。定時制には、PTAは、ないのと同然だ。それにしても、府教委や府のお役人たちは、定時制を見たことがないのだろうか。それとも見て見ぬふりなのか。そんな疑問が、わきあがった。

新発足の高専

十大ニュースのトップ

毎年、暮れになると、文部省の広報機関誌が「文教十大ニュース」というのを決める。省内の課長補佐以上のお役人と、クラブづめの記者が投票するのだが、三十六年度は、「高専制度創設」のニュースが、日教組との間でもめぬいた「中学生の一斉学力テスト」をおさえ、その十大ニュースのトップにおさまった。

戦後、ずっと続いてきた六・三・三・四制のコースをやぶり、新たに五年制の高等専門学校を設置したことは、新教育制度の変革、という点で、極めて大きな意味をもつといわれている。

なぜ高専制度が生まれたのか、この制度に対してどんな批判があるのか、といった点についてふれてみよう。

三十六年の第三十八通常国会で高専設置のための「学校教育法の一部を改正する法律案」が通過してから、三十七年四月に新発足するまで、高専問題はかなり多くの話題を提供してくれた。各都市の激しい高専誘致運動、陳情合戦。国立高専の平均一八・一倍という高い競争率。そして、佐世保高専での多量の問題用紙盗難事件、追い打ちをかけるような試験問題のミス事件。――これらの話題は、新発足の高専が技術者不足、という「時代」の要求にマッチした面をもっていることをしめしている半面、その新設計画が、準備不足のまま、「拙速」で強行せざるを得なかった一面を、よく現わしている。

高専設置を求める声は、それほど強かった。すでに三十一年十二月、日経連は「新時代の要請に対応する技術教育に関する意見」を発表、「戦前旧制工専の供給した中級技術者は、今日の産業界でもその必要を痛感しているが、現在の二年制短大ではとうていこの要求を満足し得ない。二年制短大を高校と結びつけ、五年制の専門大学を設け……産業界の要請に即応すべきである」といっている。さらに三十四年十二月にも同様の要望を出し「中級技術者の空白状態」を訴えた。日経連だけではなく、三十六年一月には東京商工会議所も「中級技術者を供給し得る新しい学校制度の創設」を求め、産業界の要望は高まってきた。それらの声に応じて三十六年三月、中央教育審議会は高専設置要綱案を総会で承認、文部省は具体的な立案をいそいだのである。

文部省大学学術局の「理工系学生増員十カ年計画」によると、第一期計画（昭和三十六年度から三十九年度まで）では理工系学生を二万人増員する目標になっている。その増員計画に新設の高専がかなりの比重をしめていることはいうまでもない。国、公、私立の高専で約七千人、計画目標数の約三五％を高専の学生で、という案をたて、三十七年度は約二千五百人の定員で出発したのである。

出足はよかった。国立高専の誘致を求め、申請した所は三十九道府県、四十九カ所にもおよび、青森県では、青森市誘致派と八戸市派が激しい競り合いを演じて話題になったりした。——志願者も殺到した。年額七千二百円という授業料の安さ、寮の完備なども魅力の一つだったろうが、明石高専の機械工学科などは三四・五倍という記録的な競争率となったほどだった。合格者はほとんど中学校の上クラスのもので、三十人近い女子の入学者がまじっていたことも、話題になった。

が、批判も少なくはなかった。まず「中級技術者の養成を必要とする」という産業界の現実論に対する反論である。

専門科目に重点をおくため、一般教養科目がおろそかになりはしないか、という点。国語、倫理・社会、日本史、世界史、地理、芸術などの時間数は、いずれも三年間の高校普通課程とほぼ同じか、それ以下である。「芸術」は、最初の案ではまったく無視されていたが、さすがにあとで付け加えられた。総時間数六五四五時間のうち、専門科目は三六四〇時間だが、一般科目はそれよりも少なくて二九〇五時間。英語と数学の時間数は比較的多いが、国語や人文・社会の時間数はひどく少ない。高校や短大とくらべて、総時間数、とくに専門科目の時間数が多すぎるので、詰め込み主義的な教育になりはしないか、という批判もある。さらには「いまの六・三制度を崩し、戦前の教育制度復活の捨て石だ」という日教組などの反対は、いまでもつづいている。

技術革新時代の技術者は、人間的な教養、柔軟な考え方、基礎的な知識がより必要とされるのではないか——とすれば、かたよった専門教育はかえって、真の技術者養成の意図に反するのではないか、という教育学者の意見も出ている。

四月から新発足した高専は、その他、優秀な教授陣をそろえること、施設を充実させることなど、まだ多くの問題をかかえている。新しい「高専カラー」というべきものを作るのも、こんごの課題だ。これから毎年、十数校の高専が新設され、将来は一県一校にまでふえる予定である。

三十七年四月新発足の全国高専一覧表

△国　立　十二校

函館高専　〈北海道函館市〉　機械工学科(四〇)　電気工学科(四〇)　土木工学科(四〇)
旭川高専　〈北海道旭川市〉　機械工学科(八〇)　電気工学科(四〇)
平　高専　〈福島県平市〉　機械工学科(四〇)　電気工学科(四〇)　工業化学科(四〇)
群馬高専　〈群馬県前橋市〉　機械工学科(四〇)　電気工学科(四〇)　土木工学科(四〇)
長岡高専　〈新潟県長岡市〉　機械工学科(八〇)　電気工学科(四〇)　工業化学科(四〇)
沼津高専　〈静岡県沼津市〉　機械工学科(八〇)　電気工学科(四〇)
鈴鹿高専　〈三重県鈴鹿市〉　機械工学科(四〇)　電気工学科(四〇)　工業化学科(四〇)
明石高専　〈兵庫加古川市〉　機械工学科(四〇)　電気工学科(四〇)　土木工学科(四〇)
宇部高専　〈山口県宇部市〉　機械工学科(八〇)　電気工学科(四〇)
高松高専　〈香川県高松市〉　機械工学科(八〇)　電気工学科(四〇)
新居浜高専　〈愛媛県新居浜市〉　機械工学科(四〇)　電気工学科(四〇)　工業化学科(四〇)
佐世保高専　〈長崎県佐世保市〉　機械工学科(四〇)　電気工学科(四〇)

△公　立　二　校

東京都立航空工業高専　〈東京都荒川区〉
　航空機体工学科(四〇)　航空原動機工学科(四〇)　機械工学科(一二〇)
東京都立工業高専　〈東京都品川区〉　機械工学科(一二〇)　電気工学科(四〇)

△私　立　五　校

聖橋高専　〈埼玉県岡部村〉　機械工学科(一二〇)
金沢高専　〈石川県野々市町〉　電気工学科(一三五)
熊野高専　〈三重県熊野市〉　機械工学科(九〇)　電気工学科(九〇)
大阪高専　〈大阪市旭区〉　機械工学科(四〇)　電気工学科(四〇)　土木工学科(四〇)　建築学科(四〇)
高知高専　〈高知県高知市〉　機械工学科(四五)　電気工学科(四五)　化学工学科(四五)

「おどんたちゃ委託生」

委託生制度は遠距離で通学困難なもの、または経済的理由で進学できない入学希望者に、働きつつ学ぶ機会を与えるため生徒を農家、商家に委託するものである。そしてホーム・プロジェクトを通して地域社会の産業に寄与させ、社会人としての教養と農業経営ならびに家事の実態を体得させるものである。

矢部農高委託生制度の意義

「おい、五時半バイ」おいさん（おじさん）に声をかけられ、はね起きる。牛を引いて裏山へ草刈りだ。九州山脈から吹きおろす木枯らしが五体にしみる。たっぷり一時間――刈った草は牛の背中につける。百キロは越すだろう。牛がよろける。体は汗びっしょり。指先には血がにじむが腹のへったのがつらい。それ急げ、きょうは学校がある日だ。

熊本からバスで二時間余り、平家の落人部落といわれる五家荘に近い熊本県立矢部農林高校定時制――この定時制は全国でも珍しい「委託生」制度をやっている。A君はその三年生である。

学校三日、仕事四日

学校三日、仕事四日というのが委託生の生活だ。仕事はもちろん他人の家に住み込んでする。A君は学校のある矢部町からさらに山奥のうまれ。学校へは遠いし、家計の上からも高校進学はあきらめていた。先輩がきて「学校できめてくれたところへ住み込んで働けば高校を出られる。他人のめしも薬だよ」とすすめた。「おどん（おれ）は体に自信はあるし、高校を出ればいい百姓にもなれる」と思った。

先生が「これから住み込む家の人たちこそ育ての親、教えの親だ」といったが、メシの茶ワンを出すのも、便所へ行くのにも気がねした。はじめての田植えも忘れられない。ヒザまで田んぼに入って牛を引っぱって一日中シロかき。夜になると腰が痛んで、ヘソにまでドロがたまった――あれから三年。

A君のクラスは男女合わせて二十二人。五十人定員だが、入学のときが三十一人。この三年間で九人がやめて行った。残った二十二人のうち、九人が「委託生」である。朝のうちひと働きして八時すぎ校門をくぐる。全日制もいっしょだ。

一時間目「数学」。ゆうべテレビを見たのが悪かった。ピタゴラスの定理がさっぱりわからん。

他人の家の農作業でも取り入れは一番やりがいがある
熊本県上益城郡矢部町で

「みんなもう少し勉強に力を入れろ、全日制に負けるぞ……」先生の文句がはじまった。

二時間目「国語」。ねむい。隣もこっくり。学校の調べだと委託生の四〇%が睡眠時間五〜六時間だそうだ。これでは居ねむりも当然かも知れない。だが、学校は一番たのしい。みんな集まると「先生にしかられても学校はよか」というところに落ちつくのだ。

全日制の生徒がすっかり帰ったあと、七時間目を終わって帰宅する。七時間はきついが、こうしなければ、追いつかない。晩めし前に牛の面倒を見なければ……それ急げ。

きょうは学校に行かない日――農繁期だから一家総出だ。ホーム・プロジェクト（家庭での研究テーマ）でやった「水稲の二期作」の田んぼの稲刈りである。カマを入れてみると、穂が軽い。イモチにもやられている。一期作もあまりよくなかったから、これでは全体で七十点というところか。よかったら暇をみて学校で習った粒数計算や坪刈りもしてみたかったが……。

やっと稲刈りが終わった。牛の面倒をみて、晩めしを食べると八時。みんないい人だし、ここでは学校で習ったことも田んぼでやらせてくれる。だが、おどんは学生なのか、奉公人なのか……。

店員のD君――「〝自由な時間〟がほしい」。学校と受け入れ側の約束では月二日は休ませることになっているのに、一日がやっとという。農家にいるE君――「もう少し賃金を上げてほしい。毎月の授業料に間に合うようになぜ払ってくれないのか」。賃金は毎月十日に一年生千百円、二年生千二百円、三年生千四百円、四年生千五百円ときまっているが、四割が「遅払い」のうえ授業料などを払うと一年生は手元に残るのは四、五百円。パンの一つも食べ、ノートを買えば残らないそうだ。「仕事の終わる時間をきめてほしい」「おこらないで、仕事を教えてもらいたい」――セキを切ったように注文が殺到した。「こうやって苦労して学校を出ても、就職のとき〝定時制〟だからと敬遠される。あんまりです……」F子さんのおわりは言葉にならなかった。

先生はなやむ

「われわれは勉強が主体だ。先生たちはきまったことは受け入れ側に守らせてほしい」という注文も出た。先生たちはここでは教師、人生相談係、職業安定所、そして労働委員会でもなければならない。貧しい山村で「委託生」と受け入れ側で板ばさみになって悩む。

それだけではない。学校で理論を、田んぼで実際を、というねらいもあって、出発した委託生制度だが、近ごろでは百姓ではなかなか食えないというので県外の工場などに就職する卒業生が多い。受け入れ側も農家より商店がふえている。学校では来年度から農業コースの授業をへらし簿記や英語に回すそうだ。「定時制農業高校の特色を生かした委託生制度が都会的な定時制へと後退をよぎなくさせられている」――先生たちにはこういう声もあった。そして商店にいる委託生はいう。「学校の授業と毎日の生活を少しでも結びつけたい。わたしたちの勤労は単なる学資かせぎではないはずだ……」

もちろん頭の痛い話ばかりではない。委託中に見込まれて何人かが委託先の養子になったし、いまも一件が進行中だ。評判もいい。「よく働き、返事もいい。性格はすなお、交友関係は心配なく、金づかいも感心させられるほどしっかりしている」――「委託生」について学校で受け入れ先から求めたアンケートの最大公約数である。来春卒業の委託生C子さんはこう書いている。

私は委託生になったことを後悔しません。私がもし平凡な高校生活を送ったら、何ひとつ修得しなかったでしょう。ただ委託生になってよくないと思ったことは人を余り信じなくなったことや、ひとつのことをするにしても、こう思われないか、ああ思われないかと正直に答えることができなくなったことです。

通信教育（その1）

高等学校は、通信による教育をおこなうことができる。
学校教育法第四五条

「通信教育っていうのは、強い意志と、良い職場に恵まれないと長つづきしませんね」

福岡市大橋、九州中央病院の看護婦、後藤富久子さん（二四）はしみじみこういうのである。二十九年に久留米の県立明善高校に入学したが、半年で中退した。県立朝倉病院の準看護学校から、三十二年この病院の看護婦へ。就職して「教養不足を切実に感じ」三十三年春から、福岡県立修猷館高校の通信教育生になった。彼女のような経過をたどる通信教育生は多い。定時制にゆくには、勤務の上からも、年齢からもなかなかむずかしい——そんなとき通信教育に飛びつくのだ。

最短コース

だが苦労ははじめから待ちかまえていた。「三年間のブランクがある。仕事にも気を使う。それに学友も、教室もない。テキストにノルマもなく、目標もたたない」そこで後藤さんは自分で時間割りを組み「寮のテレビを見ない。すきなお花などけいこごとに手を出さない」という二つの誓いをたてた。昼勤のときは夜、夜勤のときは出勤前の昼に寮にこもり、深夜勤のときは、看護婦詰め所でテキストを広げた。休みの日は彼女の場合、年に三十日以上出席せねばならぬスクーリング（学校での講習）に足を運んだ。選んだ科目については毎週必ず一本のレポートを書いておくった。土曜も日曜もなかった。

ゆきづまりが半年目にやってきた。「一日の勉強時間は全日制なみの六時間。ねむ気と、孤独感とに負けそうになった」のだ。後藤さんの場合は「高校卒の資格」は仕事のうえで直接プラスするものがないからなおさら。そんな中で思いついたのが職場の中の暮らしを活用することだった。勤務のあい間のピンポンは体育の時間、病院の検査室は生物、化学の実験室に早変わり。カエルの解剖、酸化と還元、水にとける固体などのレポートが生まれた。「その後は時間割りもいらないほど勉強が習慣になりました」という。毎年の夏に学校で開かれる三泊の合宿講習には、夏休みをもらって出席した。スクーリングをかねた通信教育生同士のわずかな交歓が、人間交流の場――ここからお互いをはげます文通も生まれた。二年、三年、ますます楽になり、すでに六十単位をとった。最低年限の四年で来春に卒業のメドがついたという。

「勤務上で甘えたことはなかったが、婦長さんや同僚がよく励ましてくれました。いまの制度は経費もやすく、まずまずでしょう。何よりもうれしいのは、自分の力で何でもやれるという自信を持てたこと。卒業証書を持って、おむこさんでもさがそうかしら…」

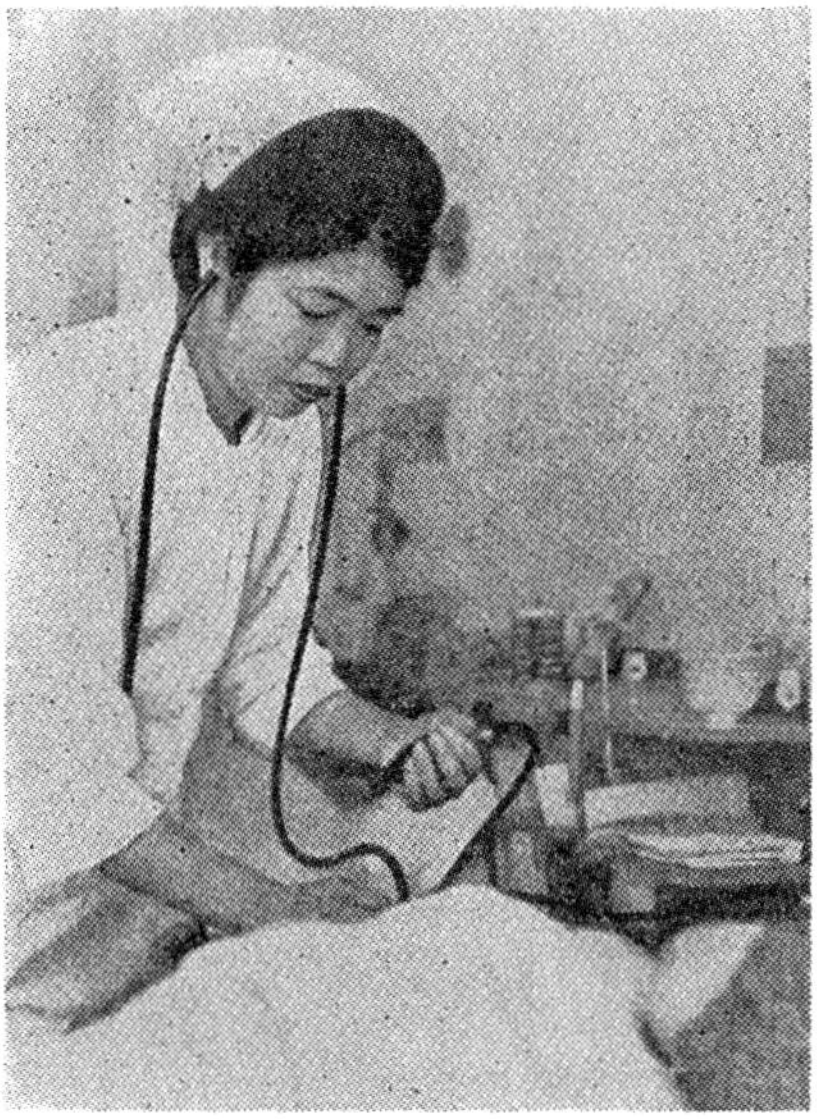

患者の血圧測定も生物学のレポートになる
病院で患者をみる後藤さん

Aさん(三〇)――高小卒。広島、博多の小さな機械工場でデザイン、金属彫刻を勉強。二十八年から筑後市のA工業にはいった。職場を支配していたのは「学問より経験」という職人の気風だった。「人生社会への考え方をより深めたい」「高小卒の資格では希望がない」とこうした空気に反発して二十八年十月から通信教育生になった。

すべての点で条件は悪かった。職場は毎晩九時ごろまで残業につぐ残業だ。高小卒というハンディキャップ。学校からも遠い。何よりも苦労するのは、通信教育を受けている事実をひたかくしにせねばならない職場のふんいきだった。会社はとやかくいわないが、問題は同僚だ。「ねたみ、そねみでしょうか。私が勉強しているといえば、必ず何かいわれる。それをおそれはしないが、そんなおろかなことに気をつかうより、だまっていた方がよい」――これはAさんが愛読している「徒然草」から得た人生訓だ。同じ工場にかつて数人の仲間がいたが、みんなやめてしまった。Aさんはその人たちにきかれると「ぼくもやめたよ」と答えるのが常である。

勉強はそんなわけで、どうしても自宅中心になる。勤めが遅いので、独身のころも、三十三年の結婚以後も、一日平均で一時間半がやっと。おくれをとりもどそうと昼休みにテキストを読むときは厚紙の表紙をはずし、ページをバラして週刊誌のようにポケットにひそませる。化学の厚いテキストにはマンガ雑誌の表紙をはって気づかれないようにする。夜はテレビを見ず、部屋をしめきってレポート書き。通信教育生の集まりに出るヒマはなかなかつくれそうもない。

長男(三つ)がいるが、スクーリングにゆかない日曜日に、自転車に乗せて遊ばせるのがやっと。家事はいっさい奥さんまかせ。「ヒマがないのは独身も世帯持ちも同じこと。ただ家族がいると自由時間はなくなるので家族の協力が必要ですね」。昨年で七十単位、三十八年の満十年にやっと卒業の見通しがついたそうだ。

つらかったのは二年から五年目ぐらい。あるとき体育のレポートについて「全日制は毎日運動をしている。それにくらべレポートの学習報告は不十分」と再提出を求められた。「運動を全日制といっしょにされたんではね……」通信教育生の劣等意識はこんなとき頭をもたげてくる。だが、それも過去のことだ。

「社内でやっている昇任試験には、いつか高校卒の資格で受けることになるだろう。そのときはこれまでの戒めを破って堂々と通信教育生としての成果を全日制と競いますよ」

×　×　×

郵便だけが頼りのこの高校生たち——。修猷館高校の場合は約千二百人の通信教育生がいるが一年に卒業してゆくのは、せいぜい十数人だ。十年つづけている人がもっとも古く、五、六年で卒業するケースが多い。卒業の単位は八十五単位以上で単位の割りふりは全日制と同じ。第二、第四の日曜日に本校でスクーリングがあり、本校へゆけない人たちのため随時、出張スクーリングもやっている。だが三十八年度からの教育課程の改定で、選択科目の別なく、午に二十日以上の出席が必要になったのはつらい。学費は年に三千円程度ですむ。三十六年の四月に二百人、十月には九十人の新入生があった。

みんな、くじけず、がんばってください。

通信教育（その2）

高等学校の通信教育、定時制、通常の三課程は、授業の形態、時間、時期の相違によって区別されるが、高等学校として、すべて同一の目的、目標をもっているもので、入学及び卒業の資格においても差別は認められていない。
全国通信教育連合会編
「高等学校の通信教育」

山また山の奥、そういうよりほかはない。飛驒路のどんづまり、標高千二百四十メートルの伊西峠を越えると、一面の霧。岐阜・富山・長野の三県境、三ツ俣蓮華、黒部五郎などの青ずんだ峰が、もう白いものをかぶっていた。その山頂へ十キロ足らずの山ふところ、岐阜県吉城郡神岡町山之村地区下之本部落はそんなところだ。

鉱山の町、神岡町の中心街へ十八キロ、その神岡町が高山市から三十二キロの山奥にある。高校へ行くといっても、町へ〝遊学〟でもしない限りムリな話だ。それに、本など読む者に対しては「ベンコ（弁巧）なヤッチャ」という、としよりの言葉がある。小生意気な子、といった意味だ。こんなところにも、通信教育に頼って高校の勉強をやり遂げようという何人かがいる。

働き疲れたあとで

通信教育――あまりにも知られていない。見当をつける人でも、せいぜい「講義録でしょう？」山間のある中学校の現職の先生が、内容紹介のパンフレットをみていうことには「これは県立なんだなあ」。一、二年前の話だが、その他一般は推して知るべしである。

菅田栄美子さんは二十歳。下之本小・中学合併校の若い校務員さんだ。卒業してすぐ母校の職場についた。もう五年になる。登校の子らより小一時間早く、三十分の山道を越えての出勤だ。だが彼女の勉強は、夜その道を再びたどって家へ帰ったあとで始まる。

教科書は全日制と同じものだが、前もって講義をきいたわけではない。特別に作られた「学習書」の指示に従って、初対面の教科書を読み、考え、まとめ「ワークブック」に解答を書き、高山の斐太高校へ送るのだ。このレポートが最低三〜五回で一単位となる。家は農家だから、その手伝いもある。仕事で疲れた身体、何よりも目がいうことをきかない。

「眠くなったら、そのまま十分でも二十分でも居眠りするんですゥ」。

テープレコーダーをかこんでの共同学習
岐阜県吉城郡神岡町山之村地区下之本で

やれといわれるわけでなし、監督の先生もいない、やらないで別にだれがしかるのでもない。自分の意思がすべてだ。

ラジオの高校講座をきけば、面接授業の一部が免除される。だが深い山合いでは、ガリガリと雑音が高くいたずらにいら立つことが多い。レポートは、先生がすぐ、手を入れて返してくれても、手元に戻ってくるのは早くて一週間以上かかる。答案はよかったのかどうか、しばらくはかすかな不安がつきまとう。専任の先生は六人しかない。兼任の先生の学科だと時には一カ月余も返ってこないで「なんかさびしくなった」こともある。

苦労する出席

だが一番の悩みは？　生徒たちは異口同音に「面接指導への出席ですゥ」。学科にもよるが、一単位ごとに最低一時間は受けねばならない。菅田さんは、神岡町の通信協力校へいくとき、まだ暗いうちに懐中電灯を持って家を出る。バスの道まで十四キロはある。高山の集中面接に一日出ようとすると、土曜から月曜まで二泊三日の〝旅行〟となる。山之村郵便局の向井徳次郎さん(三〇)は、こんなことを十年間もがんばり続けて卒業した先輩だ。

全日制の授業は、直接的かもしれないが、集団授業で悪くいえば教えっぱなしだ。通信教育はいわば手紙のやりとり。間接的ではあるが、指導は個人個人、その能力と歩みに応じて進んでいく。先生と生徒の結びつきは、ずっと深いものがあるようだ。

山から出てくる生徒と同様、出かける先生にも、頭の痛いことがある。斐太高校の通信教育部は、岐阜県を美濃と飛騨にわけて、その飛騨地方を受け持っている。管内に協力校、連絡校というのが十七ある。その主なもの六、七校を一人の先生が回ってくるのにも、二万円はかかる。これに対する年間の旅費予算がわずか八万円。前年度の数字だが、学校教育の年間経費を生徒一人当たりに割ってみると全日制は約三万二千円。通信教育は約七千三百円にすぎない。政府が鳴り物入りでうたいあげている定時制、通信制教育振興策も、これでは信用できない。そういったらムリだろうか。見かねてか、旅費を分担する協力的な村もある。

中途でやめる人も

在籍七百人は、六人の先生に荷が重すぎる。中には定時制でとりそこねた単位を補っている人もあり、通信教育だけで卒業しようというのは、うち三百人どまりだ。それにしても、卒業生は昭和二十七年以来、わずかの十九人。

〝全日制は凡人でも通える。定時制へいくには秀才であることが必要だ。通信教育は神様でないと……〟そんな笑い話があるそうだ。卒業資格八十五単位をとるまでには最低四年、なみたいていでない努力がいる。それを考えると笑ってすましてもいられない。高校卒の資格をとったところで、すぐさま職場の待遇が変わるの、いい就職口があったのという世間でもない。そんなことは、生徒もすでに知っている。だから生徒の〝落ちこぼれ〟も多い。だがそれでも勉強したいという一団もいた。

菅田さんも含め、今春また何人かが卒業していく。その子たちの支えは「勉強せんにゃあダチカン（らちあかん）」——理由も目的もへったくれもないしゃにむにの向学心。それが心に強く一本貫いているのだ。

高校生活

多くの高校を訪ねて私たちがおどろいたのは，いまの高校生のすばらしい弁舌だった。男生徒も女生徒も，考えていること，感じていることをおくせず，ためらわず，じつにテキパキものをいう。さきの小・中学校篇でも，教室での〝おしゃべり談義〟の光景をいくつかみたが，あの〝おしゃべり談義〟は，高校の教室で，ホーム・ルームでみごとに成長していた。なかでもその本領をみせてくれたのは，政治活動の旗手たちである。気の早い大人たちは，彼らを全学連ジュニアあるいは全学連二軍と呼ぶ。全学連二軍に甘んじているのか，どうか。高校生の政治活動を支えているものはなにか――東と西の旗手たちとヒザつき合わせて話してみた。

新制高校の歴史は，また，男女共学の歴史でもある。共学の教室で育った者と，ない者とでは，ものの見方，感じ方から背丈の伸び方までちがう，と指摘した人がいた。共学は若い人たちにどんな風俗革命をもたらしたか――この項では，政治活動，共学，それに修学旅行も合わせて青春生活のレポートとしたい。

政治活動（その1）

世界いずれの国でも未成年者の政治活動は認められていない。従って、未成年者である高校生の政治活動は認めるわけにはいかない。

全国高校長協会声明

高校生の政治活動に、ふたつの型があるという。――日教組のあと押しで生徒会の連合組織をひろげていく関西型と、一方は、組織より少数活動家の動きが目立つ関東型とである。

デモとマルクス

たとえば――代表的な関東型の活動家として紹介されたのが、N子さん。東京の公立某高校二年生だ。N子さんは、こういう。

「はい、たしかに、そういう面があります。東京の高校生はプチブル的で、関西のような大衆行動を組織でき得ない。日教組も関東では、わりかし消極的です。生徒の活動家の方が強くて、都高教だったかな、先生に向かって『てめえら、なにぐずぐずしてやがんでえ』なんて、逆にハッパかけてるの、聞きました」

N子さん、十六歳。終戦っ子である。高校生になったとたんに、安保反対のデモ騒ぎがおこった。国会周辺のデモに通って、ある晩、樺美智子さんの事件に出会った。

「全学連主流派が、あそこで、あんな極左的行動とったのは、ナンセンスだったと思います。トロツキストって、要するに頭が悪いんだ。樺さんが、なぜあのなかにいたのか、わからないな。大学生なんだし、もう少し冷静に考えてもいいのよ。樺さんの死は悲しいし、ムダにはしたくない。ないけど反省も求めたい――それに、樺さんのおとうさんて、うちの父の友人で、とってもおとなしい方なんですって。やっぱり、親心をくんでいいと思うの、ある程度」

安保騒ぎが一段落したとき、N子さんは共産党系のある組織にはいった。しかし「家庭を破壊する」と父親に反対されて、すぐにやめた。

「そのかわり、学校の社研にはいって、古典をがっちり読みました。マルクス。レーニン。いまはトリアッチ。あ、これいうと、私の立場、わかっちゃうな。代々木からは修正主義者といわれています」

生徒大衆のため

二年生になった。四月、N子さんは東京が中心の、とある高校生政治団体の委員長に選ばれた。女の子の活動家は多いが、校外組織で、女の子の委員長はめずらしい。

「忙しいです、猛烈。会議、オルグ、ビラ張り、カンパ、研究会、原稿かき、それに学校の予習。平均睡眠時間、五時間かな、昼間ねる分もいれて。はい、昼間、授業中によく眠るんです。だから成績、よくない。けれど、そんなに悪くもないです。活動家があまり成績悪いと、ばかにされて生徒大衆がついて来なくなります」

生徒用掲示板――フォークダンスの集まりと並んで生徒会の役員改選のビラが目立つ。どこの高校もいま改選期だ　東京のある高校で

N子さんの武器は、弁がたつことだ。活動家の会議でも、N子さんにべらべらっとやられるとなみいる男の子が、しゅんとなってしまう。

「ふだん、教室でも、つい、男の子を呼びすてにしたりして困るの。活動家用語って、ありますね。『あいつ、最近ヨヨギッてるな』とか、……わかりませんか。代々木化してきた、つまり、共産党づくこと。『代々木っちゃえ』とも使う。言葉の節約になって、便利は便利だけど、生徒大衆の前では極力おさえて、使わないようにしています。反感を買うんです。結局は活動のマイナスになりますから。私たちでさえ、活動家用語をつらねた全学連のアジ演説、カチンと来ちゃう。一種の英雄気どりだと思うな、あれ」

チンチクリン

話していて、N子さんにあまり活動家のニオイが感じられないのは、言葉つきと、おさな顔のせいだろう。あかいほお、くりっとした黒目、笑うとえくぼがかわいらしい。それに、背のたけ百四十何センチというチビ君である。

「母が栄養士なんですが、終戦っ子のせいかなあ。チンチクリンで、この顔でしょ。実践的革新的リーダーとして致命的じゃないかしら。とくに男の子に、なんだ、このチビがって思われちゃうんです。デモにいっても、警官が、子どもはあっちいけ、ですよ……あと十センチはほしいなア。これで、身体のハッタリがきくと、説得もずいぶんやさしくなると思うんだけど」

実践活動のうえで、容姿がどんなに大事かをN子さんは内外の政治家を挙げて実証した。

「ですから、実践家はあきらめました。実践活動を指導するような理論家、これが最高の望みです。もし達成でき得なかったら、教育実践者になる。はい、はっきり決めています。学生運動やってると、ふつうの就職はできないから……男の子の活動家なんか、もっとはっきりしてますよ。受験する大学まで組織できめて『お前、ここ受けろ。この大学、沈滞してるから、オルグらなきゃ』なんて」

送って帰る車のなかでもN子さんは話し続けた。組織の将来……弾圧……権力……独占……アメ帝。家の近くのかどで、ていねいに一礼し、くるり振りむくなり、夜道をチビ君、トットコトットコかけ足だった。

政治活動（その2）

連合組織が結成されれば、生徒会活動は、外部の好ましくない勢力によって支配され、学校の指導も及びがたくなることは、これまでの実際例に徴しても明らかであり、それはもはや学校の教育課程の範囲から逸脱しているものといわざるを得ません。このような見地から、高等学校生徒会の全国的または地域的な連合組織などを結成したり、それに参加することは教育上好ましくないと考えます。

文部省初中局長通達

高知県高校生徒会連合（高生連）の書記局。書記長の選出校に書記局を置く規約で、高知市の県立小津高校の新聞委員会室に同居している。

〝鬼子〟の高生連

天井にべったりと、大阪府定時制高校生徒会連合（大定連）からの共闘の寄せ書きがはってあった。〝恋人とともに戦おう！〟

県教委の幹部の公舎が学校のすぐ近くにある。「夜遅く、ワアワア議論していると、まる聞こえらしいですよ」と、成瀬書記長がにが笑いする。来月の大会の議案書作りに高生連書記局はてんてこまいだ。授業の始まるベル。「僕たち出られんから、よう聞いといてくれ」と、声が飛んだ。

高生連が結成されたのはさる二十九年。授業料値上げ反対、高校全員入学、施設の拡充問題、勤評闘争……と高生連は活発に動いてきた。「活動の九割以上は政治活動だ」と、小津高校の生徒会の執行部も認めているほどだ。ところで県教委は、昨年九月の高校学力テスト反対闘争を取り上げ「高生連になんらかの手をうつ」と、県議会で言明した。結成のはじめ、県教委は、生徒会活動をさかんにするとの理由で、各高校に加盟をすすめたいきさつがある。それがいつのまにやら、教組の先兵的役割を果たすような〝鬼子〟に成長したというわけだ。「高生連の生みの親は県教委、育ての親は県教組ですよ」と、高生連顧問団長の杉本県立佐川高校教諭はいう。

進んだ組織作り

活動家の全国的な集まりで、自己紹介するとき、高知の高校生は「高知県の生徒です」、大阪は「どこそこ高校のだれそれ」、東京の活動家は校名とか組織はいわない。氏名かペンネームを名乗る――そうだ。つまり、前回でもふれたが、関東と関西では高校生の政治活動のハダ合いがかなり違っている。

大会議案書を検討する高知県高校生徒会の幹部
高知市小津高校内の県高生連書記局で

関西型の特徴は――。

まず、組織作り。高知県の高生連をはじめ、大阪には大阪府定時制高校生徒会連合、京都に高校生生徒会連絡協議会(生連協)、和歌山県にも全日制と定時制にそれぞれ高校生徒会連絡協議会がある。東京にも高校生の活動家の集団はあるが、関西ほど組織作りは進んでいない。

つぎは全学連との関係。安保闘争のとき、大阪では約一万の高校生がデモに参加した、といわれた。はじめは府学連と並んでいたが、全学連の二軍と思われては……と、結局、大教組の後にくっついてデモった。「われわれは〝全学連ジュニア〟じゃない」と、大定連の幹部たちは口をとんがらす。

そして運動方針でも……昨年夏、東京の第七回原水爆禁止世界大会に出席した高校生たちが、原水爆全国高校生大会の予備会議を開いた。席上、採択する闘争スローガンでひともめした。東京は「安保破棄」「政防法粉砕」……。大阪や高知は「もっと日常活動と結びついた問題を取り上げよ」と、鋭く対立したという。

高生連主催で毎年やる研修会に集まった高校生も、関西方が「教組との共闘」を主張すると、関東方は「当面の敵は教師だ」とくる。一方が「はね上がりだ」ときめつければ、他方は「政治闘争の放棄だ」と批判する、といったぐあいだ。「生徒の不満や要求をみたしてゆくのがわれわれの大きな目標だ」と、成瀬高生連書記長はいう。

政治活動と成績

高校生の連合組織や政治活動にたいして、文部省はもちろん禁止の意向だ。「政治活動をすれば学校の成績がさがる」というのが、教委や学校側の説明する禁止の理由。しかしこうした理由でいまの高校生を説得するのは容易でない。高知県のある高校の生徒会で〝補習授業の是非〟が議題になったことがあるが、結論は――「いまの入試制度に欠陥がある。受験勉強をして、一人が合格すれば一人が落第する。人を押しのけてまで進学するのは好ましくない。だから補習授業はわるいことだと、はっきり意識したうえで、補習授業を受けよう」……いかにももってまわった結論だが、それが高校生の考え方かもしれない。そして勤評闘争のころ、先頭にたって活動した高生連の女子委員長が、現役で国立大学へ進学した、というのがいまに高知県教組の自慢の種らしい。

政防法反対闘争がさかんだったとき、京都府立鴨沂高校の生徒会の掲示板に「三年生は受験勉強にばかり熱中して、日本にとって重大な問題に耳をかそうとしない」と、張り紙がしてあった。一部の活動家をのぞいて、どこも最高学年になればおとなしくなる生徒が多いそうだ。そんななかで高生連のある幹部は、一年生のとき優等の成績だったが、政治活動をやるようになって、がくんと落ちたという。だが「教室では学べないような貴重な勉強を組織の中でたくさんした」と肩を張った。

男女共学論（その1）

はじめて本校へ女子をいれたとき「男女交際のしおり」というパンフレットを渡して、一対一で行動するなということを強調したんですが、私の知っている範囲では、きわめて合理的に処理されていると思います。

東京日比谷高校PTA会報

房総の夏季施設。

参加希望七十人。男女ほぼ半々。「さて、こうなると――」と、ここで、職員室は考えた。会議もひらき、迷ったすえの再募集が、男は館山、女は保田。チェッ。生徒はそっぽをむく。応募者、男四人、女二人。

――共学が、まだ、おっかなびっくりだったころの東京、とある公立高校の話。で、また、募集のやりなおし。男女、差別なし、とした。すると、こんどは参加百人をこえる盛況になった……

という。

新制高校の歴史は、また、男女共学の歴史でもある。

静かな風俗革命

共学は、男の子を紳士にした。ズボンの寝押し、ワイシャツにアイロン。軟派だけではない。いや、軟派、硬派の別がすでにない。

共学以後、校舎や教室がきれいになった、ともいう。掃除当番を、男の子はよくさぼる。さぼるが、力仕事や急ぎの用になると、男の子がはりきる。

総じて実によく女の子をいたわり、奉仕する。それを男の子はてれもせず、面倒がりもしない。なんとも思わずやる。女の子がまた、いたわられるのを、かくべつ疑いもしないのである。

世間のおとなたちは、必ずしもそうはいかない。共学で育った女の子たちも、やがて気がつく。

お役所の女子職員、二十三歳――

「若い男だけよ。知らない人だって、ちゃんとかばってくれる。たとえば、横断歩道をわたるとき。ラッシュ時の駅で。おとながやると、なんだかキザでさ、ぎごちないのよ」。

同僚の男の子、二十二歳――

さあ，フォークダンスをしよう……
東京のある公立高校で

「ああ、そういうの、あります。ぼくら、無意識だけど。女の子って動作がにぶいんですよ。高校時代、遠足にいったり、いっしょに掃除当番やったから。ええ、たしかに、にぶいんですよ」

そこの課長さんが、こんなことをいう。

——「私立の女子高校出た子のほうが、女らしくて、役所じゃ点はいいんですよ。ところが、どうも婚期がおそい。その点、共学の子は、つきあいなれてるんでしょうかねえ」

まだ、おとなが気のついていないどこかで、共学制度は、ある種の風俗革命にもつながっているふうだ。

すべてグループで

学校差、地域差は、ずいぶんあるにちがいない。これは、東京のいくつかの公立高校で、生徒にきいた話。

友情について。

――グループでつきあう。これが常識。男の子が女の子の勉強をみてやる。あるいは、その逆。同じ年齢だと女の子のほうが頭も、からだも、おとなである。ただし、頭が強すぎる女の子、きわだって顔のいい子は、友だちが少ない。よく、仲間に、だれか好きなやつができる。グループで、そいつを手伝ってやる。相手とのなかにはいってもやる。うまくいかないとき「気を落とすな」とはげます。

恋愛について。

――高校生のは片思いが多い。通じあって交際できたら、最高に幸運。昔はわあわあ騒いだ。それで、ますますかたくなった。今は、まわりも自然に承認する空気がある。落ち着いている。恋愛すると、怠けものが急に勉強するようになる。逆の場合もある。その時は、教師が注意してやっていい。それ以外は干渉しないでほしい。グループがみてるし、ガラス張りだから。おとなの、へんな意識で二人をみると、判断をあやまるし、逆効果。

セックスについて。

――すぐ、それを問題にしたがる教師が、どの高校にも一人や二人はいる。そういう「やきもちやき」はどこでも生徒にボイコットを食ってる。

戦後の子のからだが大きくなったのは、ひとつには、共学のおかげだ――と、ある心理学者の説。共学が、ホルモンの働きをさかんにし、成長を促進した、というのである。

「修学旅行で、男子だけの高校、女子だけの高校が、偶然おなじ宿にはいると、たいへんだそうだ。共学の高校は、ふだんから訓練されていて、特別な好奇心がないから、おとなしい」

道徳教育にやかましい文部省が、そういう。

「あんがい心配ないもんです。早い話が、うちの学校で、ラブレターひとつ拾ったこと、ありませんもの」東北なまりのぬけない校長さんはいった。「かといって、気はゆるせませんよ。爆弾をかかえているようなもんでして……」

共学十四年目。信じてはいるが、まだまだどこかこわれやすい「作りもの」のように思う。そういう感じ方が、おとなからは抜けない。「爆弾だとすれば、それは、私たちの青春自体がそうなんで、共学とは関係ないでしょう」生徒は、シンから不思議そうな顔をして、いう。「それよりも、どうして昔、別学なんかが必要だったんですかね……」

いまや、あべこべに別学こそ不自然な「作りもの」だと若い子たちは思っている。

男女共学論（その2）

女子の高校進学率は、戦後非常に増加しています。十五歳から十七歳までの女子のうち、高等学校に在籍する者の比率は、昭和二十五年度に二七・五％であったのが、昭和三十四年度には四八・七％と、約十年間に二〇％以上も伸びています。

文部省「高等学校の新しい教育」から

校門をはいるときは、いっしょ。しかし、クラスの編成は男女別々、という中途半端な高校がある。また、共学の看板をかかげながら、実際は男子だけ、あるいは女子だけしかいない高校もある。そして、この種の高校の数が、だんだんふえていく傾向が、各地でみられる。

前回は共学の成果を、いろいろ紹介した。一方、こんどは、共学制度に背をむけるほうの事情を調べてみよう。

荒れる男子組

東京の公立某高校。入学定員は男二百、女二百。はじめは、一年から三年まで、すべてのクラスが男女半々の編成だった。それを、五年前から変えた。男女半々は一年生だけで、二年以上は進路別編成としたのである。一学年八クラスの内わけは、こうなる。

A、B、C、D組＝男子進学組。

E、F組＝女子進学組。

G組＝男女こみの就職組。

H組＝女子就職組。

別編成にした第一の理由は、大学入試地獄だ。進学成績をあげるためには、特別な授業が必要になったこと。第二の理由。同じ進学組でも、男女を分けた方が能率がよい、と受験指導の教師はいう。とくに目立つのは数学の時間。男の子はどんどん進む。女の子は暗記ものが得意だ。歴史の時間、こまごまとした質問を女子はよくする。男子は、それをいやがる。また、男女組だとどうも笑い声が高く、長い。緊張がくずれて、教師の漫談が多くなる……。

別編成以後、おかげで進学成績は上向いた、と教師は自慢した。が、学校名は出さないでほしい、という。

「受験熱心な高校では、ちかごろは、男女別編成が常識になってるんですが、教育上は、やはり男女こみのほうがいいと思う」――男子組にあばれん坊が多くなるのだそうである。ガラス窓をこわす。はめ板を力いっぱいけとばす。壁に穴をあける。奇声を発する。落書きがふえる。タバコをのむ子もでてくる……。

体育の時間だけは，発足当初から男女別々にやった　東京・某公立高校で

女子は足手まとい

共学といっても、男の子、女の子の割合は、必ずしも半々ではない。文部省が全国の公立高校にたいして、三十五年度入学者の男女別比率の報告をもとめた。ところが、全日制普通科千四百十四校（京都をのぞく）のうち百二十四校は女子だけ、ま

た二十一校は男子だけしか入学していないことがわかった。十校のうち一校の割合で、別学の公立高校があるわけだ。

なかには、はじめから男子高校、女子高校で発足したところもある。しかし、多くは、共学をたてまえとしているのに、男子だけ、あるいは女子だけしか受けにこない。「なんともしかたありません」というのが実情だ。そして、昔中学校だったところは男子だけ、旧女学校は女子だけ、というところが多い。まず、子どもの親が、男子は旧中学へ、女子は旧女学校にいかせたがるのだろう。

発足当時、共学の看板は出したものの、予算不足でグラウンドの施設や便所など、旧中、旧女のままだった、なんていう例もある。そのうえ進学問題が、ここでまた顔を出す。有名大学をめざす優秀な男の子は、争って進学成績のよい旧名門中学に集中する。そういう男の子と張りあってまで有名大学に熱をあげる女子は、まあ、少ない。優秀な私立の女子高校も各地に多い。女の子は、どうしても、比較的はいりやすい高校にかたよることになる。

また、受験中心の高校は、概して女子を歓迎しない。女子は就職希望者が多く、いろいろ足手まといになる。能率も落ちる……というのだ。

男女定員のワク

東京都の場合、すべての公立高校が男何人、女何人と入学定員をきめている。旧中学校は男三女一、旧女学校は女三男一、戦後の新設高校だと男一女一といったふうに。だから共学が、ずるずると〝別学〟に横すべりした例は、東京にはない。むしろ、女子定員の多い学校は、年々男子定員をふやす傾向がある。男子が少ない高校は、優秀な男子が受けたがらない。男子が少ないと進学も就職も、どうも意気があがらないので、という。

しかし、同じ東京でも受験本位の男子系高校などは、やっぱり、女子を歓迎はしない。なかには、他府県と同じように男女定員のワクをはずすべきだ、との意見もある。――「一流校の場合、男子は中学一、二番でないとはいれない。ところが女子は、できる子は女子系高校にいき、その次の子が男子系にまわってくる。こういう女子定員のワクにさまたげられて、より優秀な男子が一流校から締め出されるのは、不公平ではないか……」

×　×　×

共学制度の支持者には、悲観的とみえる話ばかりになった。しかし「共学制の危機」というほどの大勢では、まだ、ない。「共学は女子に新しい進路をひらいた」と、この点では、文部省も日教組も、おなじ評価をしている。

教室の内外

戦時中なみの統制も

「あれもタブー、これもタブー、全くやりきれません……」滅び行く天然記念物〝トキ〟の生息地に近い能登半島の羽咋《はくい》市にある石川県立羽咋高校二年生の一人が、タメ息とともにつぶやいた。中学時代はなんとも感じなかった身の回りの禁止事項が、高校にはいったとたん、妙に気になりだす。〝タブー〟は頭のテッペンから、足の先まで、まず服装からはじまる。

無帽はいけない。帽子のツバは小さくしてはならない。校章は左エリに、上着のホックは必ずはめる。第五ボタンははずすべからず。夏は白カッターか開キン半ソデ、女子のブラウスのエリ型はこれこれ。オーバー、レーンコート以外のジャンパー類は不可。色は黒か紺またはコゲ茶系統で無地のこと。細すぎるズボンはいけない。スカートのヒダは何本。ゲタばき通学禁止。ズックグツをスリッパのようにはいてはならぬ。クツ下は無地で質素なもの。女子は髪にパーマやアイロンをかけてはいけない……。さらに行動のワクがある。パチンコ、ダンスホール、マージャン屋など遊技場と、夜十時以後の映画ナイトショーやストリップ劇場は絶対立ち入り禁止……。府県によっては皮グツもセーターもいけない。乗りものの通学は男子が前部、女子が後部などと戦前、戦中なみの統制をしている学校もある。なにしろ〝人生最大の反抗期〟こんな禁令の一つ一つがシャクでたまらない。

八年間の〝ウラミ〟

「そういう一般的なタブーは、全国的なものとして、あきらめもつくが、どうにもがまんのできぬのが〝長髪の禁止〟なんですよ……」とさきの生徒。そういえば、同校で見た秋の文化祭「壁新聞コンクール」のある紙面に「どうしても生徒の頭髪を短くしたいのなら、床屋の先生をやとったらどうか」という記事が出ていたし、生徒が毎日書くホーム日誌にも「石川県で丸がりは刑務所の囚人か羽咋高生だけだ。生徒が反発する校則は、直ちに改正せよ……」といったさけびが何

「高校生は丸刈りがよい」と校長さんはおっしゃるのだが……　石川県立七尾高校で

日おきかに書き込まれている。現在、石川県立七尾高校長で、二年前まで羽咋高校長だった島田湖山先生が七、八年前に羽咋高で出した断髪令の〝ウラミ〟が連綿として後輩に伝えられているのだ。それにいま島田先生が校長をしている七尾高校は、長髪が認められているだけに、羽咋高生たるもの「これをどうしてくれる」というわけ。

校則はきびしい

羽咋高で先生方に長髪のことを持ち出すと「あれは校則できまってしまったことです」と多くを語らない。当の島田先生は七尾高校で「長髪から派生する多くの問題が、当時の羽咋高にあった。着帽、制服の基本線までくずしたくないので、教育的見地から思い切って断髪させたのです。七尾高では、目下その心配もないし、七尾校の校則通り長髪を認めています。しかし、私は高校生は髪を短くすべきだと、いまでも思っている」とはっきりいう。

生徒はどう考えるか？　七尾高のある長髪三年生に聞いてみた。

「なんということはありませんよ。禁止するから騒ぐのです。七尾高でも、そんなに長髪生徒はいないでしょう。入試や就職試験をひかえた三年生は、戦術的立場から丸がりにする。一年生は髪がのびていないし、家庭でも許されない生徒もいる。長髪の多いのは、まあ二年生ぐらいでしょう。羽咋でものばせといったら、そんなにのばす生徒はいないと思うのだが……」このまま羽咋高生に伝えたら「そうかもしれません。よそで認められているのが認められないことに対するコンプレックスもあるし、禁止されると意地にもなりますからね……」と案外あっさりしていた。

男女共学の功罪

石川県の男女共学の高校では、女生徒を〝メンドリ〟と呼ぶところが多いそうな。羽咋高校では〝メンドリ〟の多い文科系進学コースでは、どうしても男生徒が消極的になりがちで〝メンドリ〟の少ない理科系コースは〝メンドリ〟までが積極的に成績をあげていく。しかし女生徒が非常に少ないクラスでは、男生徒が荒っぽくなり、掃除はしないし、器物はこわす、さては、女生徒の多いクラスの壁に穴をあけてのぞき込んだりする。一方〝メンドリ〟ばかりのクラスも問題だ。まず言葉使いが悪くなり、何人かのボスを中心に、グループ別の争いが絶えない。「旅行のプランさえクラスの意見がまとまらず、たいへんな目にあいます……」とある先生がこぼしていた。

しかし半面、七尾高では「ことしは〝メンドリ〟がよく鳴いたおかげで、進学率がグッと上がった」と進学指導の先生は喜んでいた。進学率を左右するのも女生徒の成績次第だというのだ。もっとも、こんな話も聞いた。女子の多いところでは、生徒会などで男生徒が気炎をあげても、女生徒はほとんど沈黙している。ただし投票となると数で男生徒の主張を簡単に否決してしまう。「婦人の権利、投票という武器の行使、確かに高校生の間では、男女同権と民主主義は徹底しています」またこんな話も――先生たちにも絶対的なタブーがあるそうだ。「女生徒の前で男生徒をしかるな」この禁を破って、男生徒に手ひどく仕返しされた先生は少なくないという。

新聞をつくる

教育の目的は、あらゆる機会に、あらゆる場所において実現されなければならない。
教育基本法第二条

試験勉強、進学、就職。学校新聞は高校生のこうした〃ユウウツ〃のはけ口でもある。九州・山口の高校新聞のコラム欄から彼らの〃生活と意見〃をひろってみると——。

新古典集

月みれば千々にものこそ悲しけれ月の形のゼロに似たれば

形容詞

——国語の時間

先生「形容詞をあげてみよ」
生徒「おもしろくない、うるさい、くだらない、眠い、ひもじい」

学生かたぎ今昔

むかし——食事中でも勉強した。
いま——勉強中でも食事する。

入試の意義

「きみ、大学入試もオリンピックと同じようなもんだ。うかることではなく、参加することに意義があるんだからね」

珍体検査

A「失敗したんだってね」
B「うん、残念ながら身体検査ではねられたよ」
A「いったいどこがわるかったのさ」
B「ナーニ、頭が悪かったのさ」

処置なし

彼女にラブレターを送ったら「記念切手ありがとう」といわれた。

× × ×

福岡県立糸島高校をのぞいてみよう。教室を半分に区切った二階の新聞部屋。黒板は次号の面割りでいっぱいだ。「本日締め切り。必ず提出すること。遅くなっても書くこと」と赤いチョークの大きな字。どや、どやと女子もまじえて、部員たちがやってきた。四十五人の部員のうち女子が三十人もいる。

「なに、二行けずれ？」高校新聞の大組み風景　福岡市内の印刷工場で

締め切り

「きょうは締め切り日です。だから男子部員は徹夜ですよ」

編集長の二年生、市丸剛君がいう。夏は司書室に泊まったが、寒くなってからは部員の家に米を持ち寄って自炊する。たまには、女子部員が食事の世話をしてくれる。十五人の編集費が、夜と朝の二食分入れて五百円。

「粗食にたえて、ですよ。翌日の授業

がねむくって……」と居眠りのかっこう。こんな日が一カ月に一度はある。部室の壁にはられたゴロ寝の写真にも、こう説明がつけられていた。

「——やっと終わった。七時までにはあと一時間。アア、課外はやめとこう。ウン、ムニャムニャ……」

福岡県糸島郡前原町。たんぼと畑にかこまれた糸島高校では三年生三百人のうち約百人が進学希望、あとの三分の二は就職組だ。「単なる知識のつめこみ的な受験予備校にはしたくない」というのが校長さんの主義。だから、ここでは毎日、ホーム・ルームを欠かさないし、文化祭も盛大にやる。クラブ活動もさかん。中でも活発なのが新聞部。すでに百二十号まで発行し、全国コンクールや西日本のコンクールで、なんども賞をうけている〝名門〟だ。

キャンペーン

「ぼくたちの手で糸高をよくしてゆくんです」と前編集長の三年生、河津清君。「たとえば、本校で起こった暴行事件でも、勇敢に取り上げています。先生たちは、注意しろ、といわれたんだが……」

この事件は、昨年四月末に起こった。上京したいと思っていたある三年生が、二年生二人をさそって、同級生や下級生をおどし、金のできない生徒には、暴行を加えた——という事件だ。彼らは退学などの処分を受けたが、この事件でタバコを吸っている生徒のあることがわかった。新聞は「糸高の風紀問題を見る」という見出しでこれを取り上げ、警告した。「論説」でも「校内風紀に要注意」とこう書いた。

「——もっと規律正しい行動をとろう。このように『きまり』のないダラダラした行動がこんどのような事件をひきおこすのだ……」

河津君は、さらに続ける。

「もちろん、学校当局に対しても遠慮はしません。干渉? うん、〝弾圧〟を受けたことはないですネ」〝弾圧〟という言葉に力が入って、気負いこんだ感じだ。なるほど「環境整備の現状と対策」を特集した校内美化へのキャンペーン記事をのせた号では——

「——これまで学校当局もいくどか、この件については意見を述べている。しかしその措置は適切であったとは言いがたい。当の職員でさえも、口では美化などととなえながらもお役所的な立場のものであり……また、掃除の大御所、管理部では掃除用具の取り替えはやっている。だが、散らかっているゴミより、ホウキのヤブレのゴミの方が目立っていることが、ままある……」

締め切り日から二週間後の夕刻。福岡市のある印刷工場で。大組みのために七人の部員が集まっていた。赤インキで汚れた手。ほおに印刷インキをくっつけて、校正室と工場をあちこち。一面の大刷りができ上がった。

「この見出しはおかしか」「おっさん、どうやろ」三年生の先輩へご意見うかがい。「やってみろ」二年生の赤筆が動く。「よし、二段にせ!」「そうすると記事が十行たらん」三年生。「よし」とばかりに、十行を書き足し。「きょうは九時ごろまでかかりそう」と三年生。「あー、帰ろかな――」.「ばかやろ!」三年生がどなる。「わあー、はらかきなはったナー」二年生がおどけ、インキでよごれた顔が、わァーッと歓声をあげた。

野球の名門校

指導にあたっては、生徒の興味や欲求の充足に留意するとともに、熱心さのあまりゆきすぎの活動に陥ることのないように配慮する必要がある。

改定高校指導要領、クラブ活動

「私学は、なにか公立にないものを持たねばいかん。灘高のように〝進学率〟でもいい、ウチは野球、といえるでしょう」

昨夏、甲子園大会で優勝した大阪・浪商高校。プロ、ノンプロ球界へ続々と精鋭を送りこんでいる名門だ。それほど野球に強くなったヒミツ——野田三郎校長(七一)の話は、投げおろしの直球のように明快だ。

「大正十三年に学校が生まれたとき、当時の徳永校長にすすめたんです。野球は青少年に最適のスポーツだ。それに世間に知られるには一番だ、と思いましてね」

作戦は見事に当たったようである。

ひきもきらぬ求人

ちょうど部員七十人ほどが、キャッチボールをしていた。校庭は広いとはいえない。ラグビー部と入りまじって、かなり窮屈だ。地ならし、石ひろいをやっているのは一年生部員だった。突然、大声がとぶ。

「こら、歩いてるやつがあるか、走れ、走れ」

背広姿の先輩だった。ひとりがぴょこんと頭を下げて、

「はいっ」

と答えた。浪商には〝野球憲章〟がある。五年前、暴力事件で出場停止をくったあと、野田校長が作ったものだ。その第三条には、こう書いてある。

――常ニ礼儀ヲ正シクシ、師弟長幼ノ序ヲ乱サヌヨウ注意スルコト。

「憲章」「部員心得」……野球部は〝修身科〟でいっぱいだ。その中にこんな一節もある。

――野球ハ有名選手トナルタメニ、アルイハ就職、進学ノ手段トスルタメニ行ナウノデハナク

……

だが、ぜひ部員を、という注文はあとをたたぬ。それも野球専門のプロ、ノンプロだけではない。〝野球部で鍛えられた者は黙々とつとめをはたす〟と必ず採用にくる一般企業もあるという。

浪商の野球部員は百人近い。一年生部員はまずグラウンド整備から始める　大阪・東淀川区浪商校庭で

集まる中学強打者

「一度は甲子園に出たい。そのためには浪商、と考えた。ともかく浪商へ行けば、最高の野球を習えると思ったものですから……」そういうP君。三年生だが、とうとう甲子園はふめなかった。もとは兵庫県Q中学の三塁手、三番打者である。いっしょに入学した四百八十人のうち、三百人までが野球部にはいった。みんな、中学の強打者、エースぞろいだ。四国、九州、北海道からきた者もあった。授業がすんで集まると、まず出席点呼だ。

無届けで休めば退部処分と「部員心得」にある。

みんなそろって、二キロはなれた淀川べりへ疾走。そこで体操、うさぎとび、土手のぼり。アゴを出すと、たちまち怒声がふる。約二時間、ぶっ通しでつづいたあと、また全力疾走で学校へ……スパイクをはかず、ボールをにぎれぬまま、一学期が終わったとき、新入部員は約百人に減っていただけではなく、学校までやめる者も出てくる。三年間に退学した百三十人（二七％）のうち、野球失格者はかなりの部分を占めているようだ。なかには転校した郷里の高校から、甲子園に出てきた者もある。カンがよかったのだろうか。

その秋。P君はレギュラー候補にはいった。オープン戦の日。三塁を守った。だが凡打、たちまち二軍へ落ちた。もう一度うかびあがりたい一念で、彼は夜中までバットを振った。だが、それくらいは、だれでもやっている。

二軍の仲間がつくった歌――

立春の月に照らされ素振りする

日の照らぬ我れ月をうらやむ

だが一軍選手も同じことだ。「きのうのテレビ、おもしろかったな、なんていう男がいる。だが本当にみていたのか、どうか。じっさいは素振りをやってたなどということが多いんです」

そっくり同じようなことを、進学の〝名門校〟できいたことがある。バットとペンの違いはあったけれど……

P君はそれっきり、一軍にあがれなかった。

「仕方がないのです。実力の差なんですから……でも甲子園大会のとき、応援席で歌をうたうことはできなかった。ネット裏の券をもらって、ひとりで見ていました」

彼は一流の酒会社に就職し、来春は弟が浪商を受けるそうである。

選手たちに質問した。

「勉強のほうはどうだった？」

「いやあ、全然」

「どうもキライな方なんで……」

これまた直球型の答えだ。平均点以下にさがって〝憲章〟により練習停止をくう者も出る。だが監督の竹内啓教諭(三九)はきびしい。

「クラブ活動といっても、試合をやる以上は、勝つために全力をつくす。練習にはげむのは当然だ。しかし、そのために成績が悪い、というのは理由にならぬ。教室で習うことは、その場でアタマに入れてしまうのだ。大塚をみろ、といつもいうんです」

大塚君。主将で捕手。それでいて、校内の実力テストは二番だ。「中学を出るとき、公立へ行けとすすめられたんですが、公立だったら、成績も落ち、野球もダメだったでしょう」という。

浪商にとって、よろこんでいいのかどうか、すこしわかりにくい話である。

修学旅行

遠足や修学旅行においては綿密な計画のもとに実施し楽しく豊かな経験を得させるよう配慮するとともに、とくに安全その他の指導について細心の注意を払わなければならない。

高校学習指導要領・学校行事等

「近ごろ、管内での事件はめったにないが、気は許せませんな。自由時間になると、宿の近くの路地で、持ってきた背広なんかに着かえ、どこでなにをしているやら……」

——東京・本富士署の話。

「感心するような学校は二、三割、まあまあが五割ですか。私ども弱い商売で、表ザタにして評判を落としては損だからだまってるんですけど。飲む、女中をからかう、売店は荒らす……これが高校生か、と首をかしげたいのも時折り見かけますね」——東京・本郷のある旅館の主人。

東京にくる修学旅行生徒の六割が泊まるという本郷付近で聞いた高校生たちの評判はさんざんだった。そこで、京都・奈良・東京にきた修学旅行団と一緒に歩いてみた。

名所にケチをつけ

ひる——前日京都に一泊した埼玉県のある高校生三百五十六人のその日の日程は奈良見学。法隆寺・玉虫厨子の前。男生徒の感想——「これ、全然期待はずれだね。もっとロマンチックだと期待してたのにさ……」「ボロボロじゃないか」百済観音を囲んだ女生徒——「扁平足《へんぺいそく》ね」「十等身よ」「ノッペリしてグロじゃない」「要するに一般的じゃないのよ」

ガイドさんの話——「スカン生徒といったら東京の高校生です。それも都立が最低ね。都会ずれしてるというのか、見学地についてもバスを降りる生徒はパラパラ。〝あんたたち、なんのために修学旅行にきたの〟といったら〝珍しくもないや。先生の顔をたてるために来てやったんだ〟ですって」

京都へひき返すバスの最後部で男生徒がポーカーをはじめた。あざやかな手つき。やがてトランプが花札に変わり〝コイコイ〟だ。宇治平等院で下車したとき、教頭さんが神経質に話しかけてきた。「あの生徒たちどうでした? 要注意なんですが……」「〝コイコイ〟してましたよ」「な

禁じられたパチンコをする生徒はいなかったが，スマートボール屋は満員だった
京都・新京極で夜九時写す

んです？　それは……」教頭さんは花札バクチを知らないらしい。

まずは明るい旅行

よる——京都・新京極、高校生たちの宿の近くの盛り場。人出の八割が中、高校生。みやげ物屋はどこも満員。スマートボール屋もいっぱい。「遊技場に、はいっちゃいけないんじゃないか？」「うん、パチンコはいけないといってたが、スマートボールはなんともいってなかったよ」

夜の自由時間——生徒が思いきりハネをのばせる時間だが、問題が起きるのもこのときといわれる。本郷の旅館に泊まった九州の工高生七十人、夕食を終わると先生の注意もうわの空で夜の町へ……その中の、ある四人組が選んだコースは銀座—浅草。タクシーで銀座四丁目に乗りつけたまではイサマシかったが、そのあとはぜんぜん忙しいカケ足見物。銀座の表通りを一往復し、地下鉄で浅草へ出て、雷門から六区をさっと見終わったグループは都電で旅館へ逆戻り。外出時間一時間四十分、まずは〝健全〟な自由行動。「知らん土地というのはかえって面白うないし、なんかおそろしかった」とその一人。門限の十時。ほとんど全員が無事に帰ってきたが、点呼をとると二人足りない。引率の先生は気が気でない。グループのリーダーに命じ、フロから便所まで大騒ぎの捜索中、二人がひょっこり帰ってきた。「すぐそこの店で買い物してて……」とケロリ。「T君、N君、規則破ったらどうするんだったかな」（二人はだまったまま）「奈良の宿でみんなできめたじゃろが。十二時まで廊下で正座しとれ！」どなられた二人はしぶしぶ冷たい廊下にかしこまった。

十一時消灯。しかし、なかなか寝つかない。押し殺した笑い声、ドスンドスンという物音。「一、二時間はダメでしょう」と先生もあきらめている。トイレに出てきた男生徒に寝つかれないわけを聞いた。「暗くして話してるとなんだか興奮してくるんです。別にわけなんかないな。話も人生論なんて深刻なものじゃないんだけど……」

翌日、両校はそれぞれ郷里に向かった。生徒たちはお別れに校歌を歌い、手をふってくれた。模範的とはいえないまでも、うわさよりずっと明るい旅行ぶりだった。

「裏切られた期待」

最後に東京の高校生数人に〃修学旅行での事故〃について聞いてみた。どこの高校でもこの種のニュースに「バカなやつだ」と憤り「またやったな」とあきれ、議論がわくそうだが……。

Y君「一部の連中のやることで、大騒ぎするのおかしい」

K君「旅行のやり方にも問題ある。コースはぼくらの意見を聞いて作ることになってるけど、たいていは先生のおしつけだろ。中学の旅行で見たところをまたゾロゾロ朝から晩まで。いいかげんいやになっちゃう」

T子さん「つまり、裏切られた期待感、それに旅先だというので必要以上に加えられる制約、抑圧感。これが最後の日の自由時間なんかに爆発するわけね」

S君「酒ばかりのんでる先生があるだろ。いやだな、あれ。生徒のことばかり言わないで先生の方も考えるべきだ」

I子さん「だけど、わたし、修学旅行って好きだな。みんなが、心から話し合えるチャンスって、旅行のときぐらいじゃない？　このごろの学校はみんな受験でアタマがいっぱいのせいか、なにかよそよそしいでしょ。あんな気分で話し合うってこと、社会へ出たら二度と味わえないんじゃないかしら……」

結　　　び

「学習指導要領」というのがある。お役所ふうの，かたくるしい文章が，ぎっしりとつめこまれた，退屈な本だ。

私たちが，あちこちの高校を訪ねるとき，この本を持っていった。教師や，高校生と話し合う前にも，この本を，苦労して読んでおいた。そして，取材を終わって，高校から新聞社に帰ってきたとき，もう一度，この本を読みなおしてみた。するとどうにか，この本の退屈な文章の意味するものが，私たちにもわかりかける。なるほどね，と思うこともあり，時には，クックと笑いたくなるような，文章を見つけたりした。

「学習指導要領」とは，そういう本である。読みようで，たいへん退屈にもなり，ちょっと面白くもなる。

そして，むろん，これは非常に重要な本である。この本で，日本の教育が左右される。この本を，高校教師がどう読むかで教育の方向がきまる。二，三の実例は，すでに皆さんも，お読みになっているはずだ。あちこちに「──改定指導要領」という注釈を入れて，引用してある短文が，それだ。

ここで，この読みものの「結び」として，指導要領改定のねらいを，調べてみることにした。

指導要領改定のねらい（その1）

高等学校の教育課程については（中略）、教育課程の基準として文部大臣が別に公示する高等学校学習指導要領によるものとする。

学校教育法施行規則

三十五年の秋改定になった高校指導要領が、昭和三十八年の高校一年生から実施される。——指導要領というのは、全国各高校の教育内容や教科の進め方などの基準を文部省が示したもの。だから、三十八年度一年生の分から、教科書もすっかり書きあらためることになる。

三十八年度から実施

新制高校が発足してから十三年あまりになる。この間に、指導要領は、こんどで三回も書き直された。発足早々の六三制には、いろいろ欠陥が多かった。それはわかるが、こう、ちょくちょく教育内容をいじりまわすのはどうか——との声が高い。そこでこんどの改定がなぜ必要なのかを文部省にただした。

内藤文部次官は、こういう——「第一の理由は、すでに小、中学校の指導要領が大幅に改定されていること。その改定指導要領で勉強した中学生が、三十八年には高校にはいってくる。この場合、これまで高校でやることになっていた内容を、一部、改定で中学三年に移して教えている科目がある。もし高校の方だけを今のままにしておくと、中学で習ったことを、高校一年で、もう一度習い直すようなことがおこってくる。つまり、小、中、高校の指導要領に一貫性をもたせる必要がある。また、改定の必要があるなら、このさい高校教育を時代の進展や要請に即応させよう、というのが第二の理由だ。教育は時代とともに進んでいくものである」

能率的な教育へ

内藤次官は、さらに「改定のねらい」として次の四つをあげた。

①生徒の能力、適性、進路に応じた能率的な教育をするため、コース制を強化した。

女子のお料理の時間
東京都立三田高校で

②教養のかたよりを少なくするため、必修科目を多くした。
③道徳教育の改善と充実。
④基礎学力を高め、科学技術教育の充実をはかった。

……生徒と教師にとって、いちばん頭が痛いのは②の必修科目をふやしたことだろう。たとえば普通科の生徒の場合――

▽社会＝現行指導要領では、社会、日本史、世界史、人文地理のうち三科目が必修。改定後は、倫理・社会、政治・経済、日本史、世界史AあるいはB、地理AかBの五科目が必修になる。

▽数学＝現行では数学Ⅰだけが必修だが、改定後は数学Ⅰのほか、数学ⅡのAかB、応用数学のどれか一科目、あわせて二科目が必修になる。

▽理科＝現行では、物理、化学、生物、地学のうち二科目必修。改定後は物理AかB、化学AかB、生物、地学の四科目が必修。

▽芸術＝現行では、音楽、美術、工芸、書道のうち一科目を履修することが望ましい、となっているが、改定後は、一科目は必修。ほかもう一科目以上の履修が望ましい、となった。
▽家庭＝改定後、女子生徒は「家庭一般」が必修になる。
こうして必修科目をふやせば、なるほど「教養のかたよりは少なくなる」だろう。だが、広く、浅く、総花的になって、生徒の負担がふえ、六三教育の長所である自発的学習やクラブ活動が、できなくなる心配が生まれる。「人間形成のうえで大事な高校時代に、つめこみ教育を強制するのは反対だ」と、保守的な教師さえいう。また、進学を希望する生徒の場合、いまでも受験準備で押しつぶされそうになっているのに、このうえ入試科目以外の負担を課するのは残酷だ、との声もきいた。

教師が足りない

しかし、大学の理工科系の先生には、比較的、必修制の支持者が多い。東京教育大の大塚明郎教授は、理科四科目が必修になったことについて、こういう——「はじめ高校理科は四科目のうち一科目以上を選択することになっていた。ところが、生徒の九割以上が生物に集中してしまい、物理、化学を勉強する生徒が少なかった。困ったのは大学の工学部だ。大学の教室でまず物理、化学を高校の水準から教え直さなくてはならなかった。そこで、三十一年の改定のとき、二科目以上の選択に直した。しかし、それでも科目履修率のかたよりは直らない。生物のほか、こんどは化学に生徒が集まり、物理、とくに地学を習うものが非常に少ない。困るのは大学だけではない。就職する生徒、家庭にはいる女子生徒だって、高校を出るまでに各科ひと通りの教養を身につけるべきだ。これが、現代の常識ではないだろうか」

必修科目がふえて、生徒の負担が重くなる心配はないか――「過重な負担にならないように、物理などAとBとの二本立てになっている。Bはアカデミックな内容だが、Aは実際的、常識的な物理の基礎だ。だから、文科系に進学する生徒、就職する生徒はAの方を習えばよい」

ところで、履修科目のかたよりは、どうしておこったのだろう。大塚教授はいう――「実情を調べてみると、生徒の好ききらいもあるが、教師の配置がかたよっていた。どの高校にも、生物の教師はいる。が、物理の教師となると、とくに私学の場合、なかなかいない。そのため、生徒は物理を習いたくても、教師がいないし、授業も開かれない、という高校があった。……だから必修科目をふやすからには、それに見合う教師もふやす必要があるわけだ」

指導要領改定のねらい（その2）

5　道徳教育は教育活動のすべてを通じて行なうものとし、これをいっそう充実強化するため、社会科の一科目として「倫理・社会」をおく……
6　生徒の能力、適性、進路等に応じて教育を行なう……
高校教育課程改定の基本方針

三十八年度から実施される改定指導要領のうち、いちばん論議が多いのは、コース制の強化だ。前回でもちょっと紹介したように、同じ科目でAとB、あるいは甲と乙の二種類を設けたものがある。古典、世界史、地理、数学Ⅱ、物理、化学、英語などが、それ。また、全日制の普通課程の場合、高校三年間を通じての教育課程の組み方を、やはりAとBと、ふたつの基本的類型に分けて示している。いったい、どんな理由で、ふたつのコースを設けたのだろうか。文部省の安達中等教育課長にたずねた。

差別教育の恐れ

はじめに、AとBとの区別について——「どの科目についても、Aの方は、基礎的、実際的な内容をやさしく勉強できるようにしてあり、Bは、やや学問的に高い内容を組織的に勉強できるようにした。そして、生徒の能力、適性、進路に応じて、同じ英語でも、AかBか、どっちか適当な一方を選んで勉強させよう、というわけだ」

適当な一方を選ぶ場合、できる生徒はBコース、できの悪い子はAコースと、頭から差別をつける教育になりはしないだろうか。——「ここで、まず考えてほしいのは、昔の中等教育と今の高校教育とに大きな違いがあることだ。旧制の中学には、義務教育終了者のわずか一九%しか進学しなかった。それが今は六〇%近くまで高校に進んでいる。その結果、同じ高校生でも上と下との能力の差が非常に開いてきた。今後、高校進学者の数はますますふえ、したがって能力差もますますはげしくなるだろう。

……とすれば、このさい、能力差に応じて、ある程度、教育内容を分けた方が合理的であり、生徒にも親切なのではないか。能力ある生徒はBコースでどんどん伸びなさい。かといって、できない子を落後させようというのではない。Aコースで勉強しながら、一方で技術的な適性をみつけ、そっちで伸びていってもらう。また、職業課程の生徒の場合、専門的な科目がふえ、普通科目の学習に十分な時間がとれない。そこで、少ない時間でも普通科目をひと通り勉強できるようAコースを設けた」

進学組と就職組

クラブ活動――「つめこみ教育で生徒たちの自主的な活動が圧迫される心配もある」とみる教師もいる　東京都立大付属高校で

では、学問的能力がありながら進学できずに就職する生徒の場合はどうか。安達課長はいう――

「たしかに、能力や適性だけではわりきれない。能力と進路とが一致しない場合どうか。ここに、コース制の味の悪いところがある。これは将来、育英事業をのばすことで解決するほかはないと思う。それから、コース制だからといって、進学組はBコース、就職組はAコースと決めているわけではない。能力、適性があれば、進学しない生徒でもBコースを選んでよい」

いまでも、進学熱心な高校では就職希望者を歓迎しないところが多い。コース制は、こういう差別を助長するのではないか――「進学なら進学一本の方が能率があがる。そこで教師が進学組の教育だけに熱中して、ほかの生徒をほったらかしにしている高校があるようだ。そういう差別をやめて、就職コースを確立し、就職する生徒にも十分な配慮と愛情をもった教育をすること。これも、コース制を強化する目的のひとつなのだ。差別を助長するという批判は当たらない」

新設の倫理・社会

おわりに、改定指導要領で新しく設けられた、社会科の「倫理・社会」について、お茶の水女子大学の勝部真長教授にきく。

前回みたように、必修科目がふえて、生徒の負担が重くなった。そのうえ、修身みたいなことをやっても、生徒は居眠りするだけではないか。高校教師は、そんな心配をしているが――「そうそう。つまらない修身的授業をやったら、居眠りと内職の時間になってしまう。しかし、受験準備に熱中している子だって悩みは深い。身体の伸びは大きいし、家庭でも世代の違いで話し相手がない。いまの高校生は、ある意味で泥だらけだと思う。彼らの悩みに突きささっていくような問題の扱い方をしたら、この科目、かなり魅力もあり、花も咲くんではないか」

たとえばどんな内容を——「幸福論、恋愛論、文明論、社会主義論……こんな教科編成だとうけるんじゃないか。発想は道徳教育的なものもあるわけだが、高校生だから、ナマのままの道徳教育をつぎ込んでもだめだ。理クツで筋を通して、人生観、世界観、考え方の訓練をする」

思想史ですか——「いいえ。やたらに哲学者、思想家の名前を連ねた思想史的内容のものは、今までの社会科社会の教科書にもあった。こんどは、思想史をやめて、内容を精選する。哲学者や思想家も名前を減らして、ひとりひとりの考え方をじっくり学ぶ」

人物を挙げてみて下さい——「改定指導要領で挙げているのは、西洋では、ソクラテス、プラトン、ロック、ルソー、カント、ヘーゲル、ジョン・スチュアート・ミル、マルクス、ダーウィン、キリスト、東洋では、孔、孟、老、荘、仏陀。日本では、代表的な宗教思想家や学者などを適宜選ぶことになっている」

紙上ホーム・ルーム

出席者

都立西高二年	市野宗彦
都立大付属高二年	岩尾若子
都立両国高定時制三年	籾江重和
都立北園高一年	梅垣和彦
都立大付属高二年	熊井紃（のり）子
都立蔵前工高三年	倉沢誠
慶応高三年	杉本雅弘
慶応女子高三年	都築恵子
都立北野高三年	堀口和子
都立両国高定時制三年	山本とき子

十代のみる十代

A（女）　まず「ハイティーン論」から……。今の高校生、無軌道だって、よく大人のやりだまにあがるけど。

B（女）　あれ、一部でしょう。

テーブルを囲んだ十人の男女高校生，生徒が進んで司会を名乗り出て次から次へと発言はつきない　朝日新聞東京本社談話室で

A（女）　そうね、特殊な人たちね。

E（男）　ジーパン、皮ジャンパーでスポーツカー乗り回しているの、うちの学校にもいるけど、あの連中わざと三枚目の役をやっているんだな。話をすると、みんな利口ですよ。ぼくなんかより、ずっと。こういう人はかえって将来成功する（笑い）。

A（女）　新聞にものすごく派手に出るでしょう、高校生の事件。あれ見て、クラスの男の子たち「あ、派手にやってやがんな、かっこういいな」って、よくいってるわね。

B（女）　あの気持ち、分かるわ。あくせくあくせく受験勉強しなくちゃならない、そんな時、なにか自分の力をパアッと出すの、男の子は魅力感ずるんじゃない？

I（女）　やってみろといわれても私たちにはできないけどね、ただね。

A（女） 気持ちは分かるわ。

G（男） 中学の時、学校の羽目板ボインボイン割っちゃった。みえをはるっていうのか、男らしいとこみせるという気持ちだな。

A（女） でも、犯罪事件は別ね。あれは納得いかない。

E（男） ぼくはいかないでもない。

A（女） あら、あなた、やっちゃう？

E（男） いや、やらないさ。おさえちゃう。

A（女） なぜ、それ、おくびょうから、それとも理性？

E（男） 理性だな。

――パアッとやっちゃいたい心境って、どういうんだろう。説明して下さい。

カミナリ族論争

D（男） しましょうか。ぼくはね、自分でオートバイに乗る。マフラー（消音器）はずしちゃうんです。ものすごい音たてちゃう……。

A（女） あれ、音を小さくできるの。へええ、くやしいわねえ。

D（男） なんていうのかな、自分の考えたこと、すなおに表現できる、やりたい時やる、そこにある程度よさがあるんじゃないかな（どうかな、反対だな、と異論もある）。自分の気にいらない時はガラスを割っちゃう（ウァーと女子から非難の声）。ぼくはしないけど。でも、その一瞬、破壊することの喜びっていうのかな、それがあるっていうんだ。自分の欲求をすぐ満足させてくれる。

J（男） 気持ちいい？

G（男） （D君にかわって）いいね、マフラーはずすと火が出る。ジェットみたいに。

E（男） ぼくにはばかにみえるな。あまりにも子どもすぎる。やりたい心はだれにもある。それ、おさえるのが理性でしょう。ぼくらはもっと大人になってもいい年ごろなんだ（賛成、とJ君）。

B（女） でもね、いまは社会がとっても複雑になってるでしょう。やりきれなさ感ずること、あると思うんです。私も男だったらやりかねない。あばれちゃうかもしれない。

C（男） そう、せっぱつまってやっちゃうんだ。理性が不足といえばそれまでだが、悪いことする人たちだけの責任じゃない。やっぱり、いまの社会の影響が強いと思う。他人が迷惑したって自分さえよければ、という大人の風潮……。

F（女） でも、甘ったれてるところあると思うわ。複雑な世の中だからうっぷん晴らす、人が迷惑してもというの、あまりなんでも社会のせいにしすぎると思います。

H（女） 社会が悪いから、というの無責任で、すてばちね。もっと十代らしいけっぺきさ、むしろ社会を直して行くんだという気持ちが大切じゃない。

E（男） むしゃくしゃしたら、ほかに逃げ道をつくる。ぼくの友人の空手部員は手でマキをわるんだ。手の痛みで、なにかがスッとする。自分なりの解消法をみつけるべきだと思うな。

A（女） そうね、スポーツもいいし、ガリガリ勉強するのもいいし。

ロシア民謡とジャズ

A（女） 「遊び」の話。

I（女） おしゃべりとコーラス。はやってるのはやはりポピュラー、「ポケット・トランジスター！」とか……。

B（女） 私たちはロシア民謡。「うたごえ喫茶」で歌うようなもの。

H（女） 私たちも。「黒いひとみ」とか「カチューシャ」。

E（男） 健全だね（と皮肉っぽく）。

――案外ウェットな歌がうけるっていうけど。

E（男）　ウェスタンですよ。あれ、失恋の歌が多い。ぼくが好きだったあの子はどこかへ行っちゃった、ぼくのことをまだ思っているなら早く帰ってくれ（笑い）という歌詞ばかり。

A（女）　たとえば？

E（男）　ききなれたメロディー意外に多いですよ。たとえば……アイ・キャン・スィー・ザ・マンション……（と、すこぶる気持ちよげに歌い出す、爆笑。知らないな、それ　部の人よ、とカチューシャ組にきめつけられる）。じゃこれは。レッツ・ミー・コール・ユー・スイートハート……いいのあるんだけどな。

I（女）　悪くはないわね、ジャズ。私たちの学校にも同好会あるわ。

E（男）　合宿なんかで、なんかこうギターひいて、ウェスタン歌ってると、ちょっとあれになりますよ。しんみりした……テレビでも、よく見るのはやはりこれですよ（と、ピストルのまね）。見ていてスッとする。

——ところで読書の方は。

D（男）　石原慎太郎の作品なんか、共鳴するところがある。

E（男）　おはずかしいが、どうも。読書は映画がかわってやってくれる、という人が多い（笑い）。

A（女）　本のよさ、知らないからよ。

E（男） ほんとに（笑い）。

C（男） うちの方もあまり本を読む風潮ない。深く考えるという意欲があまりないんだな（あいづちが多い）。

E（男） 週刊誌はよく読むけど。

I（女） スポーツ新聞。ボロボロになるまで回し読みしてるわ。

C（男） 高校一、二年のころは遊ぶのに夢中。読書の意欲がわいてくるころは残念ながらもう遅い。受験勉強に追われてしまって……

異性の友情

A（女） つぎは友情論——友だち同士でいちばんの悩みは。

F（女） やはり異性間の友情じゃないかしら。わたくし、いま悩んでいるんです。男女の間にも友情があってほしい。なんとか相手に通じないかと思う。

E（男） いや、男のほうはね、りっぱに友情が成立するんですよ。たとえば、ぼくの場合はね。こりゃまずいな。友情論じゃない。恋愛論になっちゃう（あちこちでクスクス笑い声。発言した二人をみながら——）。

H（女）　二人とも共学の学校ではないからだと思うわ。わたしたちは小学校時代から男女が教室で机をならべてきた。いまさら異性間の友情を持ち出すのがおかしい。

J（男）　その通りだな。つき合っていても、べつに異性を意識しない。

E（男）　意識しないのはいいけど、女が男性じみてくるのはご免だな（E君のことばは爆弾発言だった。出席した男女全員から猛反撃を受ける。司会の生徒まで興奮して）。

A（女）　男子が女性じみてくるのもイヤよ。

E（男）　古いんだな。ぼくは、かなり。

I（女）、B（女）、H（女）　ずうずうしいのよ。

D（男）　女性のほうだけに「らしさ」を要求するのは不公平だよ。

E（男）　女性にとって女らしさは必要欠くべからざるものだと思うがな。男性にとって男らしさとか、たくましさが必要なように。

B（女）　そんなの求めないわよ。あなたの勝手よ。要求したらキリないじゃないの。

E（男）　でも、文化祭のとき、クラスでアンケートをとったら、みんなぼくと同意見だった。

I（女）　それもクラスに女子がいないからじゃないの？

E（男）　学校は共学じゃないけど、ぼく個人は共学とかわらない。ガール・フレンドの三人や四人、不自由したことないから（笑い）。

昼休み。教室の窓辺でコーラスを楽しむグループ。初冬の日ざしが暖かい　東京・日比谷高校で

男の友情

A（女）　男同士の友情は。

C（男）　ぼくたち、ついこの間もクラスで友情について話し合ったんです。いろいろ意見が出たが、そのなかで、友情など存在しない、心と心のふれ合いなんかありえない、と割り切るのがいた。受験の現実を考えれば、ぼくは同感なんです。大学は一定の人数しかとってくれない。受かるためには、他人をけとばさねばならない。仲間同士どんなに好意を寄せ合っていても、結局、オレはオレひとりなんだ、という気になってしまう。

E（男）　ぼくも友だちは多いが、勉強の友人はひとりもいない。みんなスポーツやマージャンの遊び友だち。勉強で結ばれた友情はくずれ易い。

A（女）　なぜかしら。

E（男）　欲があるからですよ。いい点をとりたいという……。

D（男）　そうかな。け落とそうと思うからじゃないか。お互いに向上しようという気があれば、その反対だと思う。遊び友だちこそ、もろい。安易だもの。

E（男）　安易とは、ひどいな。あなたはスポーツの苦しみを知らないんだ。夏の合宿でも試合前のトレーニングでも、それはつらい。試合に勝てば勝ったで、みんな肩を抱き合ってうれし泣きする。スポーツで結ばれた友情は、めったなことではくずれませんよ。

親孝行論

A（女）　親子の愛情論にはいりましょう。

C（男）　ぼくたち、小学校でも中学校でも親に孝行しなさい、なんて教えられなかったし、自分の親が人なみすぐれているとも思われない。欠点だらけの親だけれども、しかしある離れがたい情愛を親に感ずるんです。それがいちばん自然な親子の愛情なのではないかと思う。

E（男）　いまと昔では、親孝行の意味が違うんですよ。毎晩、母親の肩をたたけといったってムリだ。

F（女）　親だっていまさら、そんなことを期待していないんじゃないですか。

H（女） どうかしら。私の家では昔流になんでも親のいうことを聞くのが孝行だと、親は考えています。

G（男） そんなの洗脳してやればいい。

A（女） ケンカにならない？

G（男） しょっちゅうですよ。うちのオヤジは軍隊の生き残りで、なにかといえば、兵隊当時の話を持ち出す。ぼくがちょっとでも政治活動すれば、お前は共産党だときめつける。徹底しているんです。それでもぼくは、父親を見放さない。堂々とやり合います。おかげでこのごろはオヤジもだいぶよくなりましたよ。

C（男） 政治活動にマユをひそめるのは、うちの母親も同じです。でもぼくは母親と論争しようと思わない。すれば勝つにきまっている。しかし、その気にはなれない。

I（女） なぜ。

C（男） 母親はじつに素直なんです。戦前の教育がすっかり身にしみついている。多くの母親と同じようにファッショ教育のあわれな犠牲者なんだ。ぼくが本気で論争すれば、相手の世界観を根底からくずすことになってしまう。それではひどく残酷な気がするんです。

A（女） かえって親不孝じゃない？

F（女） いいえ、そうじゃない。議論を避けるのは母思いの気持ちからだと思うわ。

D（男） 母親は物の見方がせまいからね。

E（男） 他人さまに悪いとか、世間はそう考えない、なんてすぐいい出すし。その点、父親の方が話がわかる。

――「全く」「全く」と高校生の孝行論議、どうやら父親に甘かった。

先生にひとこと

A（女） では、次は先生をやりだまにあげない？

B（女） 先生と生徒の間が冷たくって、へだたりがあるのね、高校では。授業以外の人間的なつきあいがあまりないでしょう。

E（男） 先生に相談するぐらいなら、仲間や先輩に話す。

G（男） 定時制の場合はむしろ逆です。自分の悩んでいること、親身になってきいてくれる先生がいる。

H（女） だから定時制には「このごろの生徒、遊びにこなくなった」とあべこべにこぼす先生もいる。

F（女） 中学時代は先生と友だち同士で話せたけど、高校だととてもこわい先生が多くて……。

お話したいと思っても職員室にはいる気がしないんです。

C（男）いかにも先生然として、自分のカラをくずさない、話に行きにくいんだ。欠点をさらけ出してくれない。

A（女）アルバイトの収入が教師の収入より多くて、授業に身がはいらない、という先生はきらわれるわね。

（——ここで先生のアルバイト論しきり。自分の出版した本をおしつける先生、「そこは、ここに出てるから」と自分の本を紹介する先生、予備校兼任のため休講がちの先生など「もうける教師」への点はからかった）

D（男）予備校で教えるのも、本を出版するのも、それは別に悪いことじゃないと思うけど、今の受験制度に迎合して、うまくそれに乗っていこうという先生が多いんだ。受験の混乱を助長しているようでいやだな。

夢と現実

A（女）「少年よ、大志を抱け」という気持ち、今の高校生にはあまりないかしら。

E（男）百万長者になろうとか、きれいなお嬢さんをもらおうなんて非現実的なこと（笑い）

は、考えない。

I（女）　みんなすごく現実的になってる。私もはじめはボーッとしてたけど、就職がさしせまると夢を追っていられないって教えられたわ。

D（男）　ぼくらの大半はアルバイトしてます。そこで大人の本当の姿を見ちゃう。夢がわかないわけだ。

H（女）　夢をもっても何ともできないことを知っちゃうのね。

イチョウの落ち葉を踏みしめて下校する高校生たち　横浜市・日吉の慶応高校で

G（男）　あきらめてる。将来の社会考えるより、現実の生活の基盤の方が大切、という考えが強い。

H（女）　政防法問題で騒いだってムダさ、数学の式をよけいにおぼえた方が、という気持ちね。

E（男）　でもね、社会に出てからきれいすぎるのもどうかと思うんだ。理想を追いすぎてね。正直ものはばかをみることを知らなくちゃならない。きれいなこと、いいすぎるのは少女趣味だと思う。

A（女）ものすごく現実的ね。

J（男）社会のいけない面を直そうとは考えませんか。

E（男）そこまでけっぺきにはなれない、残念だけど。すこしずるいかもしれないな（そうよ、そうよ）。

C（男）現状を正しく認識することと現状に迎合することとは違う。使いわけなくちゃあ……

D（男）現実をかみしめながら、その許せる範囲で希望をもつ、ということを考えますね、ぼくは。いい工業製品を作ってみなの幸福に役立てるとか……。

――将来の設計は？

I（女）就職したら早く仕事おぼえて、がめついかも知れないけど、お嫁さんに行く資金を少しずつ貯めて（笑い）。

E（男）もうお嫁さんのこと考えてるの？

I（女）うちは母親だけだから、兄がもらって、私が出なくちゃならない。そういうこと、堅実に考えますね。平凡な生活でいいから自分の力で計画し、早く親を安心させて、とか。

F（女）私は大学出たら勤めたいんですけど、親はあまり就職させたくないというのです。

A（女）女の人でも、自分で食べて行けるだけの生活力をもつべきだと思うわ。結婚しても相手の生活をあてにしないで……。

E（男） すごいな。

B（女） そのために大学へ行く。

E（男） でも女の人はかわいそうだな。すぐお嫁にもらわれること、考えなくちゃならない。

A（女） あら、「もらわれる」なんて考える人、ひとりもいないわ。

I（女） 相思相愛でなくちゃあ。

愛国心

（最後は、社会を論じ、国を論じ……）

C（男） ぼくは日本をあまり捨てがたい国とは思わないな。

E（男） ぼくは日本が最高に好き。

F（女） 私も。「君が代」とか「日の丸」の中に日本の本当の良さというものが現わされていると思います。

A（女） どういう点に？

F（女） 「日の丸」の簡素な美しさ、とか。あがってるの見ると、日本だなと思うんです。

A（女） でも、「君が代」をきくと、戦争中のいやなこと思い出し、たまらなくなるという先生もいるわね。

G（男） 昔の軍国主義に結びつけるといやだけど、オリンピックなんかでやるのは賛成。いい意味で祖国を愛するムードを作るためには必要だと思う。

H（女） でも、強制するのは反対だわ。

C（男） 日本人なら愛国心をもつべきだ、「君が代」「日の丸」で愛国心を養成する、という考え方は危険だと思う。国への愛情は自然にめばえるもので、作るべきものじゃない。

E（男） 愛国心なんて、しょっちゅう考えたら生活できない。プロレスの時に力道山を応援する、あれが愛国心だと思っていいんじゃないか。

F（女） 京都のお庭なんか見ていていいなと思う、あの気持ちね。

あすへの教育　高校篇　定価 280 円
昭和 37 年 4 月 20 日第 1 刷発行
編　者　朝日新聞社会部
発行者　朝日新聞社　伴　俊彦
印刷所　明善印刷株式会社
発行所　朝日新聞社　東京有楽町　名古屋広小路
大阪中之島　小　倉　砂　津

「家庭のための教育手引き集」（朝日新聞社編）の概要と背景

木村　元

一　「家庭のための教育手引き集」の概要

本タイトルである「家庭のための教育手引き集」は、一九六〇年代を中心に朝日新聞掲載のいくつかの教育特集をもとにして刊行された図書群を総称したものである。内容は、ルポルタージュなど教育現場の取材を通した学校のありのままの姿と直面する問題の提示であり、それを踏まえた家庭での子育て・教育のあり方への助言、手引きといえる。前者は読者対象を広く設定したものであるが、その中核には学校に子どもを通わせる、あるいはこれから通わせようとする家庭が強く意識されていたことはいうまでもない。

こうした背景には急激に高まる学校やそこでの教育への関心があり、各新聞メディアはそれに対応していく。産経新聞社会部では一九六五年に「にっぽんの教師」を一〇ヶ月にわたって連載した（『現代の教師と進学』『新しい教え方』『理想的な教師像』の三巻本として刊行〔サンケイ新聞社社会部、一九六五～六年〕）。毎日新聞は「教育の森」を六五年から三年間にわたって連載し、一二巻の単行本（同タイトル、村松喬著。六五年から六八年に発刊、一九七一年には『教育の森その後』〔いずれも毎日新聞社〕）を刊行した。毎日新聞はその後、一九七六年から一九八三年にかけて月刊『教育の森』を刊行、さらに七〇年代から八〇年代にかけて長期企画「教育を追う」を掲載し、二〇冊以上の単行本を世に示すことになる。朝日新聞のこの企画はこうした動きの先駆けとなったものとしてみることができよう。

「家庭のための教育手引き集」の具体的な構成は以下の通り。一九六〇年代に刊行された朝日新聞社社会部編『あすへの教育』、義務教育篇［一九六一］（以上第一巻所収）、高校篇［一九六二］、大学篇［一九六三］、幼年篇［一九六四］、朝日新聞社編『女子高校生—その心理と生態—』［一九六六］（以上第二巻所収）、同『勉強力をつける』（国語・算数［一九六三］、（数学・理科・英語［一九六二］）、（理科・社会［一九六三］）（以上第三巻所収）。同『たのしい勉強』（国語・社会・両親へ［一九六四］）、（数学・理科・英語［一九六四］）（以上第四巻所収）、同『おかあさんのお勉強』［一九六五］、『おかあさんの机』［一九六七］（以上第五巻所収）。さらに関連の資料として、東京朝日新聞社社会部編『わが子のしつけ方—幼年の巻—』［一九二八］、朝日新聞社編『母のために—優良児の育て方—』［一九三〇］（以上第六巻所収）である。

このシリーズの出発となった『あすへの教育』は、学校ルポなどを中心として、学校での教育や子どもの様子を広く紹介している。一九六一年から四年間にわたり各段階の「学校」教育の記録が示された。義務教育を皮切りとし、その卒業生をおって高校現場へと舞台を移し、さらにその先の大学にまで辿っている。また、そのルーツを探るように幼児教育を見直すという構成をとった。一九六六年には『女子高校生』が加わる。こうした学校教育の特集に並行するように、一九六三、六四年には『勉強力をつける』、『たのしい勉強』が相次いで刊行された。これらは、社会的に学校に対する関心が高まっていたなかで、親世代とは異なるかたちで構成された当時の学校教育の内容に焦点をあてて、勉強を楽しくし学びを自発的なものにするための方法や構えを提示しようとしたものであった。前者は小学校教育を、後者は中学校教育を対象に、教師と大学研究者などの専門家によって書かれている。さらに一九六五年、六七年には『おかあさんのお勉強』『おかあさんの机』がそれぞれ上梓された。そこには、家庭での子どもとの関係の取り方や学習指導の具体的な手引きという意味合いが強くみられる。このように学校の現実とそこでの教育を広く共有し、その上で家庭教育の果たす役割と方法さらに具体的な手ほどきが示され、結果的に刊行物全体が家庭のための教育手引きとしての一群を形作っているといえる。本資料集のネーミングはこうした性格を端的に示したものである。

二　刊行の背景と意味

『あすへの教育』に記された刊行の経緯からも分かるように、背景としてサンフランシスコ講和条約を経て日本が独立を回復して初めて改訂された学習指導要領が大きく影響している。

この学習指導要領は一九五八年に改訂され、小学校は六一年、中学校は六二年に実施された。これまで試案とされていた学習指導要領がここから大臣告示の形となり、またカリキュラム構成の原理が生活経験中心から各教科の系統性を重んじるものへと転換するなど、戦後教育の一大画期としても捉えられる改訂であった。ただし、当時のメディアの教育に関する報道は、子どもを学校にやっている家庭のリアルな関心とは必ずしも重なったものとはなっていなかった。文部省と教員組合との対立の構図のもとで政治と陸続きに報じられることが多かったからである。

一九五一年、講和条約締結直後の一一月に、占領下の改革を検討し直すため設けられた政令改正諮問委員会によって〈教育制度改革に関する答申〉が行われた。そこでは、「国情を異にする外国の諸制度を範」とする理想主義を実態に即した教育に作りかえることが課題とされ、戦後教育の見直しが本格的に始まった。それに伴うように政治的中立性の確保をめぐる問題（教育二法）、偏向教科書問題（「うれうべき教科書の問題」）、教育委員会法の廃止、教科書検定の強化など戦後の改革の枠組みを転換させる政策があいついで示され政治的な対立が表面化した。一九五六年から一部で実施されていた教師の勤務評定が五八年には全国で行われた。さらに、五六年から抽出調査として実施されていた全国学力調査は六一年からはすべての中学校二、三年生を対象とするように徹底された。これらに対して教員組合側が激しく抵抗し、その対立は最高潮に達していたのである。たとえば、この時期、日々の学校の教育実践に直結する低学力問題への取り組みとして何を学力として捉えるかという学力の質に関する議論さえ、上記の政治的な磁場から自由でありえない複雑なものとなっていた。一方、『あすへの教育』の企画は、「子どもの教育問題は、あんまりむずかしくては困る」とする家庭の目線で、学校での教育の実態を共有することに重点を置くスタンスをとっている。こうしたことからも、冒頭で記した家庭での教育への関心の高まりが意識されていることがうかがえる。

一九六〇年代は、人びとの生活レベルでみるならば室町時代以降の、日本史上での大社会変動期とされ、戦後社会の生活の基盤を作り上げた時期でもあるが、その生活において欠かせない重要な役割を担ったのが学校であった。学校は人びとの中では戦前の一九三〇年代にはすでに受け入れられ定着しており、戦後の中学校までの義務教育延長を支える土台を作り上げていた。しかし、学校を出ることが社会に出るために欠かせないものとして受け止められるようになったのはこの時期を迎えてからである。企業社会の確立へと社会が大きく動き出し、そのなかで家庭―仕事―学校という循環サイクルを作り上げ、学校はその一環として不可欠なものとなっていたのである。学校化社会が大きく進行し肥大化していくのは、こうした人びとの意識に支えられてのことであった。

このように学校が一般の人びとの一生にとって欠かせないものとなるなかで、先述したように六〇年代以降各メディアはこぞって教育特集を組むことになったのである。子どもへの関心ということでは、一九三〇年前後に『愛育の本（乳児の巻・幼児の巻・学童の巻）』（朝日新聞社編［一九二六］）、『わが子のしつけ方―幼年の巻―』（東京朝日新聞社社会部編［一九二八］）、『母のために―優良児の育て方―』（朝日新聞社編［一九三〇］）が相次いで出されている。これは、当時の都市中間層を対象とした動きへの対応であった。六〇年代につながる内容を含んでおり、『愛育の本』を除いて本資料集で取り上げた。朝日新聞社は、戦後も家庭の子育てや教育の情報を発信しているものの規模は小さく、六〇年代の動きは本格的な新時代の到来をおもわせるものである。

解説：『あすへの教育（小中・高校篇）』

「あすへの教育」は、一九六一年春、朝日新聞の社会面でスタートした。(1)「日本の義務教育がいま転換期に立っている」という教育界の声を受けて、何がどう変わっていくか、問題点は何かを各学校や教室の実態から探ろうとして企画され、小中学校、高校、大学、幼稚園へと対象を広げながら、結果として四年間にわたり継続した。その際、さまざまな地域、学校、教師そして家族と子どもたちが取り上げられている。そこには、家庭環境や地域等の条件によって異なる教育を受ける子どもたちの姿や、さらにその進路の違いが描かれている。

義務教育卒業後の進路は、大きく分けると二つの経路があり、教育学者の小川利夫は高度経済成長期を迎えるにあたって日本の社会のなかに「二つの青年期」の存在を指摘している。〈長すぎて、小児期の生活様式の方にずっと近い学生の青年期〉と〈早くから生計を立てねばならぬため、青年になっている余裕がない働く青年の切り詰めた実に短い青年期〉である（小川、一九九四）。これら二つの青年期は、育った家庭や地域などの出自に強く規定された進路が顕在化したものであった。前者は大学に進学できた場合である。一方、後者は義務教育段階で学校を終えるものがそれにあたる。加えて、経済的な理由や文化的に制約を受けながらも高校に進学したものがあり、その受け皿としては、定時制、通信制高校をはじめ、農業、商業、工業などの職業高校があった。さらに普通科の就職組などが含まれる。

あすへの教育　　**朝日新聞社会部編　一九六一年　二四六頁**

東京、名古屋、大阪、西部の各本社社会部の記者の取材から当時の義務教育の現場を描き出した最初の巻の柱立ては以下の通り。

「教室の中の子どもたち」「道徳教育」「愛国心論争」「学力問題」「学科別にみると」「進学一辺倒」「就職する子ら」「先生の新学期」

前の三項目は、政治状況と関わる教室の姿が描かれ、その後は子どもの未来と学校との関わりに焦点をあてている。

まず前者については、東京、関西、都会、山の学校……と各地の学校での取材から、文部省と日本教職員組合とのイデオロギー対立が影響を及ぼす教育の現実が示されている。「君が代」や「日の丸」に関しては、軍艦マーチを奏で教室ごとに日の丸がおかれた学校から「仰げば尊し」も歌わないところまで存在するように、学校による差異が報告された。また「君が代」の取り扱いをめぐる複雑さとして、歌唱という音楽の論理から「君が代」を位置づけようとするとどうしても全体のなかで末端の位置づけになってしまうが、そのことが「日教組のさかんな学校」では高く評価されるというように、一つの事実をめぐる価値判断が正反対となりえていた（「『君が代』教科書」、「東京の教室（上）」）。

道徳については問題がよりセンシティブである。道徳が領域としてカリキュラムの中に含まれたことは新しい学習指導要領の最大の特徴の一つであった。戦後の教育史の一つの画期として位置づくものであり、文部省と日教組の対立の象徴的なものとして示される。しかし、そうした争点にとどまらず、異なった位相での親に対する「道徳」への要望も浮かび上げられている。しつけへの要求ともいえるものである。

戦後の新教育は、みんなの前で臆せずにしゃべれる子を作り上げたが、そのことはおとなや親への批判を含む激しい「いいあいっこ」を生み出し、また教室の清掃や花壇の手入れに向かう献身的な態度にはつながらず、むしろそうした価値を低くみるような風潮を生み出していると受け止められ、教育と人格の形成の乖離を直感的に感じとる状況が記されている。さらに、民主主義教育の実践も理念先行であることが示されている。道徳の授業においても「話し合い」が重視されながら内実は形式的なものにとどまるとし、記者のコメントは、道徳モデル校の授業は「生徒の、生徒による、生徒のための徳目」が議論の中から教師によって書き留められるが、「それだけである」とする。「日教組が目くじらをたてるほどのことはない、逆に親孝行を期待する父親たちにはちょっと物足りない、ともいえそう」であるとしている（「道徳モデル校」）。

毎日の授業をどのようにして行うかという教師の立場からみると、道徳の実際は道徳指導書を見ても要領を得ないという現実があり、イデオロギーレベルというよりもむしろ市販の副読本に頼って授業が成立している実態が示されている。他方、道徳をめぐる議論で、人類愛と世界平和、さらに自分の実感や考えを重視するという個の尊重に関しては子どもに受け入れられる一方で、注目されている愛国心の指導については、生活の場や国家において具体的にどう行動するかが中抜けとなっており、これらの問題に対しては有効な手立てを全く見つけられていない点が指摘されている。

子どもの未来と学校との関係については、過剰な進学熱と等閑視された就職問題に収斂される、二つの進路問題に焦点をあてて触れておく。

一九六〇年代前半までは、あたかも日本に二つの社会があるように異なる環境にあった都市部と農山漁村部が存在した。この著では、どの学校を出るかによって将来が定まるという社会の秩序が人びとの中に浸透しつつあった都市部の学校と、学校を出ることと生計を立てることが直接関係ない地域社会からの要求を受け止めながら存立する農山漁村部の学校の状況を対比的に押さえている。

都市中間層の強い要求のもとで、都市部では早くから大学に目標を定めて進学の秩序が学校を席巻する様子が示されている。東京では小学校段階でもすでに私立の受験競争が激化しており、子どもの「憂鬱」がいわれている。公立中学校では、進路指導の先生による高校巡回見学バス、家庭教師と塾の盛況、家庭教師を促す教師の存在すらもうかがえる。

そのなかで、多くの越境入学者を受け入れている都心の進学有名中学校の一つでは、課外の補習こそないが、普通の授業全体が試験本位の授業となっている状況が紹介されている。一年生から日常的に試験が組み込まれ、試験開始と終わりの鈴の音に無条件に反応する子どもの姿や、成績別学級編制によって受験に対応する効率的な知識の獲得が図られる様子など「進学一流校のリズム」が読み解かれている。母親たちの受験に対する関心は高く、多くが職員室を訪れ廊下にたつ。多くの子どもたちが鬱々とした学校生活を送っているという、世の中がイメージしているような状況は表面上はみられないものの、勉強についていけない子どもや就職希望の子どもは「進学孤児」として「義務教育に見捨てられる」現実があった。

地方の農山漁村では異なった光景があった。鹿児島の大隅半島の中学校の就職する子らのルポでは、学校が地域の産業と深くかかわっている（「就職する子ら」）。高校は同町内にあるが、そこへの進学者は二割にとどまり、「義務教育がおわれば、もう一家の柱。稼ぐのは当然だという考え方が強い」。貧しいということはあるが、地域の文化が学校や就職に大きく影響している。夏休みは養蚕を宿題とし、マユは業者が買い取る。学校ではニワトリを飼いヒナを育てて売っており、男の生徒が二人ずつ泊まって世話をし、ヒナを毎春三匹ずつ育てる宿題もあった。生徒はその稼ぎを「子ども郵便局」に貯金し就職の支度金とする。このように、学校と社会が相互浸透的にあり、学校から社会に出るためのスケジュールが組まれている。ただし、このうに就職に熱心な中学校であっても、学校の側は「まず『進学』」が本筋であるとしている。そこに当時の進学の秩序が日本社会を覆っている現実を見て取ることができる。

あすへの教育（**高校篇**）　**朝日新聞社会部編　一九六二年　二五四頁**

「あすへの教育」の第二部は、高校篇である。

本書の構成は、「進学問題」「就職問題」「職業高校いろいろ」「定時制と通信教育」「高校生活」「結び」からなる。

時代背景をみると、一九六三年にはベビーブーム世代の子どもたちが高校受験期にさしかかっており、六一年から毎年前年を五〇万人ずつ上回りながら、二年間で一挙に一・八倍の中学卒業者が輩出される状況にあった。それを受け入れる高校は大激動に見舞われることになった。量的な対応のみならず、一九六三年には学校教育法施行規則が改正され、「志願者が定員を超過すると否とにかかわらず」学力検査を含む選抜の実施が定められた。「高校教育を受けるに足る資質と能力」にもとづく、入学者選抜におけるいわゆる「適格者主義」の導入が図られた。それまでの希望者の全入原則からの転換がなされ、高校は転機を迎えていたのである。

高校の性格を進学データをもとにみてみると、一九六〇年の高校進学率は五七・七％、男女別では男子は五九・六％、女子は五五・九％の子どもが高校に進学するようになっている。六〇年代前半は学校から職業社会への出口が中学校から高校に移動したといえる。しかし、高校進学率の最も低い宮崎ではまだ三〇％台であり、他方、東京においては進学率はすでに八〇％に迫っている。都市部においては、高校が大学への通過点という意味合いも強く持ちだしていた。

本編では、東京での大学進学に関して、名門エリート校、「三流校」、予備校などに注目して記述されている。

名門高校としては、日比谷高校が扱われている。日比谷高校は、番町小学校─麹町中学校─日比谷高校─東大と当時巷でいわれ、東大への入学のメインルートとされた学校である。そこに通う高校生の二面性に関して戸惑いが示されている。生徒会の国会ばりの議事とそこで紙飛行機を飛ばす生徒たち、紳士淑女として扱われ洗練された自治活動が行われる一方で、教師に並ばされて叱られる生徒たち、といった高校生の姿に直面してのことである。そのうえで、高校生活に大きく影響する受験競争の現実が描き出されている。三年生の合同保護者会は「模擬試験の成績検討会」とされ、大勢の保護者を集めた。厳しい大学入試の結果、浪人を余儀なくされた「高校四年生」が多数学校にとどまり、しかもその「四年生」になるためには試験を通過しなければならない現実があった。

受験競争の動向について学校外に視野を広げてみると、大学入試に向けての合理的なカリキュラムを立てる私学や予備校の隆盛があった。さらに、公立高校においても二学期にはいってから予備校通いを奨めるような、「六―三―三・五制」を指摘する向きも出てきていた。日比谷高校の状況の背景には、こうした受験競争にさらされた子どもたちを取り巻く現実があった。

他方、高校卒業後に就職する進路がある。進学とは別の道であるはずだが、そこにも受験の論理が入り込んでいる。主要学科の模擬試験にもとづいて「いい会社」に推薦されたり、いい点数をとることで学力実績を示し信用を高めて、その結果「いい会社」に入ったりなどというように、就職においても進学と同様の学校での成績が求められる。実生活から距離を取った学校の秩序が、進路の問題と関わりながら子どもの生活を規定することになっていたのである。

廃止の幻影におびえる農業科、大手企業に卒業生を出す水産高校、高卒者が「作業職」を嫌い事務や技術系に進もうとする中で技能職を養成するために「企業の中に『学校』」を作る企業内教育や技能連携校の動きにも注目している。さらに定時制や通信制の存在があり、「早くから生計を立てねばならぬ」ため「青年になっている余裕がない」、働く青年の「短い青年期」の場となっていた。定時制・通信制と全日制の間には厳しい格差が存在した。専ら働きながら学ぶ青年への学習機会の拡大がいわれる中で、内容にまで手が回っていない現実に加えて、歴然とした「就職試験差別」の実態が示されている。

理念と現実との乖離は共学制の実態にもみられる。「共学十四年目。信じてはいるが、まだまだどこかこわれやすい『作りもの』のように思う。そういう感じ方が、おとなからは抜けない」。京都を除く全日制普通科の一四一四校のうち一二四校は女子だけ二一校は男子だけであり、一〇校中一校の割合で別学の公立学校があったように、制度や理念が転換しても実態は簡単に変わるわけではない。予算不足でトイレやグランド施設など旧制のままであるという物理的な問題もあるが、有名大学を目指す受験中心の学校は女子を歓迎しない動向もあり、ここにも進学問題がからんでいた。

（1）「あすへの教育」は一九六一年三月三〇日「教科書を見る―あすへの教育」からはじまり、六一年五月一五日まで小中学校の現場の報告がつづいた。同年一一月四日（「日比谷高校をみる〈上〉」）から舞台を高校に移して第二部、高校篇が開始され、六二年五月一三日まで連載された。半年を経て、六二年一〇月一三日（「東大〈駒場〉の素顔〈上〉」）から第三部、大学篇が六二年一一月二九日まで、さらに一年半後の六四年三月一五日（「明子ちゃんの栄冠―新幼年時代」）から一〇月四日まで第四部が連載された。合計一二七回にわたったシリーズである。

引用・参考文献

朝日新聞社出版局（一九八九）『朝日新聞出版局五十年史（別巻・朝日新聞社図書総目録）』非売品
寺﨑昌男・前田一男編（一九九四）『日本の教師―歴史の中の教師Ⅱ』第二三巻　ぎょうせい
小川利夫（一九九四）『社会福祉と社会教育』亜紀書房
木村　元（二〇一五）『学校の戦後史』岩波新書

（きむら・はじめ　一橋大学教授）

家庭のための教育手引き集
第1巻　あすへの教育(小中・高校)
2017年5月25日　発行

解　説　木　村　　元
発行者　椛　沢　英　二
発行所　株式会社　クレス出版
東京都中央区日本橋小伝馬町 14-5-704
☎ 03-3808-1821　FAX 03-3808-1822
印刷・製本　株式会社　栄　光
乱丁・落丁本はお取り替えいたします。
ISBN978-4-87733-969-2 C3337 ¥13000E